《中国法院2024年度案例》编委会

主　任　李成林

副主任　李成玉

成　员　雷　鸿　胡田野　王晓芳　袁登明　王　立　梁　欣　郑未媚　程　瑛　王　锐　刘　畅　解文生　曹海荣　李晓果

《中国法院2024年度案例》编审人员（按姓氏笔画）

王　锐　王翼妍　朱　琳　刘　畅　苏　女　李明桓
李晓果　李　强　宋　爽　张淑芬　林　婷　郑未媚
郑悦迪　赵文轩　胡　岩　美丽努尔·图尔荪
姜　丹　唐世银　曹海荣　梁　欣　程　瑛　潘园园

编　务　赵文轩　李明桓

本书编审人员　刘　畅　王翼妍

中国法院2024年度案例

国家法官学院 最高人民法院司法案例研究院 / 编

土地纠纷

（含环境资源纠纷）

中国法制出版社
CHINA LEGAL PUBLISHING HOUSE

《中国法院2024年度案例》通讯编辑名单

刘晓虹　北京市高级人民法院
王　凯　北京市高级人民法院
张　荷　天津市高级人民法院
徐翠翠　河北省高级人民法院
崔铮亮　山西省高级人民法院
杨智勇　内蒙古自治区高级人民法院
周文政　辽宁省高级人民法院
苏　浩　吉林省高级人民法院
王　妍　黑龙江省高级人民法院
牛晨光　上海市高级人民法院
缪　芳　江苏省高级人民法院
左一凡　江苏省高级人民法院
谷昔伟　江苏省南通市中级人民法院
宋婉龄　江苏省无锡市中级人民法院
杨　治　浙江省高级人民法院
蒋　莹　浙江省高级人民法院
刘伟玲　安徽省高级人民法院
林冬颖　福建省高级人民法院
李智芹　江西省高级人民法院
李　宁　山东省高级人民法院
张　琦　河南省高级人民法院
宋淼军　湖北省高级人民法院
黄　娅　湖北省宜昌市中级人民法院
唐　竞　湖南省高级人民法院
李　雪　广东省高级人民法院
邹尚忠　广西壮族自治区高级人民法院
韦丹萍　广西壮族自治区高级人民法院
黄文楠　海南省高级人民法院
吴　小　重庆市高级人民法院
任　梦　四川省高级人民法院
杨俊杰　云南省高级人民法院
赵鸿章　云南省昆明市中级人民法院
颜　源　贵州省高级人民法院
戚　雷　贵州省贵阳市中级人民法院
王丽萍　西藏自治区高级人民法院
郑亚非　陕西省高级人民法院
张旦旦　甘肃省高级人民法院
王　晶　青海省高级人民法院
康　莹　宁夏回族自治区高级人民法院
石孝能　新疆维吾尔自治区高级人民法院
洪超胜　新疆维吾尔自治区高级人民法院生产建设兵团分院

序

党的二十大擘画了全面建成社会主义现代化强国、以中国式现代化全面推进中华民族伟大复兴的宏伟蓝图，强调全面依法治国是国家治理的一场深刻革命，必须更好发挥法治固根本、稳预期、利长远的保障作用，在法治轨道上全面建设社会主义现代化国家。为落实习近平总书记“一个案例胜过一打文件”的重要指示精神，人民法院始终把完善中国特色案例制度，加强司法案例研究作为推进全面依法治国、支撑和服务中国式现代化的重要途径，通过发布具有普遍指导意义的典型案例，统一法律适用、提高审判质效，提升司法公信力，努力让人民群众在每一个司法案件中感受到公平正义。为更好满足社会各界和人民群众多元化司法需求，把习近平法治思想落实到人民法院审判工作全过程各方面，人民法院案例库于2024年2月27日正式上线并向社会开放，这是进一步完善中国特色案例制度的重要举措，是最高人民法院推出的新的“公共法律服务产品”。

“中国法院年度案例系列”丛书以及时记录人民法院司法审判工作新发展、新成就为己任，通过总结提炼典型案例的裁判规则、裁判方法和裁判理念，发挥案例鲜活生动、针对性强的优势，以案释法，以点带面，有针对性地阐释法律条文和立法精神，促进社会公众通过案例更加方便地学习法律，领悟法治精神，发挥司法规范、指导、评价、引领的重要作用，大力弘扬社会主义核心价值观，积极服务人民法院案例库建设，加强案例库案例研究，促进统一法律适用、提升审判质效，丰富实践法学研究，增强全民法治意识和法治素养，展现新时代我国法治建设新成就。

“中国法院年度案例系列”丛书自2012年编辑出版以来，已连续出版13年，受到读者广泛好评。为更加全面地反映我国司法审判执行工作的发展进程，顺应审判执行实践需要，响应读者需求，丛书于2014年度新增金融纠纷、行政纠纷、刑事案例3个分册，2015年度将刑事案例调整为刑法总则案例、刑法分则案例2个分册，2016年度新增知识产权纠纷分册，2017年度新增执行案例分册，2018年度将刑事案例扩充为4个分册，2022年度将土地纠纷（含林地纠纷）分册改为土地纠纷（含环境资源纠纷）分册。自2020年起，丛书由国家法官学院与最高人民法院司法案例研究院共同编辑，每年年初定期出版。在全国各级人民法院的大力支持下，丛书编委会现编辑出版《中国法院2024年度案例系列》丛书，共23册。

“中国法院年度案例系列”丛书以开放务实的态度、简洁明快的风格，在编辑过程中坚持以下方法，努力让案例书籍“好读有用”：一是高度提炼案例内容，控制案例篇幅，每个案例字数基本在3000字左右；二是突出争议焦点，尽可能在有限的篇幅内为读者提供更多有效、有益的信息；三是注重释法说理，大多数案例由法官撰写“法官后语”，高度提炼、总结案例的指导价值，力求引发读者思考，为司法审判提供借鉴，为法学研究提供启迪。

“中国法院年度案例系列”丛书编辑工作坚持以下原则：一是以研究案例库案例为首要任务。自今年起，“中国法院年度案例系列”丛书优先选用人民法院案例库案例作为研究对象，力求对案例库案例裁判要旨的基本内涵、价值导向、法理基础、适用要点等进行深入分析，增强丛书的权威性、参考性。二是广泛选编案例。国家法官学院和最高人民法院司法案例研究院每年通过各高级人民法院从全国各地法院汇集上一年度审结的典型案例近万件，使该丛书有广泛的精选基础，通过优中选优，可提供给读者新近发生的全国各地多种类型的典型性、疑难性案例。三是方便读者检索。丛书坚持以读者为本，做到分卷细化，每卷案例主要根据案由（罪名）分类编排，每个案例用一句话概括裁判规则、裁判思路、裁判理念、裁判方法或焦点问题作为主标题，让读者一目了然，迅速找到目标案例。

中国法制出版社始终全力支持“中国法院年度案例系列”丛书的出版，给了编者们巨大的鼓励。2024年，丛书将继续提供数据库增值服务。购买本书，扫描前勒口二维码，即可在本年度免费查阅往年同类案例数据库。我们在此谨表谢忱，并希望通过共同努力，逐步完善，做得更好，探索出一条充分挖掘好、宣传好人民法院案例库案例和其他典型案例价值的新路，为广大法律工作者和社会公众提供权威、鲜活、精准的办案参考、研究素材，更好地服务司法审判实践、服务法学教育研究、服务法治中国建设。

“中国法院年度案例系列”丛书既是法官、检察官、律师等法律工作者的办案参考和司法人员培训辅助教材，也是社会大众学法用法的经典案例读本，同时也为教学科研机构开展案例研究提供了良好的系列素材。当然，编者们在编写过程中也难以一步到位实现最初的编写愿望，客观上会存在各种不足甚至错误，欢迎读者批评指正。我们诚心听取各方建议，立足提质增效，不断拓宽司法案例研究领域，创新司法案例研究方法，助推实现中国特色司法案例研究事业的高质量发展。

国家法官学院　最高人民法院司法案例研究院

2024 年 5 月

目　录

Contents

一、土地纠纷

（一）土地承包经营权纠纷

二、环境资源纠纷

（一）环境污染责任纠纷

(三) 行政公益诉讼

(四) 破坏环境资源保护罪

一、土地纠纷

（一）土地承包经营权纠纷

1

国有土地承包经营权纠纷中土地承包合同解除条件是否成就的法律适用及认定标准

——某林场诉管某土地承包经营权案

【案件基本信息】

1. 裁判书字号

新疆维吾尔自治区阿克苏地区中级人民法院（2021）新29民终1958号民事判决书

2. 案由：土地承包经营权纠纷

3. 当事人

原告（被上诉人）：某林场

被告（上诉人）：管某

【基本案情】

2009年2月28日，某林场与管某就涉案土地承包事宜签订一份《土地承包合同》，土地性质为国有土地。合同约定，某林场将100亩土地承包给管某种植红枣树或核桃树，果树行间由管某自由选择，可套种经济作物（低秆作物），承包期限自2009年2月28日至2054年2月28日；合同签订第八年11月1日前，承包地内的红枣树或核桃树成活率必须达到85%，否则根据实际情况某林场有权解除合同，并收回土地；若第一年管某无故不按期足额交纳承包费，某林场可以停水、停电，连续两年不交承包费，某林场有权解除承包合同；本合同所称第一年是指2009年。

后，某林场按照合同约定将涉案土地交付管某种植，管某按照约定向某林场交纳了土地开垦费及建设费，但未交纳土地管理费。根据合同约定，管某自2017年起应向某林场上交红枣或核桃，但由于管某在2017年至2018年仅在承包土地中种植了棉花，故其未向某林场上交红枣或核桃；同时，管某在合同履行过程中因与某林场就水井等基建设施的投资建设发生纠纷，未以其他方式向某林场交纳2017年、2018年的土地承包费，故某林场提起诉讼。

【案件焦点】

涉案土地承包合同解除条件是否成就。

【法院裁判要旨】[①]

新疆维吾尔自治区库车市人民法院经审理认为：某林场与管某签订的《土地承包合同》系双方的真实意思表示，内容不违反法律、行政法规的强制性规定，合同合法有效，当事人应当按照约定全面履行自己的义务。管某在承包土地中未种植红枣树和核桃树，且至今连续拖欠某林场两年的土地承包费，该事实已同时符合双方约定的两项解除条件；同时，管某自种植土地至今仅交纳了开垦建设费，直接导致某林场通过土地转包获利的合同目的无法实现，该情形亦符合法定解除条件。某林场据此要求解除其与管某签订的《土地承包合同》，符合双方约定及法律规定。

---

① 本书【法院裁判要旨】适用的法律法规等条文均为案例裁判当时有效，下文不再对此进行提示。

新疆维吾尔自治区库车市人民法院依照《中华人民共和国民法典》第五百零九条、第五百六十二条第二款、第五百六十三条第一款第四项、第五百六十七条、第五百七十七条、第五百八十五条，《中华人民共和国民事诉讼法》第六十四条第一款规定，判决：

一、解除某林场与管某于 2009 年 2 月 28 日签订的《土地承包合同》；

二、管某于本判决生效后十日内向某林场给付土地承包费 65000 元、土地管理费 17000 元、违约金 4000 元，合计 86000 元；

三、驳回某林场的其他诉讼请求。

管某不服一审判决，提起上诉。

新疆维吾尔自治区阿克苏地区中级人民法院经审理认为：首先，管某在承包土地中未按照合同约定种植红枣树或核桃树，且至今连续拖欠某林场土地承包费，根据《中华人民共和国民法典》第五百六十二条、第五百六十三条规定，管某的违约行为已符合合同的约定解除条件及法定解除条件。一审法院判决解除管某与某林场之间的合同有事实及法律依据。其次，管某以某林场首先违约作为自己违约的抗辩理由没有法律依据。如果管某认为某林场违约造成损失应当及时通过诉讼或其他方式主张权利。最后，管某主张已履行合同义务，但根据法庭调查的事实表明，管某履行交纳合同约定费用的对象、数额均不符合合同约定，视为未履行合同义务。综上，管某构成违约，应当承担解除合同的违约责任，并应当按照合同约定支付某林场土地承包费、管理费及违约金。

综上所述，管某的上诉请求不能成立，应予驳回；一审判决认定事实清楚，适用法律正确，应予维持。

新疆维吾尔自治区阿克苏地区中级人民法院依照《中华人民共和国民事诉讼法》第一百七十条第一款第一项规定，判决：

驳回上诉，维持原判。

【法官后语】①

《中华人民共和国民法典》为保障广大农民实现“耕者有其田”，不仅规定了农民的土地承包经营权，而且规定了相应的法律保障制度。近年来，随着经济社会发展和农业补贴力度的加大，广大农民的耕种积极性空前提高。实践中，由于土地承包经营权流转不规范等原因，相关纠纷逐年上升，且涉及农民的根本利益，社会影响较大，关系到“三农”稳定发展。

一、国有农用地承包经营权合同解除的法律适用

针对国家所有的农用地承包经营法律适用问题，仅见集体所有土地的承包经营权的相关规定，如《中华人民共和国农村土地承包法》第二章“家庭承包”、第三章“其他方式的承包”，以及《中华人民共和国民法典》物权编第十一章“土地承包经营权”相关规定等。对国家所有的农用地承包经营的法律适用问题，《中华人民共和国民法典》第三百四十三条规定，国家所有的农用地实行承包经营的，参照适用本编的有关规定，其参照适用的范围是《中华人民共和国民法典》第二编物权编的规定，物权编包括通则分编、所有权分编、用益物权分编、担保物权分编、占有分编，内容博大而复杂。基于国有土地承包经营与农村集体所有土地承包经营问题并无实质差异，法律并未再予以重复规定，而是通过指引性条款明确参照适用集体所有土地承包经营的有关规定，本条规定内容吸纳了《中华人民共和国物权法》第一百三十四条的规定。实践中，国家所有的农用地承包经营存在多种经营主体，有的由农民集体使用，有的由组织或者其他个人承包经营，还有的通过组建国有农场、林场等进行生产经营。其中，对于交由农民集体使用以外的国有农用地承包经营的，可以根据实际情况，参照适用《中华人民共和国民法典》有关承包方式、承包期限、当事人权利义务等方面的规定。

二、农村集体农用地与国有农用地承包经营权的区别

实践中，如何界定“国家所有的农用地”的范畴，是人民法院适用《中华人

---

① 本书【法官后语】对此类法律问题涉及的法律法规等内容进行了时效性更新，下文不再对此进行提示。

民共和国民法典》解决相关纠纷的关键问题。基于特殊历史原因，我国东北、西南、西北等地区，还存在很多国有农场、垦区、生产建设兵团等。这些土地与《中华人民共和国农村土地承包法》第二条规定的“农村土地”与国有农用地在性质上存在差异。农村土地是农民集体所有和国家所有但依法由农民集体使用的耕地、林地、草地以及其他农用地，而国有农场并不是由农民集体使用的。故，国有农用地并不属于农村用地。一般而言，国有农用地主要包括国有农村土地与国有“四荒”土地，它们的承包与集体土地承包存在差异。在权利保护方面，法律所规定的承包方（土地经营权人）享有的某些权利是不适用于“实行承包经营”的国有农用地的承包方的。虽然土地经营权人的某些权利受到限制，但对其权利可以参照《中华人民共和国民法典》的规定予以保护。因此，国有农用地承包经营问题可参照适用《中华人民共和国民法典》物权编的有关规定。

三、本案的审理思路

首先，案涉土地性质为国有土地，其中涉及国有土地承包经营权流转问题，涉案土地承包合同的解除并未适用《中华人民共和国农村土地承包法》有关解除的相关规定，而是参照适用《中华人民共和国民法典》有关规定。其次，本案涉及国有农用地承包经营权合同解除问题，那么合同解除需要符合哪些条件？土地流转合同履行经常遇到承包方无故拖延不支付地租、改变土地性质，发包方无正当理由擅自收回耕地等问题，对此，双方协商一致可以自行解除合同，如双方无法协商一致，可以起诉至人民法院要求依据法定或者约定事由解除合同。此时，应当适用《中华人民共和国民法典》合同编的相关规定。《中华人民共和国民法典》第五百六十三条规定了合同法定解除的条件：当事人一方迟延履行主要债务，经催告后在合理期限内仍未履行；当事人一方迟延履行债务或者有其他违约行为致使不能实现合同目的。本案中，在涉案合同履行期间，管某连续拖欠某林场的土地承包费致使合同目的无法实现，具备了合同法定解除的条件；同时，管某未按合同约定种植，符合合同约定的解除条件。故，人民法院依法判决解除管某与某林场的土地承包合同。

编写人：新疆维吾尔自治区库车市人民法院　郭勇

2

土地承包经营权依法受保护

——赵甲诉董某、赵乙土地承包经营权案

【案件基本信息】

1. 裁判书字号

吉林省农安县人民法院（2022）吉0122民初13号民事判决书

2. 案由：土地承包经营权纠纷

3. 当事人

原告：赵甲

被告：董某、赵乙

【基本案情】

董某、赵乙系母子关系，二人分别系赵甲之祖母和叔叔。赵甲3岁时因父母离异由祖父母赵某、董某抚养至2006年（赵甲时年14岁），其与赵某、董某作为家庭联产承包人共同分得涉案承包地11.76亩（每人按照3.92亩计算）。2006年3月，赵甲的母亲及继父将其接走抚养，其继父为赵某夫妇出具《协议书》，表示不要赵甲分得的土地，该土地由赵某夫妇耕种。2009年3月，赵甲与其祖父赵某因土地承包经营权纠纷提起诉讼，后双方达成协议，赵甲分得的3.92亩土地由赵某夫妇耕种至去世，每年给付赵甲500元。赵甲撤诉。赵某去世后，董某与赵乙一同生活，案涉土地由赵乙经营耕种。

【案件焦点】

1. 未成年人变更抚养关系的情形下如何确认其土地承包经营权；2. 如何处

理当事人之前达成的相关协议与本案裁判的关系。

【法院裁判要旨】

吉林省农安县人民法院经审理认为：国家保护土地承包方的合法权益，任何组织和个人都不得侵犯。赵甲在第一轮、第二轮土地承包中均分得土地，共 3.92 亩。赵甲作为土地承包经营权人依法享有对承包土地的使用、收益和对土地承包经营权流转的权利；但赵甲父母在其年幼时即离婚，后跟随祖父母一起生活 10 余年。庭审中，赵甲也陈述其由祖父母抚养期间，其父母未尽抚养义务。基于双方的现状，为维护公序良俗，考虑到董某抚养赵甲十余年及董某现与赵乙一同生活以及现时期土地流转价格的具体情况，法院认为应对 2009 年赵甲与其祖父母达成的协议予以调整：在董某生存期间，赵甲分得的 3.92 亩土地应继续由董某、赵乙耕种，董某、赵乙自 2022 年起每年给付赵甲土地租金 1500 元（含土地直补款、粮食补贴款）为宜。

吉林省农安县人民法院依照《中华人民共和国民法典》第三百三十一条，《中华人民共和国农村土地承包法》第八条、第九条、第十条，《中华人民共和国民事诉讼法》第六十七条规定，判决：

一、赵甲分得的 3.92 亩土地在董某生存期间由董某、赵乙耕种；董某、赵乙自 2022 年起于每年年末给付赵甲 1500 元（含土地直补款、粮食补贴款）；

二、驳回赵甲的其他诉讼请求。

宣判后，各方当事人均未提起上诉，判决已经生效。

【法官后语】

土地承包经营权是农民一项重要的财产权，是指承包农户以从事农业生产为目的，对集体所有或国家所有的由农民集体使用的土地进行占有、使用和收益的权利。国家保护农村承包经营户的合法权益，对此，《中华人民共和国民法典》第三百三十一条，《中华人民共和国农村土地承包法》第八条、第九条、第十条作了明确规定。近年来，随着农村经济的发展和农民维权意识的增强，农村土地承包经营户因子女成年、兄弟分家、婚姻关系、赡养老人、未成年人抚养关系变更等原因，农户内家庭成员间要求分户、分割土地承包经营权的纠纷时有发生。对该类案件的处理是实务中的重点问题，本案就是因未成年人抚养关系发生变更后，被抚养人要求分割土地承包经营权引发的纠纷。

《中华人民共和国农村土地承包法》第三十一条规定："承包期内，妇女结婚，在新居住地未取得承包地的，发包方不得收回其原承包地；妇女离婚或者丧偶，仍在原居住地生活或者不在原居住地生活但在新居住地未取得承包地的，发包方不得收回其原承包地。"本条规定主旨是保护妇女的土地承包经营权，妇女无论是结婚，还是离婚、丧偶，只要在新居住地未取得承包地，发包方即不得收回原承包地。从各地的民俗习惯以及司法实务来看，保证结婚女、离婚女、丧偶女在原居住地或新居住地之间取得一处承包地已然成为通行做法。

就本案而言，赵甲在第二轮土地承包中与其祖父母赵某、董某共同分得承包地，后其改随母亲和继父到新居住地生活，虽然其抚养关系发生变化，但在新居住地并未分得土地。农村土地承包法并未对被抚养人抚养关系变更后土地承包权作出专门规定，但根据该法第三十一条主旨精神，赵甲在原居住地的承包经营权应该受到保护，赵甲作为土地承包经营权人依法享有对承包土地的使用、收益和对土地承包经营权流转的权利。2009年，赵甲与其祖父母赵某、董某达成的协议，应视为双方对涉案土地承包经营权的流转合意，基于双方之间关系和耕种实际状况，应予维持为宜。但随着农村经济的发展以及国家惠农政策的实施，农村土地价格已经发生了翻天覆地的变化，如果再执行原合同标准即每年500元土地流转价格，则显失公平。考虑赵甲年幼时由赵某、董某抚养10余年，以及现时期土地流转价格，为维护公序良俗，本案将其流转价格调整为每年1500元。又因赵某去世后，董某与赵乙共同居住生活，涉案土地已由赵乙实际耕种。综合以上各种情况，判决赵甲分得的3.92亩土地在董某生存期间由董某、赵乙耕种；董某、赵乙按照本案确定的标准向赵甲支付土地流转费。

编写人：吉林省农安县人民法院　王霄

3

民事诉讼中涉及集体经济组织成员资格认定的处理

——刘某诉某村经合社土地承包经营权案

【案件基本信息】

1. 裁判书字号

北京市第二中级人民法院（2022）京02民终9109号民事判决书

2. 案由：土地承包经营权纠纷

3. 当事人

原告（上诉人）：刘某

被告（被上诉人）：某村经合社

【基本案情】

2004年10月22日，刘某与某村经合社签订《土地承包合同》，载明土地面积合计12亩，备注："4口人"。11月2日，区农业承包合同仲裁委员会、区经管站对合同进行了鉴证。刘某取得区人民政府颁发的《土地承包经营权证书》，记载承包土地面积12亩，使用期限自2004年12月31日至2028年12月30日。2012年12月20日，某村经合社完成股份制改革，由某村经合社统一管理村集体资产。双方均确认实际交付刘某的土地为9.7亩。刘某诉至法院要求某村经合社支付土地流转费以及欠地补偿费。某村经合社同意向刘某、其女王甲、其子王乙按照当前进度支付土地流转费，但不同意向刘某的丈夫王某支付，原因是根据《某村土地承包经营权确权方案》王某不符合认定为集体经济组织成员的条件，没有资格承包集体土地。某村经合社不同意支付欠地补偿费，因为刘某家具有确权资格的人数为3人，确权亩数为9亩，而实际交付土地9.7亩，故不存在欠地的情况。

【案件焦点】

土地承包经营权纠纷中涉及村民集体经济组织成员资格的争议是否属于民事案件审理范围。

【法院裁判要旨】

北京市大兴区人民法院经审理认为：涉案《土地承包合同》签订于 2004 年 10 月 22 日，当时施行的《中华人民共和国农村土地承包法》第十九条规定："土地承包应当按照以下程序进行：（一）本集体经济组织成员的村民会议选举产生承包工作小组；（二）承包工作小组依照法律、法规的规定拟订并公布承包方案；（三）依法召开本集体经济组织成员的村民会议，讨论通过承包方案；（四）公开组织实施承包方案；（五）签订承包合同。"第五条规定，农村集体经济组织成员有权依法承包由本集体经济组织发包的农村土地。任何组织和个人不得剥夺和非法限制农村集体经济组织成员承包土地的权利。根据以上法律规定，土地承包应当按照讨论通过的承包方案组织实施并签订承包合同，并且对农村集体经济组织成员所享有的承包土地的权利不得剥夺和非法限制。《某村土地承包经营权确权方案》规定取得土地承包经营权确权的前提是认定为本村集体经济组织成员。虽然涉案《土地承包合同》中备注"4 口人"，但并未具体载明成员的身份信息，而《某村经济组织成员名单》载明刘某家的人员包括刘某、其女王甲、其子王乙及其女婿杨某。不论《土地承包合同》中备注的"4 口人"究竟是指刘某、王某、王甲、王乙还是刘某、王甲、王乙、杨某，现某村经合社主张王某、杨某都不具有确权资格，本质上是依据《某村土地承包经营权确权方案》否认王某或杨某具有本村集体经济组织成员资格从而否认其土地承包经营权。由于该问题涉及农村集体经济组织成员资格的认定，不属于民事诉讼受理范围，故，法院不予处理。但是，某村经合社认可刘某、王甲、王乙具有本村集体经济组织成员资格，也认可其承包地应为 9 亩，故，某村经合社对于该部分土地的流转费应当予以支付。由于双方对于王某或杨某是否具有集体经济组织成员资格从而具有土地确权资格存在分歧，且该问题不属于民事诉讼受理范围，故对于欠地补偿费的问题，在本案中不予支持。

北京市大兴区人民法院依照《中华人民共和国合同法》第一百零九条，《中华人民共和国民事诉讼法》第一百二十二条，《最高人民法院关于适用〈中华人民共和国民法典〉时间效力的若干规定》第一条第二款，《最高人民法院关于适用〈中华人民共和国民事诉讼法〉的解释》第九十条规定，判决：

一、某村经合社于该判决生效后十日内向刘某支付504000元土地流转费；

二、驳回刘某的其他诉讼请求。

刘某不服一审判决，提起上诉。

北京市第二中级人民法院经审理认为：采用家庭承包方式经营的土地，仅限于本集体经济组织成员承包。案涉土地系采用家庭承包方式，故承包户中的家庭成员应当具备集体经济组织成员资格。鉴于刘某与某村经合社就刘某户部分家庭成员是否具备集体经济组织成员资格存在争议，而对该资格的确认不属于人民法院民事案件审理范围，故双方应通过其他方式解决。刘某主张案涉《土地承包合同》已实际履行，成为既定事实，无须对王某的土地承包资格再行确认的上诉理由于法无据，不予支持。

《中华人民共和国民事诉讼法》第一百五十六条规定："人民法院审理案件，其中一部分事实已经清楚，可以就该部分先行判决。"本案中，某村经合社认可刘某、王甲、王乙具备本村集体经济组织成员资格，对三人承包地为9亩亦无异议，故一审法院就该部分无争议的事实先行判决，于法有据，处理并无不当。刘某主张一审法院仅对其中三个家庭成员的土地流转费进行判决，使其维权复杂化的上诉理由不成立，不予支持。

关于欠地补偿费，按现无争议的三人计算，某村经合社不存在欠地事实，且刘某亦未提交证据证明其与某村经合社就欠地补偿达成一致，据此，刘某要求某村经合社向其支付欠地补偿费的上诉理由缺乏事实依据，不予支持。

北京市第二中级人民法院依照《中华人民共和国民事诉讼法》第一百七十七条第一款第一项规定，判决：

驳回上诉，维持原判。

【法官后语】

我国民事诉讼法明确规定的起诉条件之一是，案件属于人民法院受理民事诉讼的范围。对此，可以从三个层次分析：一是案件属于平等主体之间发生的纠纷；二是纠纷涉及财产关系和人身关系；三是基于其他制度性安排（如司法权与自治权的区分）或者公共政策考量等，该纠纷不应被排除在民事诉讼之外。

本案中，从诉讼主体看，刘某与某村经合社之间属于平等主体，并不存在如“上下级”或者“行政性”等不对等的关系。从纠纷内容看，刘某要求某村经合社支付土地流转费，体现的是民法上的财产关系。但是，本案的争议焦点在于，刘某作为农户代表可以主张的土地流转费的具体金额如何认定。如果其户内成员为4人，则按照每人3亩土地计算，应取得12亩承包土地流转费；如果该农户仅有3人，则其只能主张9亩承包土地流转费。因此，从表面上看，本案争议焦点表现为土地流转费数额之多少，实质为农户成员资格即身份的认定。

关于农户成员身份的认定问题，《中华人民共和国农村土地承包法》第六十九条规定，确认农村集体经济组织成员身份的原则、程序等，由法律法规规定。但是，目前法律既未对农户成员身份的确认原则、程序作出规定，也未对涉及农户成员身份争议的解决途径作出规定。在法律有明确规定前，基于以下原因，应当认为农户成员身份的认定不属于法院受理民事诉讼的范围：首先，农村集体经济组织虽然不属于行政机关，但其对本集体经济组织的财产具有一定管理权，农户与集体经济组织之间在财产关系上并非完全的平等关系。其次，农户成员身份的确认也会直接或者间接影响到其他成员的利益，实践中，农户成员身份确认往往需要经过民主程序进行，故属于自治事项。最后，农户成员身份的确认，不仅需要依据法律、法规，还要按照尊重历史、兼顾现实、程序规范、群众认可的原则，统筹考虑农村土地承包关系、户籍关系，兼顾对集体积累的贡献等因素，不宜由法院作出认定。

民事诉讼是解决民事权利争议的程序。根据法律规定，只有对属于法院受理民事诉讼范围的争议，法院才在实体上作出认定。如上所述，在当前法律未作规定的情况下，农户成员身份的认定不属于人民法院民事案件审理范围，如果当事人仅起诉要求确认成员身份，由于不符合起诉条件，应当裁定驳回起诉；如果当事人未将确认成员身份作为诉讼请求提出，但案件处理涉及该问题的，法院应不予处理，可根据《中华人民共和国民事诉讼法》第一百五十六条之规定，就不涉及成员身份争议的事实进行审理和判决。

编写人：北京市大兴区人民法院　马超雄

4

“外嫁女”“再婚外嫁女”土地承包经营权及财产权益应受到保护

——陈甲诉陈乙、陈丙土地承包经营权案

【案件基本信息】

1. 裁判书字号

北京市延庆区人民法院（2021）京 0119 民初 6749 号民事判决书

2. 案由：土地承包经营权纠纷

3. 当事人

原告：陈甲

被告：陈乙、陈丙

【基本案情】

陈乙、陈甲、陈丙均系某村村民。陈乙与王某系夫妻关系，陈甲、陈丙系二人之子女。陈甲于 1985 年出生，陈丙于 1983 年出生。1989 年，王某病故。2001 年，陈乙与于某登记结婚，于某户籍于 2008 年 11 月迁入某村。

陈乙家庭于 1998 年 1 月取得某村的 11.6 亩土地，其中包括稻田 1.41 亩；

承包期限自1998年1月1日至2027年12月31日。

2012年3月5日、2013年1月1日，陈乙作为家庭成员的代表先后与某合作社签订两份《农村土地承包经营权流转委托合同》，分别约定陈乙家庭将8.49亩土地和1.41亩稻田委托某合作社进行流转，用于平原造林，流转期限分别为16年和15年；委托流转费为800元/亩/年，增长机制为每三年在800元/亩/年的基数之上增长10%。

后陈乙领取了2012年至2021年的土地流转费，总金额为91218元。

2018年，区人民政府颁发土地承包经营权证书，确认陈乙家庭取得某村上述11.6亩土地的承包经营权，承包户家庭成员为陈乙、于某、陈丙、陈甲。陈甲于庭审中表示，其曾与村外人结婚后离婚，但户口未迁出某村，亦未获得其他土地。

【案件焦点】

"外嫁女"陈甲对涉案承包地是否享有份额及财产权益。

【法院裁判要旨】

北京市延庆区人民法院经审理认为：《中华人民共和国农村土地承包法》第五条规定，农村集体经济组织成员有权依法承包由本集体经济组织发包的农村土地；第十六条规定，家庭承包的承包方是本集体经济组织的农户，农户内家庭成员依法平等享有承包土地的各项权益。本案中，陈乙家庭取得了某村11.6亩土地的承包经营权，并将其中的9.9亩土地委托某村合作社进行流转，用于平原造林，陈乙领取了2012年至2021年的土地流转费，总金额为91218元，以上土地流转费应由陈乙家庭成员共同享有。庭审中，各方均认可陈乙家庭的成员包括陈乙、于某、陈丙、陈甲四人，因此，陈甲请求陈乙支付2012年至2021年土地流转费的四分之一，即22804.5元的诉讼请求，合法有据，应予支持。

北京市延庆区人民法院依照《中华人民共和国农村土地承包法》第五条、第十六条，《中华人民共和国民事诉讼法》第一百四十七条规定，判决：

陈乙于本判决生效后七日内给付陈甲土地流转费 22804.5 元。

宣判后，各方当事人均未提起上诉，判决已经生效。

【法官后语】

在涉及农村土地承包经营权益的处理中，“外嫁女”常被排除在集体经济组织成员及承包户的“家庭成员”范围之外，其土地权益无法获得应有的保障。涉及“外嫁女”土地承包经营权益案件的处理，应当考量以下问题：

首先，农村土地家庭承包的主体是农户，而非个人。《中华人民共和国民法典》第三百三十条规定，农村集体经济组织实行家庭承包经营为基础、统分结合的双层经营体制。《中华人民共和国农村土地承包法》第十六条规定，家庭承包的承包方是本集体经济组织的农户。本案中，陈乙作为家庭的代表与村集体签订《土地承包合同书》后，其家庭即成为涉案土地的承包方，此后便以家庭为单位享有权利，承担义务。如此，家庭成员范围的确定十分重要。实践中，针对土地纠纷，人民法院一般以二轮土地承包合同为基础，并结合三轮土地承包合同以及户内成员户籍变动情况、婚姻关系变动情况等，对现有家庭成员进行综合认定。同时，家庭成员不是一成不变的，而是随着“婚丧嫁娶”等行为、事实的发生而动态调整，但是承包户内人口的变化并不影响该户承包的土地面积。本案中，二轮土地承包合同于 1998 年签订，陈甲于 1985 年出生，后陈甲虽与外村人结婚，但户籍并未迁出本村，没有另外获得土地，其仍属于陈乙承包户内的家庭成员，且其现仍在某村内居住，工作收入不稳定，需要依靠某村土地收益作为生活保障，故其仍为该集体经济组织的成员。

其次，男女平等原则在案件审理中的要义是加强对于妇女土地权益的保护。男女平等是我国宪法确立的基本原则，在《中华人民共和国妇女权益保障法》[①]

---

① 《中华人民共和国妇女权益保障法》第五十五条第一款规定，妇女在农村集体经济组织成员身份确认、土地承包经营、集体经济组织收益分配、土地征收补偿安置或者征用补偿以及宅基地使用等方面，享有与男子平等的权利。

《中华人民共和国农村土地承包法》① 中也有具体的要求。在审理涉土地纠纷案件中，应当将男女平等原则贯穿于案件审理的始终，其核心在于对妇女权益的保护。本案中，无论是“外嫁女”陈甲，还是“再婚外嫁女”于某，其合法的土地权益都应受到平等保护。故，裁判认定陈甲与其他家庭成员对于诉争的土地收益享有同等的份额。

最后，“外嫁女”能否享有“娘家”土地承包经营权应当进行个案分析认定。其中的关键是判断是否为本集体经济组织的成员，具体应当着重考虑以下因素：“外嫁女”出嫁后户口是否已迁出、是否为家庭成员、在新居住地是否分得土地、是否依赖“娘家”承包地作为生存保障等。《中华人民共和国农村土地承包法》第三十一条规定，承包期内，妇女结婚，在新居住地未取得承包地的，发包方不得收回其原承包地；妇女离婚或者丧偶，仍在原居住地生活或者不在原居住地生活但在新居住地未取得承包地的，发包方不得收回其原承包地。据此，“外嫁女”出嫁后户口未迁出且未取得“夫家”承包地的，原则上应当享有“娘家”土地的承包经营权，故，本案中的陈甲对陈乙家庭承包的土地享有承包经营权。

对于像本案中于某所代表的“再婚外嫁女”来说，法律亦保护其合法土地权益。本案中，于某与陈乙再婚后，将户口迁入某村，并在某村居住生活、生产劳作，已经成为陈乙家庭的成员，于某即共有陈乙家庭的土地承包经营权，在三轮土地确权中，亦将于某登记于土地承包经营权证书中。综上所述，陈甲、于某均系陈乙家庭的成员，依法对承包地享有平等的权利。

当前，实践中存在的歧视妇女、侵害妇女权益的行为，既违反法律规定，也与国家大政方针背道而驰，应予以否定。

编写人：北京市延庆区人民法院　高智新

---

① 《中华人民共和国农村土地承包法》第六条规定，农村土地承包，妇女与男子享有平等的权利。承包中应当保护妇女的合法权益，任何组织和个人不得剥夺、侵害妇女应当享有的土地承包经营权。

5

公共利益原则下土地经营权流转的限制

——丁某诉某村民委员会土地承包经营权案

【案件基本信息】

1. 裁判书字号

江苏省常州市中级人民法院（2022）苏04民终1705号民事判决书

2. 案由：土地承包经营权纠纷

3. 当事人

原告（上诉人）：丁某

被告（被上诉人）：某村民委员会

【基本案情】

丁某系某村村民。2006年4月，丁某与某村民委员会签订土地承包流转租赁协议，约定为搞好某景观带建设，将丁某承包的0.99亩土地以出租的形式流转给某村民委员会经营，期限自2006年4月30日至2014年4月30日，并约定了相应的青苗补贴及租金。流转协议签订后，某村民委员会足额支付了丁某相应补贴及租金。协议到期后双方未续签。租赁期8年内的租金某村民委员会已经足额支付给丁某。自2015年起，某村民委员会继续租用丁某土地并支付租金，标准为：2015年至2017年租金600元/亩，2018年至2021年租金1500元/亩，租金均已足额支付给丁某。现丁某以双方协议到期后没有续签，租金标准太低为由诉至法院，要求某村民委员会清除已种植苗木，返还承包地。

根据当地地方政府文件规定，某景观带建设是自2006年以来区政府为了改善城乡环境大力推行绿色通道建设的项目之一。

【案件焦点】

涉案土地经营权流转到期后丁某是否有权要求某村民委员会清空、返还土地。

【法院裁判要旨】

江苏省常州市武进区人民法院经审理认为：丁某与某村民委员会签订的土地流转协议系双方的真实意思表示，不违反法律规定，应属合法有效。协议到期后，虽双方未续签书面合同，但某村民委员会继续租赁案涉土地并支付租金，丁某也按期领取租金且未提出异议，应当认为原协议继续有效。某村民委员会根据区政府统一部署，租赁包含丁某的土地在内的土地用于建设绿色通道，有利于改善城乡环境，促进城乡协调发展，推动生态文明建设，案涉土地使用具有公益性和广泛性。某村民委员会已按照规定为失地农民予以补偿，并按区、镇两级政府规定的标准以 1500 元/亩的租金支付给丁某，并无不合理之处，未侵害丁某合法权益。故，丁某要求清除苗木、返还土地使用权的诉讼请求缺乏事实和法律依据，不予支持。

江苏省常州市武进区人民法院依照《中华人民共和国农村土地承包法》第七条，《中华人民共和国合同法》第二百三十六条，《最高人民法院关于适用〈中华人民共和国民事诉讼法〉的解释》第九十条规定，判决：

驳回丁某的全部诉讼请求。

丁某不服一审判决，提起上诉。

江苏省常州市中级人民法院经审理认为：丁某将其承包的土地转租给某村民委员会用于国道绿化建设，涉及城乡建设和发展事业。在某村民委员会已经向其支付了相对合理对价的情况下，丁某要求某村民委员会清除苗木、返还土地使用权，与社会公共利益不符，故对其诉讼请求，不予支持。丁某的上诉请求，依据不足，不予支持。

江苏省常州市中级人民法院依据《中华人民共和国民事诉讼法》第一百七十七条第一款第二项规定，判决：

驳回上诉，维持原判。

【法官后语】

公共利益属于公法领域的概念。然而，随着社会的发展，在私法领域引入公法规范，对私人权利进行适当限制有利于规范社会秩序，如《中华人民共和国民法典》中多处涉及公共利益的规定，其中第一百一十七条规定“为了公共利益的需要，依照法律规定的权限和程序征收、征用不动产或者动产的，应当给予公平、合理的补偿”。本案要处理的核心法律问题就是当事人意思自治原则下公共利益的考量。

公共利益在性质上属于不确定概念，我国法律上并没有直接规定何为公共利益。司法实践中，判断公共利益，应分析公共利益的内涵，结合利益所代表群体的广泛性、长期性等因素综合确定。公共利益范畴的核心内容是其公共性，基本内涵是指特定社会历史条件下，从私人利益中抽象出来能够满足共同体中全部或大多数社会成员的公共需要，经由公共程序并以政府为主导所实现的公共价值。公共利益的基本特征为：第一，主体的不特定性。公共利益的主体是不特定的多数人或全体，这些不特定主体的共同利益，指向主体利益相一致的方面。第二，直接相关性。公共利益也应为利益主体所直接享受，要避免把与公共利益间接相关的事项都归为公共利益。第三，目的的非营利性。政府征收不能以营利为目的，否则就不属于公共利益。本案中，双方土地流转租赁协议中明确该土地流转的用途系为了搞好涉案景观带建设。根据当地政府文件的规定，案涉流转土地景观带建设是为改善城乡环境，促进经济效益、社会效益、环境效益的健康协商发展。可见，某村民委员会的案涉合同目的具有公共性，其代表政府租用丁某土地是为了当地群众的共同利益，与当地群众直接相关，政府使用该土地不以营利为目的，流转租赁土地是为了满足公共利益的需要，具有合法性和正当性。虽根据《中华人民共和国民法典》第三百三十九条的规定，案涉协议到期后，丁某可以自主决定依法采取出租等方式向他人流转土地经营权，但当地政府为建设景观带对包含丁某承包地在内的土地投入大量的人力和财力，如清空、返还丁某土地，必然影响到整个绿色通道项目建设的成果，造成资源浪费、损害公共利益，且从协议约定的土地用途来看，丁某应当知道其土地流转是为了公共利益的需要，并具有长期性，故在合同具备继续履行的客观条件的情况下，对丁某返还土地的请求应不予支持。

当个人利益与公共利益发生冲突，以公共利益原则限制契约自由时，应以公平正义为基本核心，对因契约自由受到限制而减损的个人利益予以公平、合理的补偿。就本案而言，某村民委员会按协议约定支付丁某一次性青苗费和每年租金，协议到期后，也按当地政府规定，按期合理提高租金标准支付丁某租金，丁某因公共利益而减损的个人利益得到公平、合理的补偿。

编写人：江苏省常州市武进区人民法院　熊金明　颜琴

6

当以家庭承包方式承包林地的部分成员死亡其继承人能否将林地承包经营权作为遗产继承

——吴甲等诉侯某、吴戊土地承包经营权案

【案件基本信息】

1. 裁判书字号

湖北省恩施土家族苗族自治州中级人民法院（2023）鄂28民终338号民事判决书

2. 案由：土地承包经营权纠纷

3. 当事人

原告（上诉人）：吴甲、吴乙

原告：吴丙、吴丁

被告（被上诉人）：侯某、吴戊

【基本案情】

吴某、唐某夫妇育有吴己（2021 年去世）、吴丁、吴丙、吴戊四子，吴甲、吴乙系吴己之子，均系甲村人。1972 年前同居一处，共同生活。1972 年，该大家庭协商分家，吴己、吴丁因已结婚，从大家庭中分户出来各自成立新的家庭，吴丙与吴某成立一户，吴戊与唐某成立一户，吴某、唐某的生养死葬分别由吴己、吴丁负责。1980 年，吴丙结婚，吴某从吴丙户中迁出，随唐某、吴戊一起生活。1979 年吴戊到大学读书，1981 年参加工作后转为非农户口，迁出原户。1982 年，唐某与吴某为一户，吴某为户主。1986 年，侯某从乙村嫁到甲村，与吴戊结婚，并与吴某、唐某共同生产生活。1987 年，侯某生育儿子吴庚。1987—1990 年，吴某上缴农业税，侯某补缴不足部分。根据 1972 年的分家协议，吴某自 1992 年至 2010 年去世一直在吴己家生活。1992 年 7 月，某派出所进行常住人口登记，户主为侯某，户内另有成员唐某、吴庚，三人均为农业人口。1993 年，唐某去世，由侯某安葬。1996 年，侯某生育女儿吴辛。吴庚曾因上学将户口迁出，2013 年又将户口迁入甲村组成新的家庭。侯某 2015 年的常住人口登记卡上显示，家庭成员为侯某、吴辛二人，均为农业人口。

1978 年划分“A 山”时，唐某与吴戊是一个家庭户，共同取得“A 山”的使用权。1980 年吴某迁入该户。1982 年划分“B 山”时，原某公社管理委员会为吴某户颁发《集体山林管理证》，吴某为户主。1984 年“A 山和 B 山”合为自留山，县人民政府为吴某户颁发《山林使用证》，吴某仍为户主，唐某为山林承包共有人，山林使用证中载明的承包山林名为某湾 10 亩、某包 10 亩。1984 年，两山并一山时，吴己、吴丁、吴丙分别以家庭承包经营户取得了自留山。2005 年完善农村土地二轮承包时，甲村民委员会以侯某为承包方代表，将吴某、唐某所在家庭第一轮土地承包时承包的耕地发包给侯某承包经营户，土地承包合同中，将侯某及其子女吴庚、吴辛作为承包共有人。2008 年林地确权时，林权证中没有明确吴某户中的林地承包共有人，载明的地块为某包 5 亩、某湾 24 亩。

【案件焦点】

吴甲、吴乙以吴某自 1992 年至去世其户籍均与吴甲的户口在一起为由要求对吴某承包经营的山林予以继承的主张是否成立。

【法院裁判要旨】

湖北省建始县人民法院经审理认为：《中华人民共和国农村土地承包法》第二条规定，农村土地是指农民集体所有和国家所有依法由农民集体使用的耕地、林地、草地，以及其他依法用于农业的土地。第三条规定，国家实行农村土地承包经营制度。农村土地承包采取农村集体经济组织内部的家庭承包方式。第十六条规定，家庭承包的承包方是本集体经济组织的农户。农户内家庭成员依法平等享有承包土地的各项权益。根据上述法律规定可知，土地承包是以户为单位进行的，承包地不属于个人财产，由农户享有土地承包经营权，农户中某个家庭成员死亡的，作为承包方的农户依然存在，户内的其他家庭成员作为承包经营权人，对土地继续承包经营，不存在继承问题。本案中，1984 年的《山林使用证》、1992 年侯某户口登记簿、湖北省农业税纳税收据、2005 年二轮承包侯某户登记资料表明吴某、唐某、侯某、吴庚、吴辛属于同一个农村家庭户。1972 年，唐某、吴戊二人从原户中分离出来成立一个家庭户后，该家庭户内的人口因各种原因多次发生增减，从未中断，至今仍有侯某、吴辛二人在户中。虽然吴某 1992—2010 年跟随吴己生活，但在此前或是该期间，该家庭户内的成员吴某、唐某、侯某、吴庚、吴辛并未就共同承包经营的土地（山林）约定其他承包方式，故吴某从该家庭户中搬出随吴己生活，并未改变吴某系该家庭承包经营户内共同承包经营权人的身份，吴某住处的改变不会导致其土地承包经营权的改变，故在吴某去世前，其还是侯某家庭承包经营户的成员之一。现在的侯某农村土地承包经营户就是原来的吴某农村土地承包经营户，只是变动了户主和共有人，原户主吴某的去世没有导致户的消亡，该户依然存在，户内的其他家庭成员作为共同承包经营权人，对土地继续承包经营，该户内的土地承包经营权不因吴某的去世产生继承的法律后果。

1984 年两山并一山时，吴己、吴丁、吴丙三家分别以家庭承包经营户取得了自留山，此时，吴戊虽已参加工作，但尚未成婚，仍跟随父母生活，由父母主持完成娶亲符合当时的家庭特征。1986 年侯某与吴戊结婚后，成为该家庭的一员，对于家庭承包经营的土地享有承包经营权，1987—1990 年，吴某上缴农业税，侯某补缴不足部分，说明侯某对家庭承包经营地进行了耕种管理。2017 年，“某包”林地被征收，征地单位向侯某户支付征地补偿款，也说明对于案涉林地一直是侯某户在管理。吴甲、吴乙、吴丙、吴丁未举出案涉林地与其有关的证据。

吴甲、吴乙、吴丙、吴丁的诉讼请求：一是确认吴某 2009 年 7 月 28 日对其所使用的坐落地名为“某湾”的山林转让给吴己、吴丁、吴丙、吴戊的行为有效，受让人及其法定继承人对受让的山林享有使用权。且不论 2009 年 7 月 28 日的转让协议真假与否，即使该转让协议系吴某的真实意思表示，根据前述法律规定，吴某作为家庭承包经营户内的成员之一，无权将本户的山林承包经营权转让他人，故对原告的该项诉讼请求不予支持。二是确认吴某承包使用的坐落地名为“某包”的山林为吴某的遗产，由该遗产继承人继承使用亦无法律依据，不予支持。综上所述，吴甲、吴乙、吴丙、吴丁的诉讼请求没有事实和法律依据，不予支持。

湖北省建始县人民法院根据《中华人民共和国农村土地承包法》第二条、第三条、第六条，《最高人民法院关于适用〈中华人民共和国民事诉讼法〉的解释》第九十条规定，判决：

驳回吴甲、吴乙、吴丁、吴丙的诉讼请求。

吴甲、吴乙因不服一审判决，提起上诉。

湖北省恩施土家族苗族自治州中级人民法院经审理认为：《中华人民共和国农村土地承包法》第十六条规定：“家庭承包的承包方是本集体经济组织的农户。农户内家庭成员依法平等享有承包土地的各项权益。”第三十二条规定：“承包人应得的承包收益，依照继承法的规定继承。林地承包的承包人死亡，其继承人可以在承包期内继续承包。”吴甲、吴乙以吴某自 1992 年至 2010 年去世其户籍均与吴甲的户口在一起为由要求继承吴某承包经营的“某包”山林，该请求是否成立，需审查以吴某户承包经营的“某包”在吴某去世时该户是否还有其他家庭成员。若该户内还有其他家庭成员并在该集体经济组织生活，那么由吴某承包经营的山林则由该户内其他家庭成员继续承包。从二轮土地承包经营情况来看，甲村民委员会将吴某、唐某所在家庭第一轮土地承包时承包的耕地发包给侯某，足以证明侯某是甲村集体经济组织成员，吴某、唐某的土地承包经营权已合并至侯某家庭户，并属侯某土地承包经营户共有人。虽然家庭联产承包取得的土地承包经营权与林地承包经营权取得无关，但林地承包经营权取得的前提是该成员需具备该林地所在地的集体经济组织成员资格。承前所述，侯某具有甲村集体经济组织成员资格。

关于侯某是否为吴某承包经营户家庭成员的问题。从吴某、唐某家庭户承包案涉山林以来其户内家庭成员情况变动，侯某和吴戊结婚后与吴某、唐某共同生活，侯某的常住人口登记卡上记载，唐某去世后由侯某安葬，侯某、吴某共同缴纳税费等情况分析，可以证实吴某家庭户内成员有侯某。其后，以侯某为户主的户口本中增加了唐某，唐某也是吴某所承包山林的共有人。由于我国农村土地承包是以户为单位，实行“增人不增地、减人不减地”的政策，即在农村土地的承包期限内，除法定原因外，一般对农户承包的土地不作出增减的调整，从而在总体上维护土地承包的相对稳定性。故，唐某、吴某承包经营的山林由包括侯某在内的家庭成员共同承包经营。虽然吴某户口于1992年迁出，但并不影响其承包经营的土地由包括侯某在内的家庭成员共同承包经营的事实。现吴某虽已去世，但以其名义承包经营山林的家庭户还存在，故山林由吴某家庭户内其他家庭成员继续承包经营，不发生继承。吴甲、吴乙以吴某户口迁至吴甲处，要求确认其对案涉山林享有继承权的理由不能成立，不予支持。

吴甲、吴乙在一审提交山林分家协议证实吴某将“某湾”山林转让给吴丙、吴丁、吴戊、吴己。该协议上仅有吴某署名，该签名是否为吴某本人签字不得而知。而且根据吴甲、吴乙的举证目的，前述转让行为并未经发包方同意。另，案涉山林由包括吴某在内的家庭户共同承包经营，吴某无处分权，故一审法院不予认定前述转让协议的效力正确，予以维持。

综上，吴甲、吴乙的上诉请求不能成立，应予驳回；一审判决认定事实清楚，适用法律正确，应予维持。

湖北省恩施土家族苗族自治州中级人民法院依照《中华人民共和国民事诉讼法》第一百七十七条第一款第一项规定，判决：

驳回上诉，维持原判。

【法官后语】

我国是农业大国，土地是农民的衣食之源，生存之本，土地对农民来说具有重要保障功能。《中华人民共和国农村土地承包法》第二条规定，农村土地是指农民集体所有和国家所有由农民集体使用的耕地、林地、草地，以及其他依法用于农业的土地。在司法实践中对土地权益的讨论主要集中在耕地，很少着眼于林地，而对林地承包经营权能否继承、如何继承还有争议。《中华人民共和国农村土地承包法》第三十二条第二款规定："林地承包的承包人死亡，其继承人可以在承包期内继续承包。"该条虽然对林地承包经营权能否继承进行了规定，但在理解和适用上存疑。在具体适用时应该根据该条文所在的篇章体例，运用文义解释、系统解释等解释方法正确理解与适用。

农村土地承包包括两种方式：一是家庭承包方式；二是通过招标、拍卖、公开协商等其他方式由单位或者个人承包土地。《中华人民共和国农村土地承包法》第二章规定的是家庭承包，第三章规定的是其他方式的承包。第三十二条规定在第二章即家庭承包章节，故该条款中的林地应指以家庭承包方式承包的林地，由于家庭承包的承包方是本集体经济组织的农户，故该条中的承包人死亡应理解为承包林地的家庭户消亡。当家庭中的个别或者部分成员死亡，该家庭还存在，则不影响家庭对林地的承包经营权，也不产生继承问题，本案即属于此种情况。吴某虽然自 1992 年至 2010 年去世其户籍均与吴甲的户口在一起，但是其林地承包经营权一直在侯某承包经营户中，故其死亡后生前承包的林地应当由侯某承包经营户继续承包经营，不发生继承问题。

如果《中华人民共和国农村土地承包法》第三十二条中承包林地的家庭户消亡，其继承人在承包期内继续承包，那么对于"继续承包的继承人"的身份是否有条件限制？笔者认为没有条件限制，该条第一款规定家庭承包的“承包收益”可以继承，反推为除此之外的“承包经营权”不能继承，但是紧接着第二款但书为“林地承包的承包人死亡，其继承人可以在承包期内继续承包”。该款可以理解为耕地、草地及其他依法用于农业的土地的承包经营权不能继承，但林地承包经营权可以继承。之所以对林地继续承包的继承人身份没有要求：一是因为林地经营投资大、时间长、风险高，如果对继承人的身份有条件限制势必会打消户内其他承包经营权人的积极性，不利于林木资源的发展；二是因为以继承人身份取得林地承包经营权，继续承包林地，是基于承包林地的家庭户消亡这一事实，是基于继承的事实行为，而不是基于法律行为。

林地承包经营权作为土地承包经营权中的一种，相较于其他土地承包经营权有其特殊性，在相关法律适用上应注意区别对待，以维护林地承包关系的稳定性，以此促进农业、农村经济发展和农村社会和谐稳定。

编写人：湖北省建始县人民法院　刘丛艳

7

通信公司占用承包地设立通信设施的补偿责任认定

——张某等诉通信公司土地承包经营权案

【案件基本信息】

1. 裁判书字号

北京市第一中级人民法院（2022）京01民终10716号民事判决书

2. 案由：土地承包经营权纠纷

3. 当事人

原告（被上诉人）：张某、赵甲、赵乙

被告（上诉人）：通信公司

【基本案情】

赵某与张某系夫妻关系，二人均系某村村民，育有赵甲、赵乙两个女儿。1998年1月，赵某作为家庭代表与某村集体经济组织签订《土地承包合同书》，承包耕地、菜田共计15.005亩，承包期限自1998年1月1日至2027年12月31日。2019年7月，赵某与某村经济合作社就上述土地再次签订《北京市农村土地家庭承包合同》，并取得延庆区政府颁发的《土地承包经营权证书》。1998年6月，通信公司对电信局临河等地线路扩容工程开始施工，陆续在某村等地栽设通信线杆，在赵某的承包地栽设了两根通信线杆，7月竣工。2020年前后，赵某承包地上的一根通信线杆被移除，尚余1根通信线杆。2021年6月，赵某去世。

2021年7月，法院受理张某、赵甲、赵乙与通信公司排除妨害纠纷案，张某、赵甲、赵乙要求通信公司将私自栽设在其承包地上的一根通信线杆移走。12月，法院作出（2021）京0119民初5383号民事判决，判决驳回张某、赵甲、赵乙的诉讼请求。该判决现已发生法律效力。

【案件焦点】

本案是否适用《国务院、中央军委关于保护通信线路的规定》，补偿款是否适当。

【法院裁判要旨】

北京市延庆区人民法院经审理认为：关于本案是否为重复诉讼，构成重复起诉需要具备以下几个条件：（1）后诉与前诉的当事人相同；（2）后诉与前诉的诉讼标的相同；（3）后诉与前诉的诉讼请求相同，或者后诉的诉讼请求实质上否定前诉裁判结果。本案中，虽然前诉与本案的当事人相同，但前诉为排除妨害纠纷，当事人的诉讼请求是排除妨碍，本案为土地承包经营权纠纷，当事人的诉讼请求是赔偿损失，两案诉讼标的不同，并且本案的诉讼请求并未实质上否定前诉裁判结果。据此，本案张某、赵甲、赵乙的起诉不构成重复诉讼。

赵某家庭户通过与村集体经济组织签订土地承包合同并取得《土地承包经

营权证书》，对其承包土地享有经营、收益等排他性权益，任何机构、组织和个人不得妨害。根据法律规定，家庭承包的承包方是本集体经济组织的农户，张某、赵甲、赵乙作为家庭成员平等享有承包权益，均有权依据承包经营权主张相关权益。通信公司在赵某家庭户的承包地中设立通信线杆，虽占地面积有限，但事实上对农机耕种构成妨害，进而增加耕种成本、影响收益，故该户成员张某、赵甲、赵乙要求通信公司给予补偿具有合理性，法院酌定补偿款为 1500 元。因通信公司在赵某家庭户承包地设立通信线杆的情况持续存在，故张某、赵甲、赵乙起诉主张补偿款，未超过诉讼时效。

北京市延庆区人民法院依照《中华人民共和国农村土地承包法》第三条、第八条、第二十三条和《最高人民法院关于适用〈中华人民共和国民事诉讼法〉的解释》第二百四十七条规定，判决：

一、通信公司于本判决生效后七日内给付张某、赵甲、赵乙补偿款 1500 元；

二、驳回张某、赵甲、赵乙的其他诉讼请求。

通信公司不服一审判决，提起上诉。

北京市第一中级人民法院经审理认为：根据《中华人民共和国农村土地承包法》第二十三条规定，承包合同自成立之日起生效。承包方自承包合同生效时取得土地承包经营权。赵某家庭户对其承包土地享有经营、收益等排他性权益，任何机构、组织和个人不得妨害。通信公司在赵某的承包地中设立通信线杆，虽占地面积有限，但事实上对农机耕种构成妨害，进而增加耕种成本、影响收益，故一审法院根据《中华人民共和国农村土地承包法》认定张某、赵甲、赵乙起诉要求通信公司给予补偿款具有合理性并无不当，通信公司关于本案应适用《国务院、中央军委关于保护通信线路的规定》的上诉主张与《中华人民共和国农村土地承包法》相悖，不予支持。

一审法院综合通信公司设立涉案通信线杆的占地面积，张某、赵甲、赵乙承包地耕种现状等酌定通信公司给予张某、赵甲、赵乙适当补偿 1500 元合理、恰当。对通信公司关于张某、赵甲、赵乙主张补偿款及一审酌定其补偿 1500 元无法律依据的上诉主张，不予支持。

综上，通信公司的上诉请求不能成立，应予驳回。一审判决认定事实清楚，适用法律正确，应予维持。

北京市第一中级人民法院依照《中华人民共和国民事诉讼法》第一百七十七条第一款第一项规定，判决：

驳回上诉，维持原判。

【法官后语】

一、关于本案的法律适用

本案中，通信公司主要以本案应适用《国务院、中央军委关于保护通信线路的规定》，其可无偿占用张某等人承包的土地为由进行抗辩。因此，有必要简要了解我国通信行业的发展历史，以及《国务院、中央军委关于保护通信线路的规定》出台的背景。

通信技术是当代生产力中最为活跃的技术因素，对生产力的发展和人类社会的进步起着直接的推动作用。现通信技术和业务已渗透到人们生活娱乐、工作学习的方方面面，深刻地改变了人类社会的生活形态和工作方式。从历史上看，确保通信畅通无阻一直具有重大的战略意义。1982 年 9 月 20 日，国务院、中央军事委员会颁布《国务院、中央军委关于保护通信线路的规定》，对于保护通信线路的安全、保障通信畅通、巩固国防，具有重要作用。该规定第九条规定："通信线路的建设，应考虑线路的安全可靠、经济合理，尽量避免对现有建筑设施构成影响。凡在市、镇、县城和工矿区内新建通信线路，应纳入市镇管线综合规划，尽量和道路及其他管网同步建设。设置电杆和埋设电缆应尽量节约用地，少占或不占农田，所需要的土地无偿使用。在通信线路施工和检修时应爱护农作物和林木；在施工中损坏青苗、林木，应按规定赔偿。"1994 年，电信行业初步引入竞争机制，通信公司以打破垄断、引入竞争为目标，通过差异化服务与价格策略迅速拓展市场。此后，多家通信公司相继成立，逐步形成现在的多家通信运营商共存，中国通信行业大发展的局面。

本案中，1998 年 6 月 10 日，通信公司对电信局临河等地线路扩容工程开始施工，陆续在某村等地栽设通信线杆，在涉案承包地栽设了两根通信线杆。

上述《国务院、中央军委关于保护通信线路的规定》系为了保障国家的通信畅通、通信线路安全而出台的规定，而通信公司占用涉案土地设置线杆并非国家行为，系符合市场经济属性的服务行为，因此不应适用占用土地无须补偿的规定，否则将有违权责利一致原则。

二、关于土地承包经营权的保护

土地承包经营权属于一种用益物权，指的是土地承包经营权人为从事种植业、林业、畜牧业，对其承包的集体所有或者国家所有由农民集体使用的土地所享有的占有、使用和收益的权利。根据《中华人民共和国农村土地承包法》第二十三条规定，承包合同自成立之日起生效。承包方自承包合同生效时取得土地承包经营权。本案中，赵某家庭户于1998年1月1日获得涉案土地承包经营权，其对涉案土地享有占有、使用和收益的法定权利，任何组织和个人包括作为发包方的农村集体经济组织或者村民委员会，均不得剥夺和侵害土地承包经营权人依法享有的基本权利。其中，占有的权利，是指土地承包经营权人对集体所有的土地在承包期内依法享有直接支配和排他的权利；使用的权利，是指土地承包经营权人有权在集体所有的土地上从事种植业、林业、畜牧业等农业生产的权利，而且农业生产的种类、方式等均由承包方按照土地用途自主决定，发包方和任何第三方不得进行干涉；收益的权利，是指土地承包经营权人有权通过耕种经营承包地获得地上收益的权利。土地承包经营权人除依法享有上述基本权利外，依照《中华人民共和国农村土地承包法》第十七条规定，承包方还享有：承包地被依法征收、征用、占用的，有权依法获得相应的补偿的权利。故，通信公司即使占用涉案土地系出于公共利益的需要，亦应当对承包人进行适当补偿。故，通信公司抗辩涉案行为涉及公共利益，张某等人具有容忍义务，不应支付补偿款，无法律依据。

三、关于本案补偿责任的承担

根据法律规定，家庭承包的承包方是本集体经济组织的农户，张某、赵甲、赵乙作为家庭成员平等享有承包权益，均有权依据承包经营权主张相关权益。通信公司在赵某家庭的承包地中设立通信线杆，虽占地面积有限，但事实上对现代化的农机耕种构成现实妨害，进而增加耕种成本、影响收益，法院根据线杆实际占用的范围、当地征收补偿的标准、造成的影响程度等，综合认定通信公司对张某等进行补偿，酌定适当补偿1500元，合理、恰当。

土地是农民的基本生产资料，是农民最主要的生活保障，农民享有对承包地占有、使用、收益的权利。让农民安心进行生产经营，过上更加美好的生活，契合中央全面推进乡村振兴的政策，任何机构、组织不容侵犯农民的合法权益。

编写人：北京市延庆区人民法院　高智新

8

实际领取承包收益的行为，应视为对合同履行的追认

——某村六组诉某村委会土地承包经营权确认案

【案件基本信息】

1. 裁判书字号

山东省滨州市邹平市人民法院（2022）鲁1681民初3008号民事判决书

2. 案由：土地承包经营权确认纠纷

3. 当事人

原告：某村六组

被告：某村委会

第三人：王甲

【基本案情】

王甲系某村六组村民。1996年，王甲通过竞价方式取得某村六组涉案土地承包经营权，承包费1600元/年，未签订书面承包合同。2011年2月，某村委

会与王甲就该土地签订《土地承包合同》，约定承包期限40年，自2011年10月10日至2051年10月10日，承包费1600元/年，每年10月10日交清下一年承包费。该合同除加盖某村委会印章外，某村委会主任王乙（也是某村六组成员）及某村六组成员李某、王丙在代表人处签字确认。王甲承包该土地后，一直按约定交纳承包费至2022年度，某村六组亦已将收取的承包费予以分配处理。现某村六组以该土地属于小组村民集体所有，某村委会与王甲签订《土地承包合同》时未经小组民主议定程序为由，要求确认该合同无效。

【案件焦点】

案涉合同是否有效。

【法院裁判要旨】

山东省邹平市人民法院经审理认为：王甲为某村六组村民，案涉土地为某村六组土地，王甲有权依法承包案涉土地。1996年，王甲通过竞价方式取得案涉土地承包经营权，2011年2月，某村委会与其重新签订书面承包合同，虽然合同的发包方为某村委会，但王乙、李某、王丙作为某村六组代表亦在合同中签名确认，且王甲交纳的承包费，某村委会收取后亦交由某村六组进行了分配。某村六组村民实际领取承包收益的行为，应视为合同履行过程中的追认情形，认可该合同合法有效。王甲已承包经营多年，并按时足额交纳了承包费，某村六组村民亦实际领取承包收益，现在其以对承包合同不知情为由要求确认合同无效，显然不符合客观事实，亦有违诚实和公平原则。同时在王甲足额交纳承包费的情况下，合同的继续履行能够给集体带来合理收入，也不损害国家和公共利益。综上，案涉土地承包合同不存在无效的事实和法律依据。

山东省邹平市人民法院依照《中华人民共和国民法典》第六条、第七条、第四百六十五条，《中华人民共和国土地承包法》第五条、第十三条、第二十三条、第二十五条，《中华人民共和国民事诉讼法》第六十七条第一款，《最高人民法院关于适用〈中华人民共和国民事诉讼法〉的解释》第九十条规定，判决：

驳回某村六组的诉讼请求。

宣判后，各方当事人均未提起上诉，判决已经生效。

【法官后语】

随着粮食价格上涨，粮食补贴发放到位，土地承包带来的收益日益增加，城镇建设征地导致土地资源紧张，因此，原承包人要求收回曾经被撂荒弃耕的土地，二轮土地承包中没有分到土地的农民开始主张土地承包经营权，引发了农民之间土地承包经营权确认、土地经营权争议、土地征收补偿费分配等纠纷。本案是一起出租方毁约的案例，合同已实际履行多年，由于种种因素，出租方以合同签订时未经民主议定程序为由，主张合同无效。处理此类纠纷时应当着重考虑以下四个问题：

1.《中华人民共和国农村土地承包法》等法律对民主议定程序的规定属于效力性强制性规定还是管理性强制性规定。如为效力性强制性规定，则一旦违反就会导致合同无效或不成立，如为管理性强制性规定，则并不必然导致合同无效。目前司法裁判观点倾向认为，经民主议定程序的规定属于效力性强制性规定，一旦违反应认定合同无效。

2. 承包人对于土地承包是否经过发包方民主议定程序有无审查义务。土地承包合同中是否载明了已经过民主议定程序，承包人对此是否履行了审查义务。如合同中明确已经过民主议定程序，同时，承包人也已经尽到了形式上的审查义务，如村委会无证据能够推翻合同中载明的事实，其以土地承包未经民主议定程序为由主张合同无效的，不宜予以支持。

3. 诚实信用原则在此类承包经营合同中的适用。民主议定程序是一种集体内部的管理程序，村委会作为发包方，履行该内部程序是其缔约义务，合同确因发包方未履行民主议定程序导致无效的，因其自身未履行缔约义务而产生的法律后果让善意的承包方来承担，有违诚实信用原则。特别是对于承包合同已经履行多年的情形，要综合考虑承包方的投入以及发包方的收益等情况，认定对于合同无效双方应当承担的法律责任。

4. 土地承包合同的实际履行时间。对外承包的土地一般离本村村民居住地较近，村民在此承包土地附近生活、生产，对土地承包的事实是了解的，因此，司法实践一般会考虑承包合同的履行时间长短、村民是否提出过异议以及承包方的投入等因素，基于有利于生产、有利于稳定的原则进行合同效力的认定。如果土地承包合同签订并履行多年后，村委会或村民以种种理由主张合同无效的，不宜予以支持。

因土地收益的增加，部分合同相对人为谋求更大利益，以合同存在瑕疵为由要求解除合同，不仅违反诚实信用原则，也不利于农业生产的稳定。本案的裁判，对于村、镇协调处理辖区类似土地纠纷具有参考价值。

编写人：山东省邹平市人民法院　刘玲

9

外嫁女离婚后仍有权参与集体土地征收补偿款分配

——刘某诉某村委会、某村合作社承包地征收补偿费用分配案

【案件基本信息】

1. 裁判书字号

北京市第一中级人民法院（2022）京01民终1656号民事判决书

2. 案由：承包地征收补偿费用分配纠纷

3. 当事人

原告（上诉人）：刘某

被告（上诉人）：某村委会

被告（被上诉人）：某村合作社

【基本案情】

2004年10月20日，某村合作社与刘某签订了《农村土地确权确利协议

书》（以下简称《确权协议》），约定：本农户应确权人口数2人，应确利金额合计300元/年；土地收益分配时间为每个收益年的12月31日前后两个月内；协议期限23年，自2005年1月1日至2027年12月31日。

2018年9月1日，某村委会召开村民代表会议，审议通过涉案征地款分配方案。后，某村委会作出《某村03街区征地费分配方案》（以下简称《分配方案》），载明：参与分配的人员：与村签订确权协议并享有确权收益分配权利的人员（2018年7月进行劳动力转非安置并签订自谋职业协议书的人员不参与分配）。分配标准：（1）与村签订确权协议并享有确权收益分配权利、同时享受现有某村福利待遇的人员，每人分配7.9万元。（2）与村签订确权协议并享有确权收益分配权利，同时因离婚不再享受某村村民福利待遇的外嫁入妇女，在确定将本人户口迁出某村、并与某村签订自愿终止《确权协议》、放弃确权收益权利时，每人享有1万元~3万元的一次性经济补偿。

刘某与黎某某原系夫妻关系，二人于2006年5月12日登记离婚。刘某与黎某系母女关系。双方确认《确权协议》中“本农户应确权的人口数2人”为刘某及其女儿黎某，刘某户口未迁出某村，《确权协议》约定的土地收益仍在发放，土地补偿费已由某村委会进行了发放。

【案件焦点】

1. 外嫁女离婚是否导致丧失原集体经济组织成员资格；2. 村民自治是否侵害外嫁女征地补偿费分配权的认定。

【法院裁判要旨】

北京市延庆区人民法院经审理认为：因农村集体土地征收而获得的土地补偿款是对全体集体经济组织成员的补偿，归全体成员共同享有，征地补偿安置方案确定时已经具有本集体经济组织成员资格的人为土地补偿款的享有主体。刘某户口未迁出某村，仍是某村的合法村民，应享受集体经济组织成员相应的待遇，和本集体经济组织其他成员享有平等的分配权。某村委会针对土地补偿款已确定分配方案。故，刘某起诉要求某村委会给付补偿款7.9万元的诉讼请求，合法正当，应予支持。刘某起诉要求支付利息，缺乏事实和法律依据，不予支持。某村合作社并非付款义务主体，刘某起诉要求某村合作社承担给付义务，不予支持。

村民自治章程、村规民约以及村民会议或者村民代表会议的决定不得与宪法、法律、法规和国家的政策相抵触，不得有侵犯村民人身权利、民主权利和合法财产权利的内容。农村集体经济组织的土地被征收的，已经离异但户口未迁出的农村集体经济组织成员依然有权参与分配。某村委会以刘某离婚为由拒绝支付土地补偿款，该行为明显违背法律规定，侵犯了刘某的合法权益，对村委会的相关抗辩意见不予采纳。

北京市延庆区人民法院依照《中华人民共和国农村土地承包法》第六条、第三十一条、第五十七条，《中华人民共和国村民委员会组织法》第二十四条、第二十七条，《中华人民共和国妇女权益保障法》第三十二条、第三十三条，《最高人民法院关于审理涉及农村土地承包纠纷案件适用法律问题的解释》第二十二条规定，判决：

一、某村委会于判决生效后七日内支付刘某补偿款 7.9 万元；

二、驳回刘某的其他诉讼请求。

刘某、某村委会不服一审判决，提起上诉。

北京市第一中级人民法院经审理认为：村民自治章程、村规民约以及村民会议或者村民代表会议可以就村集体组织事务进行决议，但不得与宪法、法律法规和国家的政策相抵触，不得有侵犯村民的人身权利、民主权利和合法财产权利的内容。我国法律依法全面保障妇女作为村集体组织成员的权利。刘某户口并未迁出某村，作为某村的合法村民，在享受集体经济组织成员相应的待遇上和本集体经济组织其他成员是平等的。某村委会辩称刘某离婚不符合分配标准与法律规定不符，不予采信。刘某主张利息的上诉请求没有事实和法律依据，不予支持。

北京市第一中级人民法院依照《中华人民共和国民事诉讼法》第一百七十七条第一款第一项规定，判决：

驳回上诉，维持原判。

【法官后语】

男女平等是我国宪法规定的一项基本原则，任何组织和个人都不得非法剥夺法律赋予妇女的权利，包括妇女在土地承包关系中的合法权益。较长时间以来，一些农村地区受保守、落后思想的影响，不同程度地存在歧视妇女、侵害妇女在农村土地承包中的权利问题。妇女因婚姻状况变化而被剥夺土地承包经营权、集体经济组织收益分配权的现象并不鲜见。本案系村民自治侵害离异妇女征地补偿费分配权的典型案例。妥善处理该类案件涉及妇女婚姻状况变化时集体经济组织成员资格的认定，以及“村规民约”的合法性审查问题。

一、妇女婚姻状况变化时集体经济组织成员资格的认定

农村土地承包主要是以农户为主体的承包，只有拥有集体经济组织成员资格的人，才能成为农户成员。[①] 当前法律层面并未对农村集体经济组织成员权的取得和丧失的判断标准作出明确规定。审判实践中，一般是以形成较为固定的生产、生活关系，并依法登记所在地常住户籍作为判断取得农村集体组织成员资格的形式要件，以需要本集体经济组织农村土地为基本生活保障为实质要件。基于婚姻、收养或者政策性原因进入本集体组织所在地生产、生活并依法登记本集体组织所在地常住户籍的人，应当认定为取得了该集体组织成员资格。在认定集体组织成员资格的丧失时亦遵循以人为本的原则，在农村集体组织成员未获得其他替代性基本生活保障之前，一般不宜认定集体经济组织成员资格的丧失。[②] 农村人员转为城市非农业户口后，并不当然丧失原集体组织成员资格，只有其同时获得了比较完备的社会保障，如纳入国家公务员、事业单位等财政保障序列的，才可认定其丧失原集体组织成员资格。

农村妇女无论是否婚嫁，都应与相同条件的男性村民享有同等权利。当农村妇女婚姻状况发生变化时，应当以确保该妇女有一份承包土地为原则，判断

---

① 最高人民法院民法典贯彻实施工作领导小组主编：《中华人民共和国民法典物权编理解与适用（上）》，人民法院出版社 2020 年版，第 294~296 页。

② 杜万华主编：《〈第八次全国法院民事商事审判工作会议（民事部分）纪要〉理解与适用》，人民法院出版社 2017 年版，第 387 页。

其集体经济组织成员资格。承包期内，妇女结婚的，如系“农嫁非”，妇女在新居住地无法取得承包地的，发包方不得收回其原承包地；如系“农嫁农”，妇女结婚后，其户籍亦随身迁至婚配家庭，在解释上构成嫁入方家庭成员，“增人不增地”，该妇女共有嫁入家庭的土地承包经营权。[1] 妇女离婚，其与其他家庭成员共有土地承包经营权的基础丧失，仍在原居住地生活的，可以请求分割土地承包经营权，发包方不得收回；不在原居住地生活的，新居住地的集体经济组织应当尽量为其解决承包土地问题，在解决之前，原居住地的发包方不得收回其原承包地。妇女丧偶，仍在原居住地生活的，“减人不减地”，原共有的土地承包经营权不受影响；不在原居住地生活而迁到其他地方的，在新居住地为妇女解决承包地之前，原居住地的发包方不得收回其承包地。

二、“村规民约”的合法性审查

我国农村实行村民自治，村民委员会是基层群众性自治组织，广大农民群众直接行使民主权利，进行自我管理、自我教育、自我服务。但由于部分地区农村村民法律意识淡薄，且受到封建残余思想影响，在行使村民自治权的过程中往往会出现与法律法规相违背的现象。人民法院在充分尊重村民自治的同时，也应依法对自治权行使的合法性进行审查，包括程序性审查和实体性审查。村规民约的制定程序应当符合《中华人民共和国村民委员会组织法》第二十一条、第二十二条的规定，内容不得与宪法、法律法规和国家的政策相抵触，不得有侵犯村民人身权利、民主权利和合法财产权利的内容。村民是否具有集体经济组织成员的资格，不是村民会议民主议定的范围和问题，不得以村民会议民主表决为由剥夺集体经济组织成员尤其是妇女的土地承包权和收益分配权。审判实践中应当否定与宪法、法律法规和国家政策相抵触的村规民约的效力。

根据《中华人民共和国村民委员会组织法》第二十四条、《中华人民共和国民法典》第二百六十一条的规定，土地补偿费的使用、分配方案属于村民自治的范畴，经村民会议讨论或者村民会议授权村民代表会议讨论决定方可办理。

---

① 高圣平、王天雁、吴昭军：《〈中华人民共和国农村土地承包法〉条文理解与适用》，人民法院出版社2019年版，第161页。

农村集体经济组织或者村民委员会、村民小组，可以依照法律规定的民主议定程序，决定在本集体经济组织内部分配已经收到的土地补偿费。征地补偿安置方案确定时已经具有本集体经济组织成员资格的人，有权请求支付相应份额。本案中，刘某嫁入某村后将户籍迁至该村，成为某村集体经济组织成员，享有该村集体经济组织收益分配权。后，刘某离婚，户籍未迁出某村，其仍具有某村集体经济组织成员资格，在某村作出征地补偿费分配方案后，有权要求支付其相应份额。案涉征地补偿费的分配方案虽然属于村民自治范畴，但该分配方案中第二条关于离婚的外嫁女确定户口迁出后才分得部分补偿款的相关内容，违反了《中华人民共和国村民委员会组织法》《中华人民共和国农村土地承包法》《中华人民共和国妇女权益保障法》的相关规定，侵害了刘某的合法权益，其效力应当予以否定。刘某要求按照分配方案第一条给付补偿款的主张依法应予支持。

编写人：北京市延庆区人民法院　吕明

10

登记证记载与承包合同约定的家庭承包地不一致情形下土地承包经营权的认定

——黄甲诉某村七组承包地征收补偿费用分配案

【案件基本信息】

1. 裁判书字号

福建省厦门市集美区人民法院（2022）闽0211民初5945号民事判决书

2. 案由：承包地征收补偿费用分配纠纷

3. 当事人

原告：黄甲

被告：某村七组

第三人：某村委会

【基本案情】

黄甲出示一份《农村集体土地承包经营权证》，载明：土地承包经营权证……承包户对本证所列土地享有30年承包经营权，承包经营时间从1998年12月31日至2028年12月31日。落款处盖有区人民政府公章，时间为1998年12月31日。承包户：户主：黄乙，家庭成员1人，住址：某村七组；承包土地：水田0.71亩，旱地0.59亩，所有权单位某村七组。承包土地地块登记：地块名称：灰某，类别：旱地，面积：0.36亩，坐落（四至）：东吴甲、西 庄乙、南 庄丙、北 庄丁。

黄乙死亡后，前述承包地由黄甲承包。黄甲出示一份《农村土地承包经营权证》，载明：发包方全称：某村七组，承包方代表：黄甲，承包方式：家庭承包……承包期限：1998年12月31日至2028年12月31日。承包地确权总面积：1.3亩，承包地块总数5块……坐落（四至）：东至：吴甲、西至：庄戊、南至：庄丙、北至：庄丁，面积：0.36亩。

黄甲提供一份盖有某村委会公章及镇人民政府公章的《证明》，载有：黄乙名下《农村集体土地承包经营权证》关于面积为0.36亩旱地（以下简称所涉地块）的“地块名称灰某”登记错误，实为“地块名称四某”。该证项下的所有承包地在黄乙死亡后，由黄甲继续承包。2018年11月15日，颁发的黄甲名下《农村土地承包经营权证》中承包地块（所涉地块）“坐落（四至）东至吴甲、西至庄戊、南至庄丙、北至庄丁”（含承包地块示意图相应地块的四至吴甲、庄戊、庄丙、廖某良、廖丙）登记错误，实为“坐落（四至）东至吴甲、西至庄乙、南至庄丙、北至庄丁”。

黄甲提供的《集体土地预征收补偿协议书》《市人民政府关于调整征地补偿标准的通知》等，显示，某村范围内集体土地农用地92.0447亩因需要被征收，土地补偿费、安置补助费、青苗和地上附着物补偿、水利设施摊销费用给予每亩113000元一次性包干补偿，按时交地奖励金每亩12000元，该每亩

113000 元包括土地补偿费 33000 元，安置补助费 50000 元，青苗、地上附着物补偿及水利设备摊销费 30000 元。讼争土地属于上述征收范围。

某村七组确认其系按照 119000 元/亩（包含 12000 元的奖励金）标准向被征地农民发放征地补偿款，集体提留 6000 元/亩。

【案件焦点】

在土地承包经营权登记错误情况下，对于承包人实际承包的土地权益应如何进行认定。

【法院裁判要旨】

福建省厦门市集美区人民法院经审理认为：案涉争议的承包地系由黄甲1 人作为户承包的家庭承包地。某村七组作为发包人已经确认黄甲的土地承包经营权证存在登记错误，某村委会以及镇人民政府均确认了该事实。在此情况下，本案的争议焦点为在土地承包经营权登记错误情况下，对于承包人实际承包的土地权益应如何进行认定。依照《中华人民共和国民法典》第三百三十三条：“土地承包经营权自土地承包经营权合同生效时设立。登记机构应当向土地承包经营权人发放土地承包经营权证、林权证等证书，并登记造册，确认土地承包经营权。”土地承包经营权自承包合同生效时取得，土地承包经营权证书是依法确认承包方取得土地承包经营权的法律凭证，登记机构没有依法颁发土地承包经营权证书的，承包方依然取得承包经营权。本案中，作为发包人某村七组已经确认黄甲实际承包的 0.36 亩土地位于“坐落（四至）东至吴甲、西至庄乙、南至庄丙、北至庄丁”，并确认土地承包经营权证登记错误，即可认定黄甲取得该地块的土地承包经营权，现该承包地被依法征收，某村七组应向黄甲发放征地补偿款。根据已查明的发放标准，扣除交地奖励金以及某村七组提留部分，某村七组应向黄甲发放的征地补偿款为 38520 元。黄甲要求某村七组自起诉之日即 2022 年 10 月 10 日起至实际付清之日止按该时公布的一年期贷款市场报价利率 3.65%标准支付利息，于法有据，依法予以支持。

福建省厦门市集美区人民法院依照《中华人民共和国民法典》第二百四十三条、第三百十三条、第三百三十八条，《中华人民共和国农村土地承包法》第二十三条，《中华人民共和国民事诉讼法》第六十七条第一款规定，判决：

某村七组应于本判决生效之日起十日内支付黄甲征地补偿款38520元及利息（以38520元为基数，按年利率3.65%自2022年10月10日起计算至实际付清之日止）。

宣判后，各方当事人均未提起上诉，判决已经生效。

【法官后语】

本案黄某作为1人农户向村集体承包了1.3亩家庭承包土地，但其中实际占用的0.36亩承包地与登记证上记载的承包地不一致。现黄某农户实际占用的0.36亩承包地被依法征收，村集体以承包证登记的承包地尚未被征收为由拒不向黄某农户发放征地补偿款而引发纠纷。由此引发思考，在未取得土地承包经营权证或者土地承包经营权证登记错误情况下应如何认定农户的土地承包经营权问题。结合法律规定，具体分析如下。

一、土地承包经营权自承包合同自成立时设立和生效，不以登记为生效要件

对于物权登记的效力可以区分为两种：一是登记是不动产物权变动的必要条件，未经登记不发生效力，此即为登记要件主义；二是当事人在物权变动后进行登记，未经登记，物权变动在当事人之间也可成立生效，但是不能对抗善意第三人，此即为登记对抗主义。《中华人民共和国民法典》在不动产物权变动模式上采取登记要件主义，登记对抗作为例外规定，如《中华人民共和国民法典》第二百零八条规定："不动产物权的设立、变更、转让和消灭，应当依照法律规定登记。动产物权的设立和转让，应当依照法律规定交付。"第二百零九条规定："不动产物权的设立、变更、转让和消灭，经依法登记，发生效力；未经登记，不发生效力，但法律另有规定的除外。依法属于国家所有的自然资源，所有权可以不登记。"

我国在土地承包经营相关问题的处理上，针对中国农村实际，采取了意思

主义物权变动模式。《中华人民共和国民法典》第三百三十三条规定："土地承包经营权自土地承包经营权合同生效时设立。登记机构应当向土地承包经营权人发放土地承包经营权证、林权证等证书，并登记造册，确认土地承包经营权。"《中华人民共和国农村土地承包法》第二十三条规定："承包合同自成立之日起生效。承包方自承包合同生效时取得土地承包经营权。"根据前述规定，土地承包经营权自土地承包经营权合同生效时设立。该种立法模式很具有"中国特色"，我国农村社会属于熟人社会，彼此对于承包地块相互了解或知晓，日常耕作情况可起到相应的公示作用。村集体在实际发包土地时也经过登记造册或公示，也进行过形式公示。此外，实践中更换登记证往往是以年为计进行集中更换或登记而少有给予日常的更换登记机制，造成登记滞后于承包合同的现象。甚至有的地方至今仍采取村集体登记造册进行登记而未颁发土地承包经营权证的现象。

另外，在土地承包经营权互换、转让情形下，则采取登记对抗主义，体现在《中华人民共和国民法典》第三百三十五条规定："土地承包经营权互换、转让的，当事人可以向登记机构申请登记；未经登记，不得对抗善意第三人。"此规定也同样契合农村土地流转实际，既能有效保证土地承包经营权流转顺畅，也有助于告诫村民为了更好维护自己的权益，应当积极办理承包经营权流转登记，将登记与否的选择权留给农民自己。

二、家庭承包地存在争议情况下应根据是否有承包合同或者登记情况进行具体问题具体分析

1. 未登记也未有承包合同情况下引发的纠纷不作为民事案件受理。根据《最高人民法院关于审理涉及农村土地承包纠纷案件适用法律问题的解释》第一条第二款规定："农村集体经济组织成员因未实际取得土地承包经营权提起民事诉讼的，人民法院应当告知其向有关行政主管部门申请解决。"在此情形下，当事人之间的争议为实际是否取得土地承包经营权的争议，涉及发包人是否发包以及向谁发包的问题，无法通过民事审判强行让发包人作出合同表意，应向行政主管部门申请解决。

2. 承包地被发包方另行发包给第三人的，承包方可以发包方和第三人为共同被告，请求确认其所签订的承包合同无效、返还承包地并赔偿损失。具体规定为《最高人民法院关于审理涉及农村土地承包纠纷案件适用法律问题的解释》第六条第一款规定，“因发包方违法收回、调整承包地，或者因发包方收回承包方弃耕、撂荒的承包地产生的纠纷，按照下列情形，分别处理：（二）发包方已将承包地另行发包给第三人，承包方以发包方和第三人为共同被告，请求确认其所签订的承包合同无效、返还承包地并赔偿损失的，应予支持。但属于承包方弃耕、撂荒情形的，对其赔偿损失的诉讼请求，不予支持”。

3. 登记错误情况下，应以承包合同约定的承包地来确认其实际的土地承包经营权。首先，对于承包合同约定，此处承包合同形式上并非一定要格式化的合同，在农村实际可能只有登记卡或者登记册。其次，登记错误可能是不同农户之间的承包地互相登记错误，也可能是同一农户承包的不同地块登记错误，对此，应根据承包合同约定，结合实际，尊重历史，以承包合同约定或者实际占用的承包地确认土地承包经营权。

我国广大农村地区在具体家庭承包的发包形式和调整方式上总体上依照相关法律执行，但具体形式上各地或者同一地区的不同村也存在差异，在审理土地承包纠纷中应深入了解纠纷发生的历史情况，不应机械强调登记的效力。实践中，一些地方相关部门对于家庭承包地的登记工作尚无日常工作机制或配备相关工作人员，对于农村土地承包经营权仲裁工作也未实际有效推行。为保护农民相关权益，减少相应纠纷，相关部门应加强与村集体联系，促进农村土地承包经营权的规范化流转。

编写人：福建省厦门市集美区人民法院　钟乾华

11

未签订承包合同的“四荒地”地上附着物补偿费归实际所有权人拥有

——马某诉某村委会承包地征收补偿费用分配案

【案件基本信息】

1. 裁判书字号

山东省济南市中级人民法院（2022）鲁01民终7628号民事判决书

2. 案由：承包地征收补偿费用分配纠纷

3. 当事人

原告（被上诉人）：马某

被告（上诉人）：某村委会

【基本案情】

马某系某村村民，其自行将属于某村委会的部分荒地进行了开垦，并一直在涉案土地上从事生产经营，但马某与某村委会一直未签订相应承包合同。2019年，某村委会辖区内的部分区域因项目开发被征用，其中就包括马某开垦的涉案荒地。经测量，马某实际开垦荒地共计1.7亩。2019年1月4日，某村委会根据清点情况形成地上附着物调查登记表及补偿款发放明细表向马某发放涉案1.7亩土地地上附着物补偿款36380元。2019年7月8日，某村委会向马某发放其他补偿款时将已发放的涉案土地地上附着物补偿款36380元进行了扣除。马某认为该1.7亩土地上的地上附着物的补偿款84830元应当由自身享有，某村委会的行为侵害了其合法权益，故诉至法院。

【案件焦点】

1. 某村委会应否就马某种植的1.7亩荒地进行地上附着物补偿；2. 马某要求某村委会按49900元/亩标准进行地上附着物进行征收补偿是否合法；3. 马某要求某村委会支付利息应否支持。

【法院裁判要旨】

山东省济南市长清区人民法院经审理认为：《中华人民共和国土地管理法实施条例》第三十二条第二款规定，地上附着物和青苗等的补偿费用，归其所有权人所有。首先，马某系某村委会村民，其一直实际种植涉案荒地，双方虽未签订承包合同，但在涉案土地征收之前，某村委会未对马某开垦涉案荒地并实际使用荒地的行为提出异议，且在涉案土地被征收后，对涉案荒地地上附着物清点后进行了补偿。故，法院可以认定涉案荒地地上附着物所有权人系马某；其次，某村委会未提交证据证实村集体因马某的开垦行为而受损失，故某村委会主张马某的开垦行为侵害村集体利益的观点不能成立，法院不予采信。综上，马某作为涉案1.7亩土地地上附着物的实际所有权人，相应的补偿费用应归马某所有。某村委会依法应向马某支付涉案1.7亩地上附着物补偿款。

马某主张应根据2017年8月1某街道办事处会议纪要及2018年11月29日某管委会会议纪要内容，按照每亩49900元予以补偿，某村委会认为应按照2019年2月25日某村委会党员、代表会决议内容，对地与地之间的荒地里栽的树及井等地上附着物不予清点补偿。某村委会亦主张已按照6500元/人的标准向马某家庭发放了地上附着物补偿款。法院认为，马某作为涉案土地地上附着物所有人，在双方并未就补偿款另行达成一致协议的情况下，要求参照政府相关部门出台的统一补偿标准支付地上附着物补偿费，理由正当，法院应予支持。某村委会向马某家庭发放的65000元，系马某家庭成员作为村集体组织成员身份与其他村集体成员平等获得的补偿，与本案无关。综上，某村委会应给付马某涉案土地的地上附着物补偿费为84830元。

就涉案土地地上附着物补偿问题，双方本就存在争议，亦未能就补偿数额、支付补偿款时间达成一致意见，故对于马某主张资金占用期间利息的诉讼请求，法院调整为由某村委会自起诉之日起至实际付清款项之日止，以 84830 元为基数，按照全国银行间同业拆借中心公布的贷款市场报价利率为计算标准向马某支付利息。

山东省济南市长清区人民法院依照《中华人民共和国土地管理法实施条例》第三十二条第二款，《中华人民共和国民事诉讼法》第四十条第二款、第六十七条规定，判决：

某村委会于本判决生效之日起十日内支付马某地上附着物补偿费 84830 元及利息（自 2022 年 3 月 2 日起至实际付清之日止，以 84830 元为基数，按照全国银行间同业拆借中心公布的贷款市场报价利率为计算标准）。

某村委会不服一审判决，提起上诉。

山东省济南市中级人民法院经审理认为：某村对马某开垦涉案荒地并实际使用荒地的行为提出异议。同时，2019 年 1 月 4 日，某村委会根据清点情况形成地上附着物调查登记表及补偿款发放明细表向马某发放涉案 1.7 亩土地地上附着物补偿款 36380 元。2019 年 7 月 8 日，某村委会向马某发放其他补偿款时将已发放的涉案土地地上附着物补偿款 36380 元进行了扣除。因此，一审法院认定马某作为涉案 1.7 亩土地地上附着物的实际所有权人，相应的补偿费用应归马某所有，具有事实依据，并无不当。

马某作为涉案土地地上附着物所有人，有权主张地上附着物补偿费。双方未就补偿款支付达成一致协议，马某要求参照政府相关部门出台的统一补偿标准支付地上附着物补偿费，理由正当，一审法院对此予以支持，并无不当。另，某村委会主张的马某已享受了补偿 65000 元，没有证据证明与本案讼争补偿款具有关联，法院不予采纳。

山东省济南市中级人民法院依照《中华人民共和国民事诉讼法》第一百七十七条第一款第一项规定，判决：

驳回上诉，维持原判。

【法官后语】

伴随着我国统筹城乡发展，推进社会主义新农村建设以后，农业和农村经济逐渐活跃，土地作为重要的农业生产资料之一，在农村经济发展过程中占据重要地位，但因村民自治过程中对土地管理过程中的处置程序、操作流程、监督管理等各个方面所存在的问题，导致农村相关的土地问题也日益尖锐。

本案中，双方对案涉土地应否进行补偿及征收补偿标准均产生争议。依据《中华人民共和国土地管理法实施条例》第三十二条第二款规定："地上附着物和青苗等的补偿费用，归其所有权人所有。"《最高人民法院关于审理涉及农村土地承包纠纷案件适用法律问题的解释》第二十条第二款规定："……除当事人另有约定外，青苗补偿款归实际投入人所有，地上附着物补偿款归附着物所有人所有。"虽然马某未与某村集体经济组织履行"四荒地"的承包流程，没有签订对涉案荒地的承包合同，但马某已对案涉荒地进行了实际投入并开发使用。即马某虽在取得基础法律关系的权利上存在过错，但某村委会在明知上述情况，仍在长达8年之久中，未对马某该行为提出任何异议，即应视为对该行为的默示同意，并且在2019年1月4日，某村委会已经向马某发放了该涉案土地的地上附着物补偿款。通过以上系列行为，可以推定，某村委会虽然没有与马某签订涉案土地的承包合同，但根据常识、交易习惯等，可以认定某村委会默认该涉案土地已被马某使用并开发利用，所以该涉案土地的地上附着物的所有权人应当被认定为马某而不是某村委会。所以在本案中，马某应视为案涉地所有权人，有权享有案涉地的补偿款。在马某的行为未对某村利益造成任何侵害、某村委会亦未对马某行为提出任何异议的条件下，某村委会应当按照上级街道办事处的相关会议纪要形成的补偿标准，将补偿款发放至马某处，并有权向马某主张在其承包期间的相关费用。

土地是农民赖以生存的重要生产资料和生活资料，其中地上附着物更是涉及农民基本生活生产需要的重要财产。征收补偿款既具有生存利益性质又具有财产性质，在处理征收土地补偿款的过程中，既要充分尊重和保障集体成员的个人利益，又不能损坏集体的整体利益。地上附着物拆迁和征收应当全面考虑，均衡当事人的利益关系，秉持等价有偿、和谐公平的原则进行赔偿，注重集体及个人利益、权利及义务的相一致，助力和谐社会关系的构建，助推国家公共基础设施的建设。

编写人：山东省济南市长清区人民法院　朱鑫彤

12

在征地补偿安置方案确定时已经具有本集体经济组织成员资格，请求支付相应份额的应予支持

——夏某诉某村七组承包地征收补偿费用分配案

【案件基本信息】

1. 裁判书字号

四川省仁寿县人民法院（2022）川1421民初4477号民事判决书

2. 案由：承包地征收补偿费用分配纠纷

3. 当事人

原告：夏某

被告：某村七组

【基本案情】

夏某系某村七组的村民、集体经济组织成员。2008年10月30日，夏某取得林权证载明：小地名哨棚山，林地面积为：1亩。该林地的原林地使用权人系案外人向甲（已死亡）。2020年，镇人民政府因某项目占用了部分村民的耕地和林地，于2020年9月30日与某村九组签订《过渡期征收集体土地补偿协议书》。双方后又于2021年4月1日签订《征地补偿安置协议书》载明："第二条征地补偿标准及金额征收集体农用地的补偿标准按片区综合地价50000元/亩计算；征收集体农用地以外的其他集体土地，补偿标准按征收集体农用地补

偿标准的1倍执行；土地补偿费和安置补助费按4∶6计算”。2021年11月21日队长向乙召集某村七组全体村民召开某村九组土地款分配会议，其会议记录载明：“……五保户的土地：荒山、林园拿2.5亩出来由生产队集体分配。即荒山林园1.2亩、承包地1.3亩……”2021年12月10日再次召开了某村九组土地款分配会议，其会议记录载明：“……五保户的处理，根据大家的意见，冷某拿1.1亩。向甲的不变，还是拿1亩。向丙的拿0.1亩……”队长按会议确定的内容将夏某的补偿款50000元作为生产队提留，未给付夏某。后，夏某多次向某村七组催要此款无果，遂诉至法院。另查明，某村七组原名称为某村九组。

【案件焦点】

集体经济组织成员，是否有权要求集体经济组织支付因承包地被征收所得土地补偿费。

【法院裁判要旨】

四川省仁寿县人民法院经审理认为：根据《中华人民共和国农村土地承包法》第十七条“承包方享有下列权利：（四）承包地被依法征收、征用、占用的，有权依法获得相应的补偿”之规定，夏某承包了小地名为“哨棚山”的林地地块，并获得国家林业局颁发的林权证，夏某有权对权证载明的土地享有依法获得相应补偿的权利。综合某村七组在2021年11月21日、2021年12月10日的两次会议记录来看，根据《中华人民共和国村民委员会组织法》第二十七条第二款“村民自治章程、村规民约以及村民会议或者村民代表会议的决定不得与宪法、法律、法规和国家的政策相抵触，不得有侵犯村民的人身权利、民主权利和合法财产权利的内容”第二十七条第三款“村民自治章程、村规民约以及村民会议或者村民代表会议的决定违反前款规定的，由乡、民族乡、镇的人民政府责令改正”之规定，村民小组会议所作出的关于“五保户的处理，根据大家的意见，冷某1.1亩。向甲的不变，还是拿1亩。向丙的拿0.1亩”的决议，内容经村民小组会议通过，程序正当，内容并未损害村民的合法权益。故，该会议决议有效。决议内容涉及

“五保户”的权益，但夏某并非“五保户”，虽然该林地之前属向甲所有，但其死亡后，该林地经营权已归夏某。某村七组将夏某1亩林地用作生产队集体分配的分配方案，侵害了夏某的合法财产权利。故，对某村七组的辩解，法院不予支持。夏某要求参与承包地征收补偿费用分配的诉讼请求，符合相关法律规定，法院依法予以支持。故，某村七组应当向夏某支付承包地征收补偿费50000元。

四川省仁寿县人民法院依照《中华人民共和国农村土地承包法》第十七条，《中华人民共和国村民委员会组织法》第二十七条规定，判决：

一、某村七组于本判决生效之日起十日内支付夏某承包地征收补偿费50000元；

二、驳回夏某其他诉讼请求。

宣判后，各方当事人均未提起上诉，判决已经生效。

【法官后语】

若被征地人对于征地补偿费用数额没有异议，仅是对该征地补偿费用与农村集体经济组织或农村集体经济组织的成员之间的分配有异议，则该异议属于农村承包土地征收补偿费用分配纠纷。

承包地征收补偿费用包括土地补偿费、安置补助费及地上附着物和青苗补偿费三部分。《最高人民法院关于审理涉及农村土地承包纠纷案件适用法律问题的解释》第二十二条至第二十四条规定的基本内容：(1) 地上附着物和青苗补偿费是对被征地农户财产损失的补偿，理应支付给承包方；(2) 安置补助费是对被征地农户丧失土地承包经营权的补偿，只要该农户放弃统一安置，该笔费用亦应支付；(3) 土地补偿费系对集体土地所有权丧失的补偿，其分配主体应当是征地补偿安置方案确定时所有具有本集体经济组织成员资格的农户。

土地补偿费是对经由征收消灭的集体土地所有权的补偿，而集体土地所有权的权利主体是农民集体，据此，土地补偿费的受益主体也只能是农民集体。只要征地补偿安置方案确定时具有该集体经济组织的成员资格，就应具有相应的分配权。

具体分配方案应通过民主议定程序决定。根据《中华人民共和国村民委员会组织法》第二十四条规定："涉及村民利益的下列事项，经村民会议讨论决定方可办理……（七）征地补偿费的使用、分配方案……村民会议可以授权村民代表会议讨论决定前款规定的事项。法律对讨论决定村集体经济组织财产和成员权益的事项另有规定的，依照其规定。"

本案中，夏某在原集体经济组织成员向甲已故后，已依法取得了其原有的 1 亩林地的林权。该部分林地后因某项目被占，夏某理应获得相应的土地补偿费。夏某所在的某村七组在进行集体决议时，错误地将应分配给夏某的土地补偿费 50000 元作为生产队提留，应予纠正。

此外，村委会作为农村集体经济组织，对集体土地进行经营、管理，在将征地补偿款交由村民组分配时，有义务对村民小组的错误分配行为进行监督，并予以纠正。村集体组织依法享有自主决定自治范围内事项的权利。但是，村民集体经济组织制定的村规民约、规章制度、财产分配方案等，必须符合法律法规以及合法有效规章、规范性文件的规定，不得剥夺村集体组织成员的依法应当享有的基本权利。如果村集体组织作出的决议违反法律法规规定，侵犯村民合法权益，村民有权向基层政府检举，请求予以监督。

编写人：四川省仁寿县人民法院　廖家晖

13

村规民约的法律效力认定

——某村四组诉舒甲承包地征收补偿费用分配案

【案件基本信息】

1. 裁判书字号

四川省宜宾市中级人民法院（2022）川 15 民终 223 号民事判决书

2. 案由：承包地征收补偿费用分配纠纷

3. 当事人

原告（被上诉人）：某村四组

被告（上诉人）：舒甲

第三人：舒乙、舒丙、舒丁

【基本案情】

舒甲与舒乙、舒丙、舒丁均为某村四组（原某村八组）村民。2019 年 3 月 5 日，某村四组以《组规民约》约定：本组所有征地、流转土地等事项以全生产组为单位，各户承诺不单独办理。7 月 29 日，舒甲及部分村民签字承诺：代表全家向生产组作出承诺，遵从生产组原有规定，在土地补偿款到账后一个星期之内，按我户耕地补偿款总数的百分之五，非耕地百分之三十提交生产队集体所有。8 月 18 日，某村四组召开村民大会，内容为荒山提成为总数的 30%，土地 5%。29 户村民代表签字，其中包括舒甲及舒乙、舒丙、舒丁。随后在 2019 年 9 月 16 日、2020 年 10 月 30 日按《组规民约》的约定耕地 5%、非耕地 30%进行两次提留并分配提留款到 29 户，舒甲及舒乙、舒丙、舒丁均分到几千元不等的生产组提留款。

2021 年，镇人民政府征收某村四组土地，镇人民政府与某村四组签订《占地补偿协议》，其中涉及舒甲及舒乙、舒丙、舒丁部分耕地和非耕地。2021 年 3 月 9 日，镇人民政府向被征地农户舒甲及舒乙、舒丙、舒丁发放征地补偿款，在《土地补偿款结算表》中，项目栏载明耕地三宗，分别为图纸编号 A、B、C，其中涉及青苗为编号 A1150. 39 平方米，金额 3244. 10 元，共计 525279. 54 元。舒甲领取该笔土地补偿款后又分配给舒乙、舒丙、舒丁。2021 年 9 月 9 日，镇人民政府出具《关于户外体验项目及舒甲户土地属性的情况说明》，该说明载明：某山宗地编号 B、C 土地属性为一般林地（非耕地），某山宗地编号 A 土地属性为耕地，同时注明因工作疏忽，误将 B、C 两宗土地属性作为耕地，登记于《土地补偿结算表》中。后，某村四组在提留舒甲及舒乙、舒丙、舒丁土地补偿款时发生争议，某村四组要求按编号 A 耕地提留 5%，即 4805. 75 元，编号 B、C 非耕地提留 30%即 127776.11 元，共计 132581.86 元。舒甲认为，《土地补偿结算表》中镇人民政府已载明三宗土地为耕地，只能按耕地标准 5%提留，县人民政府通告只能提留综合地价 40%土地补偿费、不能提留 60%的安置补助费，故拒绝支付。

【案件焦点】

如何认定村规民约的效力。

【法院裁判要旨】

四川省兴文县人民法院经审理认为：某村四组通过三分之二以上的村民（户）按民主议定程序决定的《组规民约》中涉土地补偿款，集体经济组织提留为荒山提成为总数的 30%，耕地 5%的内容，并未侵犯集体经济组织成员利益，并已实际实施，舒甲及舒乙、舒丙、舒丁也领取相应提留分配款，故该《组规民约》具有执行力，对该集体经济组织各成员（户）具有约束力。根据《某景区户外拓展及溶洞经营性项目占用某村农户承包地情况图》涉及舒甲及舒乙、舒丙、舒丁宗地编号 A、B、C 三宗土地，其中仅有 A 宗土地在地面附着物栏载明“计作青苗”，B、C 二宗土地均为“无”，能够说明三宗土地基本属性，结合该土地征收方为镇人民政府且以政府名义出具的《镇人民政府关于户外体验项目设计舒甲户土地属性的情况说明》，镇人民政府系一级政府机关，其所出具的证据具有证据证明力，予以采纳，故某村四组请求按耕地 1150.39 平方米，非耕地 5097.79 平方米标准提留，予以支持。舒甲及舒乙、舒丙、舒丁要求按《土地补偿结算表》中以三宗土地为耕地计算提留不当。对舒甲及舒乙、舒丙、舒丁要求按县人民政府通告精神提留，但该通告为征收农用地，土地征收未涉及安置问题且某村四组《组规民约》约定提留为土地补偿款总数而且按此标准实施多年，综上，对舒甲请求按耕地 96115.08 元的 5%提留、非耕地按 425920.36 元的 30%提留，予以支持。鉴于该征地补偿款 525279.54 元已由舒甲领取并分配给舒乙、舒丙、舒丁，故舒甲及舒乙、舒丙、舒丁应将其中提留款支付给某村四组。

四川省兴文县人民法院依据《中华人民共和国民法典》第二百四十三条，《最高人民法院关于审理涉及农村土地承包纠纷案件适用法律问题的解释》第二十条、第二十二条规定，判决：

被告舒甲及第三人舒丙、舒丁、舒乙于本判决生效后十日内向原告某村四组支付提留款 132581.86 元。

舒甲不服一审判决，提起上诉。

四川省宜宾市中级人民法院经审理认为：某村四组属于基层群众性自治组织，并非行政机关，不能以自己的名义行使国家行政职权。某村四组的集体土地依法属于村农民集体所有。《中华人民共和国土地管理法实施条例》第二十六条规定，土地补偿费归农村集体经济组织所有；地上附着物及青苗补偿费归地上附着物及青苗的所有者所有。因此，案涉土地补偿费应归某村四组所有，并非被征地土地的村民户单独所有。涉及土地补偿费的分配问题，某村四组在 2019 年就已经召开户代表的村民会议，经民主议定程序讨论形成土地补偿费的分配决议，符合一事一议原则，且舒甲及舒乙、舒丙、舒丁对土地补偿费的分配方案知晓并承诺遵守执行。综上，某村四组就土地补偿费的分配方案已经通过民主议定程序形成决议，双方属于承包地征收补偿费用分配纠纷，是平等主体之间的民事权利义务争议，属于人民法院民事受案范围。舒甲认为本案是行政案件受案范围的上诉理由不能成立。

涉案《景区土地、林地使用权流转涉及基础数据确认书》宗地基础信息栏记载：某山为林地并非耕地，该确认书与占地确认登记表地面附着物“无”以及镇政府出具的情况说明相互印证，证明小地名某山宗地编号 B、C 土地属性为林地并非耕地。诉讼中，舒甲及舒乙、舒丙、舒丁均未提供农村土地承包经营权证证明小地名某山的土地为耕地的事实。因此，一审法院根据某村四组就土地补偿费形成的决议，确定舒甲及舒丙、舒丁、舒乙向某村四组支付 132581.86 元的土地补偿款并无不当。

四川省宜宾市中级人民法院依照《中华人民共和国民事诉讼法》第一百七

十七条第一款第一项规定，判决：

驳回上诉，维持原判。

【法官后语】

一、村民委员会是否是行政主体

行政主体是指享有行政权力，能以自己的名义行使行政权，作出影响行政相对人权利义务的行政行为，并能独立承担由此产生相应法律责任的社会组织。根据《中华人民共和国村民委员会组织法》第二条“村民委员会是自我管理、自我教育、自我服务的基层群众性自治组织，实行民主选举、民主决策、民主管理、民主监督。村民委员会办理本村的公共事务和公益事业，调解民间纠纷，协助维护社会治安，向人民政府反映村民的意见、要求和提出建议。村民委员会向村民会议、村民代表会议负责并报告工作”的规定，村民委员会（以下简称村委会）不是国家基层政权组织，同时不是一级政府和政府的派出机关，而是群众性自治组织，并不是行政主体。因此，村委会在土地补偿费等费用的使用、分配方面形成的决议，是村委会内部自治事宜，不属于行政案件。

村委会不是行政机关，并不代表村委会不具有行政诉讼被告资格，根据《最高人民法院关于适用〈中华人民共和国行政诉讼法〉的解释》第二十四条第一款规定：当事人对村民委员会或者居民委员会依据法律、法规、规章的授权履行行政管理职责的行为不服提起诉讼的，以村民委员会或者居民委员会为被告。故，村委会依据法律法规、规章的授权履行行政管理职责时具有行政诉讼被告的资格和地位。

二、村规民约的法律效力认定

村规民约作为基层自治的产物，是村民自治制度的重要组成部分，凝聚着村民的共同价值观，在引领乡村法治中具有重要作用。司法应当尊重合法有效的村规民约。同时，要加强对村规民约的监督，保证其内容与程序合法，在法治框架之下制定与执行。在民事诉讼中，对于村规民约的效力应当在国家法律框架内予以审查。审查时，应判断村规民约的制定程序、内容是否与国家法律规定存在冲突。对此，首先要关注的是其制定程序的合法性。合法的制定程序包括广泛的村民参与、公开透明讨论、依法表决等环节。司法实践中，应当审查是否存在违反法定程序、损害村民权益的情形，确保村规民约的制定程序符合法律法规的规定。其次要关注村规民约内容的合法性。内容合法，要求村规民约应当符合法律法规的规定，不得违反法律法规的强制性规定和公序良俗。司法实践中，应重点关注村规民约是否存在违反法律法规的内容，如涉及土地权益、婚姻家庭、人身权利等敏感领域的规定是否合法，是否有悖公序良俗。最后要遵循个案审查原则。即根据具体案件的情况和相关法律法规的规定，对村规民约的效力进行独立判断。同时，村规民约的制定和实施应当遵循村民自治原则，体现村民的意志和利益，司法机关可以行使司法建议权，对村规民约的制定和实施提出改进建议。从村民的角度来说，若村民认为村规民约侵犯其人身权利、民主权利和合法财产权利的，有权请求乡、民族乡、镇的人民政府行使行政监督权。如乡、民族乡、镇的人民政府不履行法定职责，村民可以依法诉至人民法院。

本案中，某村四组通过三分之二以上的村民（户）按民主议定程序决定的《组规民约》中涉及土地补偿款，集体经济组织提留为荒山提成为总数的30%，耕地5%的内容，并未侵犯集体经济组织成员利益，且已实际实施，舒甲及舒乙、舒丙、舒丁也领取了相应的提留分配款，该《组规民约》的制定程序、内容均合法有效，故本案确认，其对该集体经济组织各成员（户）具有约束力。

编写人：四川省兴文县人民法院　向启波

（二）土地租赁合同纠纷

14

“买卖不破租赁”原则在土地租赁合同中的适用

——张某、宋某诉贠某土地租赁合同案

【案件基本信息】

1. 裁判书字号

新疆维吾尔自治区和静县人民法院（2022）新2827民初114号民事判决书

2. 案由：土地租赁合同纠纷

3. 当事人

原告（反诉被告）：宋某

原告：张某

被告（反诉原告）：贠某

第三人：刘甲、盛某、阮某、刘乙

【基本案情】

2018年9月26日，张某、宋某与贠某签订一份《土地承包合同》，约定贠某作为甲方将位于某开发区的涉案480亩国有农用地承包给乙方张某、宋某，承包期限从2019年1月1日至2023年11月30日，共5年，承包价格每亩每年500元，计每年240000元，承包费于前一年的12月30日之前一次性付清等内容。合同签订后，贠某将案涉土地交给张某、宋某种植，张某、宋某按照合同约定每年按时支付土地承包费。2021年11月3日，贠某决定将案涉土地转让给他人，告知张某、宋某有优先购买权，张某、宋某表示放弃购买案涉土地，次日，贠某、案外人李某与刘甲签订《土地经营权转让协议书》，将案涉土地以4350000元的价格转让给刘甲，后刘甲将案涉土地分成五块，分别过户登记在自己、阮某、刘乙、盛某名下。刘甲、阮某、刘乙、盛某一致认可是全体共同买地，由刘甲出面签合同，签完合同后将土地过户至各自名下。刘甲在与贠某、李某签订《土地经营权转让协议书》前知晓案涉土地由他人在种植，并了解到张某、宋某拒绝优先购买案涉土地后，与贠某及李某签订了该合同。

张某、宋某表示与贠某之间签订的《土地承包合同》未到期，也并未解除，要求继续耕种土地。二人于2021年12月30日在和静县公证处办理提存手续，将2022年度承包费240000元提存至公证处。

贠某自述案涉土地未转让前分别登记在贠某、李某名下，两人各持一个土地使用证，贠某对外承包土地经过李某同意并对承包费五五分成。截至本案第二次开庭之日，案涉土地尚未耕种。

【案件焦点】

租赁标的为土地使用权时可否适用“买卖不破租赁”原则。

【法院裁判要旨】

新疆维吾尔自治区和静县人民法院经审理认为：本案的争议焦点为涉案《土地承包合同》是否已经解除或终止，该合同是否有继续履行的可能。首先，张某、宋某与贠某签订的《土地承包合同》是双方的真实意思表示，合法有效，且已经履行3年。贠某对外转让案涉土地前，向张某、宋某告知了土地即将转让的事实，并告知其有权在同等条件下有权优先购买，张某、宋某表示拒绝购买，故其丧失对案涉土地的优先购买权。但贠某在对外转让案涉土地之前并未向张某、宋某告知解除双方之间签订的《土地承包合同》，也未就合同解除与张某、宋某协商达成一致，未达到合同法定解除或者约定解除的条件，双方之间签订的《土地承包合同》并未解除或者终止。其次，张某、宋某与贠某签订的合同名为“土地承包合同”，但并不符合《中华人民共和国民法典》有关土地承包的规定，实际上是贠某将案涉土地租赁给张某、宋某耕种一段时间，并收取一定费用的行为，其性质属于土地租赁合同，在租赁物权属发生变化时，适用“买卖不破租赁”的规定。《中华人民共和国民法典》第七百二十五条规定：“租赁物在承租人按照租赁合同占有期限内发生所有权变动的，不影响租赁合同的效力。”案涉土地是国有土地，所有权归国家所有，故不存在所有权变动的问题，其登记的使用权人发生变更的，不影响承租人租赁期内享有租赁土地的权利。“买卖不破租赁”的立法目的在于保护承租人的利益，稳定租赁关系，保护交易安全，实现物尽其用。《中华人民共和国合同法》第二百二十九条、《中华人民共和国民法典》第七百二十五条均明确“买卖不破租赁”的规则，这使得租赁权能够对抗新的所有权人，强化了对承租人的保护。“买卖不破租赁”规则主要适用于不动产，因为动产具有相当强的可替代性和可消耗性特点。案涉土地虽然已经转让给第三人并办理了过户登记，但张某、宋某作为租赁权人依照“买卖不破租赁”的规定，仍然有继续耕种案涉土地的权利，且该土地尚未有他人耕种，该合同有继续履行的可能。刘甲、盛某、阮某、刘乙在购买该土地前，已经得知该土地由他人在种植，但并未对种植期限、承包合同是否已经解除做进一步了解，就与贠某等签订了《土地经营权转让协议书》，并办理了不动产变更登记，刘甲、盛某、阮某、刘乙应承担对其不利的后果，其对案涉土地的权属登记，不能对抗张某、宋某的租赁权。张某、宋某与贠某签订的《土地承包合同》自合同成立起生效，双方应当积极履行，但贠某在未解除合同的情况下，将案涉土地转让给第三人，损害了张某、宋某的合法权益，有违诚信原则，应当承担相应后果。

综上所述，张某、宋某的诉讼请求有事实和法律依据，应予支持。

新疆维吾尔自治区和静县人民法院依照《中华人民共和国民法典》第五百零二条、第五百零九条、第五百七十七条、第七百零三条、第七百二十五条，《中华人民共和国民事诉讼法》第六十七条规定，判决：

张某、宋某与贠某于2018年9月26日签订的《土地承包合同》继续履行，张某、宋某有权继续耕种该土地至合同期限届满（2023年11月30日），刘甲、盛某、阮某、刘乙有协助义务。

宣判后，各方当事人均未提起上诉，判决已经生效。

【法官后语】

买卖不破租赁是指在租赁合同的有效期限内，出租人将租赁物的所有权转让给第三人时，承租人的租赁权不因租赁物所有权的转移而消灭或受到妨碍。此时第三人不能以其已成为租赁物的所有人为由否认原租赁关系的存在并要求承租人返还租赁物，承租人可以继续承租直至租赁期届满。“买卖不破租赁”是民法体系中的重要原则，是租赁权物权化的表现，旨在保护承租人的合法权益，保护交易安全，实现物尽其用。我国买卖不破租赁原则具体体现在《中华人民共和国合同法》第二百二十九条和《中华人民共和国民法典》第七百二十五条中，后者是对前者的继承，该条款虽然对买卖不破租赁作出明文规定，但仍有不明确之处：一是对租赁物类型未作表述，按照文义理解，租赁物并无限制，应当包含动产和不动产，而通说认为，买卖不破租赁原则主要适用于不动产，因为动产具有相当强的可替代性和消耗性特点，保持动产租赁的长期稳定性的意义不像不动产租赁那样大。[①] 由于动产具有容易流通的特点，难以保障租赁权的行使，故“买卖不破租赁”的对象一般为不动产，在我国一般特指房屋。二是土地使用权作为租赁标的时，能否直接适用买卖不破租赁原则。我国是社会主义国家，土地属于国家或集体所有，土地买卖（转让）只产生土地使用权变动的法律后果，并不产生所有权变动的后果。买卖不破租赁的法律条文规定“租赁物在承租人按照租赁合同占有期限内发生所有权变动的，不影响租赁合同的效力”，但并未明确租赁物使用权变动时，是否影响租赁合同的效力。本案认为，土地作为特殊的租赁物，当土地使用权通过转让等方式发生变动的，应当认为符合“所有权变动”这

---

① 王利明：《论买卖不破租赁》，载《中州学刊》2013年第9期。

一标准，而不能机械套用法条的文字表述，认为租赁物必须发生所有权变动才能适用买卖不破租赁原则。三是“买卖”一词应当作广义理解，通常情况下，“买卖不破租赁”中的“买卖”一词是指出售购买行为，但是在实际生活中，买卖以外的行为导致租赁物所有权（使用权）变动的，如互换、赠与、遗赠、继承、出资等，根据买卖不破租赁原则的立法精神，也应适用此原则。比如，《最高人民法院关于贯彻执行〈中华人民共和国民法通则〉若干问题的意见（试行）》第一百一十九条第二款即规定：“私有房屋在租赁期内，因买卖、赠与或者继承发生房屋产权转移的，原租赁合同对承租人和新房主继续有效。”在《中华人民共和国民法典》及其相关司法解释尚无此类规定的情况下，该条文的立法精神对于司法实践仍有指导意义。

本案基于案件事实，未局限于买卖不破租赁原则的字面意思，而是结合立法精神和立法目的，综合考虑本案特殊情况，将土地使用权转让纳入买卖不破租赁的适用范畴中，认为承租人有权继续耕种涉案土地至合同期限届满为止，是买卖不破租赁原则在司法审判中的具体运用，维护了承租人的合法权益。

买卖不破租赁原则有利于维护社会经济秩序和人民群众的生活秩序，体现了法律的秩序价值目标，亦有利于弘扬社会主义核心价值观，深植诚实信用理念。该原则目前仅由《中华人民共和国民法典》的一个条文规定，司法实践中容易产生争议，影响该条文的准确适用，需要司法实践进一步探索，总结裁判经验，完善裁判规则，并建议最高人民法院完善相关司法解释，进一步厘清其适用范围。

编写人：新疆维吾尔自治区和静县人民法院　江驰文

15

农村土地发包给本集体经济组织以外个人的合同效力认定

——张某诉某村委会土地租赁合同案

【案件基本信息】

1. 裁判书字号

山东省淄博市中级人民法院（2023）鲁03民终479号民事裁定书

2. 案由：土地租赁合同纠纷

3. 当事人

原告（反诉被告、被上诉人）：张某

被告（反诉原告、上诉人）：某村委会

【基本案情】

2013年4月1日，甲方某村委会与乙方张某（非某村村民）签订土地出租合同，约定：将村东涉案土地130亩租给乙方自主使用，租用时间自2013年3月15日至2023年3月15日，租用期限10年；租金计算方式：第一年度到第五年度每年每亩700元；自第六年开始，每年每亩1000元，直到合同到期。租金支付方式：第一次交费时间为2014年3月15日，以后每年3月15日前乙方应支付甲方一年度的租金。双方还就其他权利、义务进行了约定。

2013年4月16日，双方签订补充协议，约定：案涉租赁土地用途为种植农产品，不得进行工业建设；租赁土地如果被征用占用时，其中的地上附着物与青苗等补偿款归张某所有。如果征地单位或者用地单位不支付补偿款的，某村委会应当按照相应补偿标准对张某予以补偿。

2018年3月，涉案土地因项目建设被征用，相关《地上附着物清点登记表》和《地上附着物补偿计算表》载明所清点树木等的“产权人”为“张某”；产权人张某地上附着物法桐、白蜡、桃树等补偿金额为4360221.67元，地上附着物铁丝网栅栏、地埋水管、水泥立柱等补偿金额为125581.1元。扣除该审减值后，张某地上附着物补偿款金额合计为4475602.77元。该款项已拨付至某村委会“村账镇管”的账户中。双方对补偿款归属发生争议，引发诉讼。

张某请求判令某村委会支付苗木补偿款等。某村委会提起反诉，主张张某支付土地占用使用费并支付违法使用土地期间所产生的费用。

2013年11月13日，某村委会购置张某绿化苗木法桐、紫叶李、丝棉木、樱花、扶芳藤球等，共计379440元，该款项某村委会未支付给张某，张某主张应予抵销。

【案件焦点】

涉案土地租赁合同效力和补偿款归属的认定。

【法院裁判要旨】

山东省淄博高新技术产业开发区人民法院经审理认为：关于涉案土地租赁合同及补充协议效力问题。依据《中华人民共和国农村土地承包法》第五十二条第一款“发包方将农村土地发包给本集体经济组织以外的单位或者个人承包，应当事先经本集体经济组织成员的村民会议三分之二以上成员或者三分之二以上村民代表的同意，并报乡（镇）人民政府批准”的规定，本案中，张某不是某村委会集体经济组织成员，没有提供证据证明在签订承包合同前取得了三分之二以上村民代表的同意和报镇人民政府批准，因此该合同违反《中华人民共和国农村土地承包法》第五十二条的规定，涉案合同及补充协议应属无效。

关于双方争议的补偿款、土地占用费等数额的认定。涉案租赁土地地上附着物已经政府相关部门清点审核，应补偿张某数额为4475602.77元，证据充分，予以确认。某村委会购置张某绿化苗木共计379440元，由经手人签字确认。某村委会主张的土地占用使用费455000元，系参照双方合同约定计算得出，张某对每年租赁费数额并无异议，某村委会主张的土地占用使用费455000

元，应予确认。某村委会主张的其他违法使用土地期间所产生的费用，无证据证明，不予支持。

关于合同及补充协议无效的法律后果。根据《中华人民共和国合同法》第五十六条、第五十八条规定，涉案土地于 2018 年 3 月被征用，没有返还必要。张某作为涉案荒地的租赁人进行了投入，基于“谁投资，谁受益”及公平原则，该补偿款系对张某所有的地上附着物的专项补偿，该补偿款应归上述地上附着物所有人，故涉案地上附着物补偿款应归张某所有，某村委会应将取得的应当归属于张某的补偿款支付给张某；张某使用某村委会土地，也应支付土地占用费 455000 元。关于某村委会购置张某绿化苗木价款 379440 元，张某在本案中提出，要求与某村委会主张的土地占用费进行抵销，符合法律规定，予以准许，相冲减后，张某应支付某村委会土地占用费 75560 元。

山东省淄博高新技术产业开发区人民法院依照《中华人民共和国农村土地承包法》第五十二条，《中华人民共和国合同法》第五十二条、第五十六条、第五十八条，《最高人民法院关于适用〈中华人民共和国民法典〉时间效力的若干规定》第一条第二款规定，判决：

一、张某与某村委会签订的土地出租合同、补充协议无效；

二、某村委会于本判决生效之日起十日内将拨付至其账户的地上附着物补偿款 4475602. 77 元支付给张某；

三、张某于本判决生效之日起十日内支付某村委会土地占用费 75560 元；

四、驳回张某的其他诉讼请求；

五、驳回某村委会的其他反诉请求。

某村委会不服一审判决，提起上诉。

因未交纳上诉费，山东省淄博市中级人民法院依照《中华人民共和国民事诉讼法》第一百五十七条第一款第十一项、《最高人民法院关于适用〈中华人民共和国民事诉讼法〉的解释》第三百一十八条规定，裁定：

按某村委会自动撤回上诉处理。一审判决自本裁定书送达之日起发生法律效力。

【法官后语】

本案主要涉及农村土地发包给本集体经济组织以外个人的合同效力、合同无效后征地补偿款归属的认定。

伴随着市场经济的发展，我国农村和农业均发生了重大变化，集体经济组织通过出租土地，使农村市场经济得到了很大的发展，农村土地资源也得到了很好的利用。在多样的承包制中，土地承包制越来越成为主要形式。在实行承包责任制的过程中，由于个别农村干部的政策法律意识不足，在发包农村土地的过程中往往存在一些问题，导致承包关系不稳定，因此引发的农村土地承包纠纷较为突出，纠纷涉及的法律问题很多，具有代表性的是关于合同效力问题。对此，人民法院一般根据以下思路审理：（1）法律法规有明确规定的，依照法律法规的规定进行处理；（2）法律法规没有规定的，依照国家政策处理；（3）法律法规、政策都没有规定的，根据《中华人民共和国民法典》的基本原则，结合具体案情，从有利于保护双方当事人的民事权益，有利于土地有偿使用的原则出发，实事求是、合情合理地处理。

一、农村土地对外发包的效力认定

农村土地属于集体经济组织所有，其发包与流转应当依法进行。向集体经济组织以外的组织或个人发包，法律规定了严格的程序，是否符合程序要求，决定了此类农村土地承包合同的效力。《中华人民共和国农村土地承包法》第五十二条规定，发包方将农村土地发包给本集体经济组织以外的单位或者个人承包，应当事先经本集体经济组织成员的村民会议三分之二以上成员或者三分之二以上村民代表的同意，并报乡（镇）人民政府批准。由本集体经济组织以外的单位或者个人承包的，应当对承包方的资信情况和经营能力进行审查后，再签订承包合同。对于“四荒土地”的承包，应先根据《中华人民共和国农村土地承包法》第四十八条的规定采取招标、拍卖、公开协商等方式进行，同时应当经过民主议定程序，并报乡（镇）人民政府批准确定合同效力。以上法律条款对农村土地、“四荒土地”“对外”承包的民主议定程序作出了明确规定，因此对于村集体经济组织将集体土地发包给本集体经济组织以外的组织或个人，必须经过民主议定程序，该程序的立法目的在于维护集体成员的权益，避免个别人发包土地损害集体利益，是保护多数村民对农村土地之权利客体进行有效支配和控制的机制，未经过民主议定程序向本集体经济组织以外的组织或个人发包集体土地属于无权处分，若村民大会或村民代表大会对该类土地承包合同未予追认，则合同应认定无效；再者，根据《中华人民共和国民法典》第一百五十三条第一款之规定，未经民主议定程序的行为因违反法律强制性规定而当然无效。

二、土地租赁合同无效的法律后果

随着法律法规及国家政策的不断调整，农村土地可以进入市场进行流转，促进了农村土地的开发和利用，也为村集体和村民带来了经济收益，但当前农村土地在流转过程中可能因土地流转程序、协议不规范以及机制不完善等问题导致合同无效。所谓无效，是指行为人所为的意思表示不产生当事人预期的法律效果，但无效并不等于没有法律后果。根据《中华人民共和国民法典》第一百五十七条之规定，合同无效主要产生以下法律后果：一是行为人因该合同取得的财产，应当予以返还。即村集体组织一方应当向承租土地的组织或个人返还出租土地所取得的收益；承租土地的组织或个人应当向村集体组织返还所取得的集体土地使用权，自行拆除地上建筑物、构筑物，恢复土地原状。二是不能返还或者没有必要返还的，应当折价补偿。返还财产不具备现实条件或者没有必要或者返还财产成本过高的，可以通过折价补偿的方式来使财产关系恢复原状，确定折价补偿范围时，要根据诚实信用原则的要求，在当事人之间合理分配，不能使不诚信的当事人因合同无效而获益。三是因合同无效造成的损失应当赔偿。有过错的一方应当赔偿对方因此所受到的损失，双方都有过错的，应当各自承担相应的责任，对于损失赔偿应当按照合同双方在缔约过程中的过错划分责任比例。

具体到本案中，张某不是某村集体成员，且自签订土地出租合同之日起一直未付租赁费致使合同目的无法实现，同时，签订的土地承包合同未经民主议定程序，违反《中华人民共和国农村土地承包法》第五十二条第一款的规定，损害了村集体利益。故，涉案合同及补充协议应属无效。合同无效后，根据诚实信用原则、公平原则及保护承包人投入利益的要求，张某作为涉案荒地的租赁人进行了投入，涉案土地被征用后，征地补偿款系对张某所有的地上附着物的专项补偿，谁投资谁受益，因此该补偿款应归张某所有；同时，由于涉案土地已被征用，张某没有返还必要。但张某使用某村委会土地一直未支付租赁费，应支付土地占用费。关于某村委会购置张某绿化苗木的款项，可以从土地占用费中进行抵销，相冲减后，某村委会应返还张某剩余地上附着物补偿款。

编写人：山东省淄博高新技术产业开发区人民法院　李圣前　耿春雨

16

非土地主管部门出具的审批材料不能作为变更土地用途的依据

——镇政府、某经合社诉某俱乐部土地租赁合同案

【案件基本信息】

1. 裁判书字号

北京市房山区人民法院（2022）京0111民初4986号民事判决书

2. 案由：土地租赁合同纠纷

3. 当事人

原告：镇政府、某经合社

被告：某俱乐部

【基本案情】

1999年12月6日，镇政府及某经合社（甲方）与某俱乐部（乙方）签订

《非耕地租赁合同书》（以下简称《租赁合同》），约定：为共同发展经济、提高经济效益，甲方将位于某河道内的涉案826亩非耕地租给乙方使用；乙方预计投资800万元用于筹建、经营高尔夫训练场；承租期限为50年；每年租金为24780元；经营期间，乙方必须严格执行国家有关部门对河道管理的规定，不许在河道内搞永久性建筑；同时还约定了其他权利义务条款。合同签订后，镇政府及某经合社将涉案土地交由某俱乐部用于建设经营高尔夫球场。某河管理处和某河办事处于2001年先后作出批复，同意某俱乐部在某河道内修建地下通道等设施，并对施工工作提出相应要求。

2016年，水利公司在与市水务局、某河管理处、区水务局对涉案高尔夫球场整改情况进行现场查勘后，出具验收意见，确认该高尔夫球场符合整改要求。

现镇政府及某经合社起诉某俱乐部，要求确认涉案合同超过20年期限的后30年部分无效。

某俱乐部提交某村委会于2008年1月出具的《荒地证明》，以及镇政府于2009年向区水利局提交的《关于利用某河河道沙荒地设立养草和体育休闲基地的请示》，据以证明涉案土地是沙荒地。

某俱乐部及镇政府、某经合社均表示并未向相关土地管理部门申请办理过涉案土地的用地审批手续及农用地转用审批手续。经法院发函询问，市水务局回函告知：涉案土地在某河河道内，但该地块未经过征地，目前不属于水务部门权属；根据国家及本市高尔夫球场清理整治有关职责分工，水务部门主要负责监管消除防洪隐患、规范取用水行为和落实节水措施，并由区水务局实施日常监督检查，除拖欠水资源费外，未发现涉案球场在上述三个方面有其他违法违规情况；经整治，涉案球场于2016年通过整改复核。市规划和自然资源委员会回函告知：依据土地利用现状图，涉案土地在1999年至2001年的土地利用现状地类调查成果为滩涂，此后亦发生多次变化；依据合同签订时施行的《中华人民共和国土地管理法》第十五条第一款之规定，农民集体所有的土地可以由本集体经济组织以外的单位或者个人承包经营，但只能从事种植业、林业、畜牧业、渔业生产，不能用于修建、经营高尔夫球场；依据现行有效的《中华人民共和国土地管理法》第四条第四款、第四十四条第一款、第五十三条之规定，修建高尔夫球场应当符合土地利用总体规划，并办理用地审批手续；涉案高尔夫项目用地只签订了《租赁合同》，未取得用地审批手续，依法不能占用土地进行建设。

【案件焦点】

能否只经水务部门批复、审核即可在位于河道内的集体土地上修建高尔夫球场。

【法院裁判要旨】

北京市房山区人民法院经审理认为：涉案土地为农民集体所有土地。镇政府及某经合社与某俱乐部所签租赁合同明确约定将该土地用于筹建高尔夫训练场而非用于农业建设。同时，双方当事人虽然获得水务管理部门的相关批复，并通过了相关整改验收，但均未向土地管理部门申请办理过农用地转用审批手续。而水务管理部门亦明确表示涉案土地未经过征地、不属于该部门的管理权属。即双方当事人所签合同是在未获得用地审批手续的情况下实际改变了涉案土地的农业用途，违反了法律强制性规定，亦有悖于我国保护农用地的相关政策。故，整个涉案《租赁合同》均为无效。

北京市房山区人民法院依据《中华人民共和国合同法》第五十二条第五项，《中华人民共和国土地管理法》第三条、第十五条、第二十六条、第四十四条、第六十三条，《最高人民法院关于适用〈中华人民共和国民法典〉时间效力的若干规定》第一条规定，判决：

确认镇政府及某经合社与被告某俱乐部于1999年12月6日签订的《非耕地租赁合同书》无效。

宣判后，各方当事人均未提起上诉，判决已经生效。

【法官后语】

本案的主要争议焦点在于能否仅以非土地主管部门出具的批复材料作为变

更土地用途的依据。

对此存在两种观点。第一种观点认为，涉案土地并非一般的土地，而是位于河道内的土地，因此基于该土地的特殊地理位置以及防洪防汛的需要，在实际使用时应更侧重于听取水务部门的主管意见。鉴于水务部门已就在该地块上修建高尔夫球场出具了批复文件并提出了相应施工指导意见，故，涉案合同应为有效。第二种观点认为，涉案土地无论位于哪里，其本质上都是农民集体所有的土地。土地的使用可带来经济收益，土地的管理事关民生，而其中农民集体所有土地的使用更应严格遵循相关法律法规的规定。

本案中，虽然在涉案合同签订时，该土地所在村的村委会曾出具该地块为荒地的书面证明，但村委会只是村民自治组织，并非承担相关职能的土地行政监管部门，无权对涉案土地的性质作出上述认定，亦不能以村委会出具的证明材料佐证涉案土地为可以用于修建建筑物的建设用地。事实上，根据市规划和自然资源委员会在本案中出具的回函可知，涉案土地在涉案合同签订时的土地利用现状地类为滩涂，并非建设用地。

既然涉案土地并非建设用地，那么就不能擅自变更该土地的用途，随意使用经营。而无论是涉案合同签订时实施的土地管理法还是修改后的现行土地管理法，均明确要求任何单位和个人都必须严格按照土地利用总体规划确定的用途使用土地，不得随意变更土地，如要变更土地的权属和用途，就必须依法办理土地变更登记手续。本案中，从涉案合同签订至今，合同各方当事人均未向土地行政管理部门申请办理过涉案土地的用地审批手续及农用地转用审批手续。而各方当事人理应明确知晓上述相关法律规定，却在未依法办理土地变更登记手续的情况下签订了以涉案土地用于修建经营高尔夫球场为主要合同内容和主要缔约目的的涉案土地出租合同，该合同显然违反了上述法律的强制性规定，应为无效。

需注意的是，不同行政主管部门在履行各自行政管理职能过程中可能会存在重叠之处，即同一地块的使用需要同时满足不同的管理要求。但此时亦应区分先后主次。在始终强调严格保护农用地国策的背景下，对于土地尤其是位于农村的集体所有土地这一特殊标的物的使用，还是应首先确保满足土地管理法的相关规定，在此基础上，再确保该土地的具体使用符合防洪防汛等其他行政监管要求。当事人不能仅仅以获得水务部门的相关批复文件为理由不办理土地转用等手续。换言之，水务部门针对涉案土地出具的相关批复材料不能代替土地管理部门的用地审批手续及农用地转用审批手续。土地管理法对于土地权属、用途及审批程序的相关规定具有强制性，将农用地用于非农建设涉及耕地保护的国策，未履行批准程序的，应当认定涉案合同无效。

编写人：北京市房山区人民法院　孙静波

17

以农业种植为目的的土地租赁合同中可得利益损失的认定

——国有林管理局某分局诉某合作社土地租赁合同案

【案件基本信息】

1. 裁判书字号

新疆维吾尔自治区奎屯市人民法院（2022）新4003民初1344号民事判决书

2. 案由：土地租赁合同纠纷

3. 当事人

原告（反诉被告）：国有林管理局某分局

被告（反诉原告）：某合作社

【基本案情】

2011年6月16日，国有林管理局某分局（曾用名某林场）承租某乡的涉案1150亩土地。2020年3月25日，国有林管理局某分局委托新疆某项目管理有限公司（以下简称某项目公司）采用竞争谈判的方式组织将该宗土地发包，

3月27日，某合作社中标，中标价格为年租金690000元，国有林管理局某分局和项目公司给某合作社送达成交通知书，要求某合作社于七日内，携此通知书，按照投标承诺，与国有林管理局某分局签订土地租赁合同。在双方未签订土地承包合同的情况下某合作社成员李某对涉案土地进行种植。2020年6月3日，李某给国有林管理局某分局工作人员郭某打电话，要求签订土地租赁合同，交纳土地租赁费，郭某以还不适宜为由予以拒绝。因国有林管理局某分局未在合同约定时间内向乡政府交纳2020年土地承包费，2020年7月7日乡政府发函解除与国有林管理局某分局签订土地承包合同。2020年11月4日，乡政府向国有林管理局某分局发送律师函，告知国有林管理局某分局解除土地承包合同的通知书已经发生法律效力，要求其支付拖欠的土地承包费218500元并交回土地承包合同及补充协议原件。2020年12月，国有林管理局某分局与乡政府进行沟通协商未果后将某乡与国有林管理局某分局解除土地承包合同事宜告知某合作社。乡政府收回案涉土地后，于2022年将案涉土地租赁给他人。

2021年5月8日，国有林管理局某分局工作人员到案涉土地查看，上年度棉花秆仍在，土地并未翻耕种植，某合作社也未向国有林管理局某分局交纳2020年度土地租赁费69万元。国有林管理局某分局要求某合作社向其交纳2020年度土地租赁费69万元，某合作社认为土地被乡政府收回致使其2021年不能种植土地，反诉要求国有林管理局某分局赔偿2021年土地种植可得利益损失100万元。

【案件焦点】

以农业种植为目的的土地租赁合同承租方主张可得利益损失的是否予以支持。

【法院裁判要旨】

新疆维吾尔自治区奎屯市人民法院经审理认为：国有林管理局某分局于2020年3月将其承包的涉案土地转租给某合作社，双方虽未签订租赁合同，但某合作社2020年对案涉土地实际进行了种植并收获，双方已经形成事实上的土地租赁合同关系，某合作社应当按照合同约定向国有林管理局某分局支付租金690000元，故对国有林管理局某分局要求某合作社支付租金的诉讼请求予以支持。

对于某合作社反诉要求国有林管理局某分局赔偿1316800元，包括土地投入损失316800、可得经济利益损失1000000元，就其中土地投入损失316800的诉请，法院认为，虽然2020年9月20日某合作社在购买了316800元的肥料，但没有提供证据证实该316800元的肥料投入案涉土地当中，故对合作社要求国有林管理局某分局赔偿316800元土地投入损失的诉请，不予支持。关于可得利益损失1000000元，法院认为，可得利益是指在合同履行以后，可以获得的预期纯利润，具有一定的确定性，只要合同履行，利益就可以实现。可得利益损失是指合同一方因对方的违约行为而遭受的预期纯利润的损失。本案中，国有林管理局某分局对案涉土地进行公开招投标，虽然在竞争性谈判文件中确定案涉土地的租赁期限为2年，但在成交通知书中也明确要求某合作社在七日内按照投标承诺与国有林管理局某分局签订合同，但双方并未在七日内签订土地租赁协议，2020年某合作社已实际对案涉土地进行种植并收获，双方已形成事实上的2020年土地租赁合同，因国有林管理局某分局未向乡政府交纳2020年土地租赁费，乡政府于2020年7月解除了与国有林管理局某分局的案涉土地租赁合同，国有林管理局某分局也无法继续将案涉土地继续租赁给某合作社，某合作社也未提供相关证据证实其为2021年继续种植案涉土地进行了农资投入。农业种植因种植农作物的不同而有不同的种植收益，种植收益还会受到气候、温度、土地投入、市场行情、政策变化、经营者的精力、劳力付出等多种因素的影响，可能会盈利也可能会亏损，无法确定种植后就一定能获取利润，该可得利益是无法预见和不可确定的，且案涉土地2021年并未翻耕种植，故某合作社要求国有林管理局某分局支付1000000元可得利益的诉讼请求，无事实和法律依据，不予支持。

新疆维吾尔自治区奎屯市人民法院依照《中华人民共和国合同法》第一百零九条、第二百一十二条，《最高人民法院关于适用〈中华人民共和国民法典〉时间效力的若干规定》第一条第二款，《中华人民共和国民事诉讼法》第六十七条第一款、第一百四十五条规定，判决：

一、某合作社于本判决生效之日起十日内支付国有林管理局某分局土地租赁费 690000 元；

二、驳回某合作社的诉讼请求。

宣判后，各方当事人均未提起上诉，判决已经生效。

【法官后语】

可得利益损失是指在合同关系中，守约方因对方未全面履行合同等违约行为而受到的预期利润损失。在合同纠纷中，关于可得利益损失认定往往是双方争议的焦点，其认定标准和计算方式法律没有统一的规则，又兼具个案的复杂性以及举证困难等实际问题，具体主张数额往往难以确定，可谓是民商事审判实务中的难点问题。认定可得利益损失的基本法律依据是《中华人民共和国民法典》第五百八十四条，即当事人一方不履行合同义务或者履行合同义务不符合约定，给对方造成损失的，损失赔偿额应当相当于因违约所造成的损失，包括合同履行后可以获得的利益，但不得超过违反合同一方订立合同时预见到或者应当预见到的因违反合同可能造成的损失。从法条释义来看，认定可得利益损失需同时满足两个条件：

一是可得利益损失具有一定的确定性，即只要合同如期履行，则该利益就确定能够被当事人获得，在认定当事人获得可得利益具体金额时，应当考虑案涉合同交易惯例、经验、市场情况等各种因素。双方在签订合同时，对于合同能否履行持不确定态度的，一方主张合同履行的可得利益无事实和法律依据。如某煤矿承包合同约定"因政府相关部门、甲方上级单位未批准本项目时，本协议自动解除，双方不承担违约责任"，可知双方在签订合同时对于采矿权相关手续能否审批以及何时审批，均持不确定态度，且事实上案涉煤矿采矿权证也未获审批，故主张合同履行的可得利益无事实和法律依据。

二是可得利益损失应当具有可预见性，即对于可得利益损失，应是违约方在订立合同时应当预见到的损失，对于不能预见的损失没有赔偿的事实依据。可得利益损失应为合同履行后可以获得的利益，并且为订立合同时违约方预见到或者应当预见到。比如，在某扩建项目的建筑施工合同纠纷中，某酒业公司主张某建筑公司违约延期交工造成可得利益损失，其根据是省发改委关于案涉项目的《科研报告》，但白酒市场近年来波动较大，在此种市场环境下，酒业公司扩建后是否能够在项目上实现盈利处于难以确定状态，酒业公司提供的证据难以证明履行合同后其可以获得巨额利润，且亦无证据证明公司在订立合同时对此已预见到或者应当预见到。因此，其主张可得利益损失没有事实依据。

本案中，某合作社要求国有林管理局某分局赔偿2021年可得利益损失100万元未获法院支持，原因是双方只有招投标文件没有签订合同。虽然国有林管理局某分局对案涉土地进行公开招标的竞争性谈判文件中确定租赁期限为2年，且双方于2020年形成事实上的土地租赁关系，但实际上双方并未签订书面土地租赁合同，对于2021年度是否继续履行合同并不确定，也正是因为没有合同作为依据，亦不存在订立合同时应当能够预见的损失问题，因此本案认定可得利益损失的两个条件均不具备，无法支持某合作社的诉求。

编写人：新疆维吾尔自治区奎屯市人民法院　闫尚芳

18

土地租赁期间添附的认定与处理

——林业公司诉某农场土地租赁合同案

【案件基本信息】

1. 裁判书字号

江苏省徐州市铜山区人民法院（2021）苏0312民初11025号民事判决书

2. 案由：土地租赁合同纠纷

3. 当事人

原告（反诉被告）：林业公司

被告（反诉原告）：某农场

【基本案情】

某农场是独立经营的全民所有制单位。2004 年 3 月 22 日，某农场（甲方）与林业公司（乙方）签订土地使用权租赁合同一份，约定甲方出租给乙方可耕种的土地面积 1840 亩（不含道路、渠道），主要用于三角叶杨树等种植业的开发利用，租赁期限自 2004 年 6 月 30 日至 2019 年 6 月 30 日，租金每亩 110 元；甲方现有的水利排灌配套设施，均无条件提供给乙方使用；乙方在经营期间，享有当地政府对外招商的各项优惠政策，在种植经济林的同时，可以进行农业综合性开发，享有对外合作经营的权利等。2017 年 3 月 24 日，林业公司为某农场出具承诺书一份，承诺对采伐完树木的地块要逐一清理树根恢复土地原状，租赁地块于 2019 年 6 月 30 日到期，合同期满后将土地完整交给某农场等。后，林业公司在租赁土地上栽种树木，建设瓦房 14 间，开挖沟渠若干。合同期满后，某农场对土地上的树木进行了清理，但对拆除后尚余的 6 间平瓦房、土沟渠若干米等未予处理。经现场勘查，租赁土地上有排灌站混凝土渠 36.8 米，排灌站平房（机房）1 间，6 间平瓦房、土沟渠若干米。

林业公司主张土地上现有的排灌站、混凝土渠等排灌设施是相关水利部门在林业公司建造的相应设施基础上建造的。排灌站混凝土渠及排灌站平房（机房）载有国家农业综合开发等标识。

【案件焦点】

涉案土沟渠、瓦房、混凝土沟渠、排灌站平房是否构成土地添附，某农场是否需要支付添附补偿。

【法院裁判要旨】

江苏省徐州市铜山区人民法院经审理认为：林业公司在合同履行期间，为生产经营需要开挖土沟渠，但该土沟渠并非动产，因而不构成加工，且也不属于不同财产的相互掺和及不同所有人的财产紧密结合在一起而形成新的财产情况，因而也不构成附合、混合，故林业公司在合同履行期间，为生产经营需要开挖的土沟渠不构成添附。从某农场反诉来看，某农场已对沟渠失去主观利益，且林业公司开挖沟渠时没有经过某农场同意，故对林业公司要求沟渠补偿的诉讼请求不予支持。林业公司主张因生产需要建设了房屋 14 间，现尚存 6 间。但从某农场反诉来看，合同履行后，上述 6 间房屋已对某农场失去主观利益，林业公司建设时未经过某农场同意，故对林业公司要求房屋补偿的诉讼请求不予支持。排灌站混凝土渠及排灌站平房（机房）载有相关部门投资相关标识，林业公司出示的证据不能证明相关部门建设时利用了林业公司主张投资的工程及具体价值，故对林业公司要求该部分补偿的诉讼请求也不予支持。因某农场未提供证据证明存在沟渠长度、位置等，且经法院释明后仍未确认；林业公司未经某农场同意建设 6 间平瓦房，某农场依法有权要求恢复土地原状，故仅对某农场合理的反诉请求予以支持。

江苏省徐州市铜山区人民法院依照《中华人民共和国民法典》第三百二十二条、第七百一十五条，《最高人民法院关于适用〈中华人民共和国民法典〉时间效力的若干规定》第一条第三款，《中华人民共和国民事诉讼法》第六十七条第一款规定，判决：

一、林业公司于本判决生效后六十日内拆除位于某农场土地上房屋 6 间，恢复土地原状；

二、驳回林业公司的诉讼请求；

三、驳回某农场的其他反诉请求。

宣判后，各方当事人均未提起上诉，判决已经生效。

【法官后语】

本案是涉及土地租赁期间添附认定和处理的案例。本案判决认定了土地改善或者增设他物的性质，并在厘清添附与租赁关系的基础上作出处理，对类案问题的妥善处理具有一定参考意义。

一、案件的不同法律事实具有较强牵连性时可以合并审理

林业公司主张的添附事实发生在《中华人民共和国民法典》施行前，但根据《最高人民法院关于适用〈中华人民共和国民法典〉时间效力的若干规定》

第三条规定，对于林业公司主张的添附问题可以适用《中华人民共和国民法典》关于添附制度的新规定。添附是事实行为而非合同行为，合同制度不能解决添附问题，添附问题只能由物权制度解决。本案不是单纯的添附物归属纠纷，而是涉及土地租赁合同纠纷与添附物归属纠纷并存、交错。考虑到林业公司在诉讼中变更前的诉请包括合同违约赔偿问题，某农场已依据合同提出恢复原状的反诉，本案综合主要案情定为土地租赁合同纠纷，但不意味着排除添附物归属争议的处理，而是对上述纠纷进行了合并审理。

二、土地租赁期间存在土地添附的空间

根据《中华人民共和国民法典》第三百二十二条规定，没有约定及法律规定的，按照充分发挥物的效用以及保护无过错当事人的原则确定添附物的归属；因一方当事人的过错或者确定物的归属造成另一方当事人损害的，应当给付赔偿或者补偿。第七百一十五条规定，承租人未经出租人同意，对土地改善或者增设他物，出租人有权要求承租人恢复原状或者赔偿损失。添附的强制性规定仅体现在禁止添附之物的所有人将添附之物自添附物分离，即使有侵权行为，也不得请求恢复原状，但不禁止添附物所有人除去添附之物。添附的发生是基于自然力或人的行为，人的行为基于善意或恶意，均不影响添附的构成。本案中，承租人未经出租人同意，对租赁土地进行改善或者增设他物，侵犯了出租人未让渡的物权权利，应认定承租人存在恶意，但承租人行为的恶意不构成添附成立的阻碍。出租人并非添附之物的所有权人，其请求排除妨害，并不在添附规定的禁止之列，故出租人提出恢复原状的反诉，也不影响添附的成立。因此，如符合添附成立的其他要件，本案存有构成土地添附的空间。

三、出租人享有不当添附的抗辩权

添附之物的所有人因添附而失去对其添附之物的所有权，添附物所有人获得不当利益，为弥补添附之物所有权人的损失而给付其一定的债权补偿。一般认为，添附补偿本质上是不当得利返还。恶意添附应否支持添附补偿的请求，存在不同的意见。一种意见认为，恶意添附人的损失与其恶意行为有关，根据恶意当事人不受保护原则，不予保护。另一种意见认为，恶意当事人不受保护原则应当慎用，诉诸抽象的原则而不顾其规范对象，难免造成滥用，应按其情形遵循诚信原则，诉请添附补偿明显不当，受益人可提出恶意添附的抗辩，拒绝补偿。应该说，后一种意见更为妥当。理由有二：其一，《中华人民共和国民法典》添附规定并未排除恶意添附人受保障的权利。其二，添附补偿应体现民法的诚信和公平原则。本案中，承租人未经出租人同意，对租赁土地进行的改善或者增设的他物，已构成违约或侵权，且承租人对租赁土地进行的改善或者增设的他物不符合出租人的主观利益，出租人已提出不当添附的抗辩及恢复原状的反诉，故承租人添附补偿的诉请不成立。

需要说明的是，承租人建造的违法房产，开挖的土水渠并不构成添附，承租人基于混凝土沟渠及排灌站而主张的添附，因其举证不能，未予认定。总之，承租人依据添附诉请补偿也并无法律和事实依据。

编写人：江苏省徐州市铜山区人民法院　汪志敏

（三）土地承包经营权合同纠纷

19

非法占用的土地面临被征收情形下不可抗力及情势变更原则的适用

——王某、刘某诉张某、丁某土地承包经营权合同案

【案件基本信息】

1. 裁判书字号

山东省淄博市中级人民法院（2022）鲁03民终2927号民事判决书

2. 案由：土地承包经营权合同纠纷

3. 当事人

原告（被上诉人）：王某、刘某

被告（上诉人）：张某、丁某

第三人：某村委会

【基本案情】

王某与刘某、张某与丁某分别系夫妻关系，均为某村村民。1999 年 1 月 1 日，某村委会作为发包方（甲方）、王某作为承包方（乙方）签订《土地承包合同书》一份，承包含“某茔”0.95 亩在内的共计 5 块土地，承包期限自 1999 年 1 月 1 日至 2029 年 1 月 1 日，期限 30 年。2005 年，张某未与王某、刘某协商一致，即占用包括王某、刘某上述承包地的土地建设卫生室。后，王某多次找某村委会协调解决未果。2006 年 9 月 28 日，区国土资源局经调查确认张某未经批准，在 2006 年 3 月擅自占用耕地 2232.90 平方米建设卫生室，属于非法占地，并作出行政处罚决定书。

2020 年 6 月 19 日，王某、刘某与张某、丁某在案外人王甲的见证下，由某村党支部书记、村委会主任王乙，某村委委员商某进行调解，并签订《协议书》一份，约定：王某与张某土地纠纷，经村委调解，张某一次性赔偿王某 2005—2020 年口粮地粮食补偿款 19000 元。从今日起王某与张某无任何土地纠纷。同日，张某支付给王某补偿款 19000 元。直至庭审期间，张某、丁某在案涉土地上修建的院落、房屋皆由其占有，用于存放闲置物品。

【案件焦点】

非法占用的土地在面临被征收的情形下，能否适用不可抗力或情势变更原则的认定。

【法院裁判要旨】

山东省淄博市周村区人民法院经审理认为：某村委会与王某于 1999 年 1 月

1日签订的《土地承包合同书》合法有效，王某基于《土地承包合同书》所赋予的土地承包经营权及衍生的土地经营权流转行为依法受法律保护。张某、丁某未征得王某、刘某的允许，擅自占用王某、刘某承包地，侵害了王某、刘某的土地承包经营权，张某、丁某应承担民事责任。王某、刘某的案涉承包地虽长期被张某、丁某占用，但从王某、刘某多次找某村委会协调解决及长期向相关部门反映问题的事实来看，王某、刘某作为案涉土地承包方不同意将案涉承包地流转给张某、丁某，同时亦未委托发包方或中介组织流转土地，张某、丁某占用案涉土地并非用于农业生产经营，其自建房屋用作卫生室亦未取得相关建设审批手续，因此双方之间自始未形成土地流转关系，案涉土地的承包经营权、使用管理权始终属于王某、刘某所有，对王某、刘某要求依法解除其与张某、丁某的农村土地经营权流转关系的诉讼请求，不予支持。根据双方达成的协议，双方仅就2005年至2020年的粮食补偿款进行了处理，未涉及案涉土地流转经营权的问题，且即使案涉土地确被国家征收，则在征收前案涉承包地的使用管理权应由王某、刘某享有。结合庭审时张某、丁某关于案涉土地上修建的房屋院落现仍由其占用使用的现状，对王某、刘某要求张某、丁某将占用的承包地恢复原状并返还的诉讼请求，予以支持。张某、丁某的占用确给王某、刘某造成了损失，王某、刘某参照此前双方协商的粮食补偿款支付标准，要求张某、丁某支付占用土地费用1800.00元，不违反法律规定，亦予支持。

山东省淄博市周村区人民法院依照《中华人民共和国农村土地承包法》第八条、第九条、第五十三条，《中华人民共和国民事诉讼法》第六十七条第一款规定，判决：

一、丁某、张某于本判决生效之日起三十日内返还王某、刘某承包地0.95亩并恢复原状；

二、丁某、张某于本判决生效后十日内赔偿王某、刘某经济损失1800.00元；

三、驳回王某、刘某的其他诉讼请求。

王某、刘某不服一审判决，提起上诉。

山东省淄博市中级人民法院经审理认为：王某、刘某提交的《土地承包合同书》清楚地表明了案涉土地的四至，对此张某、丁某主张案涉某茔0.95亩承包地，王某、刘某均未确认并提供相关证据证明承包地的坐落四至，无法确认是否实际占用其承包地或占用实际面积，对于张某、丁某该项主张不予支持。另外，张某、丁某主张应由卫生室独立承担相应民事责任，但并未提供证据支持其观点，且卫生室的建设投入、营业收入均为张某、丁某，故对其该项主张不予支持。关于张某、丁某主张案涉土地已被政府征收，王某、刘某主张已因不可抗力及情势变更原因导致无法实现的请求，未提供证据证明，即使案涉土地确被国家征收，则在征收前案涉承包地的使用管理权亦应由王某、刘某享有。

山东省淄博市中级人民法院依照《中华人民共和国民事诉讼法》第一百七十七条第一款第一项规定，判决：

驳回上诉，维持原判。

【法官后语】

情势变更，是指合同有效成立后，因不可归责于双方当事人的原因发生情势变更；致合同基础动摇或丧失，若继续维持合同原有效力显失公平，允许变更合同内容或者解除合同。情势变更原则的适用应当具备以下条件：(1) 应有情势发生变更的客观事实，即合同赖以存在的客观情况发生变化；(2) 情势变更发生在合同成立后，合同关系消灭前；(3) 情势变更的发生不可归责于当事人；(4) 情势变更是当事人不可预见的；(5) 因情势变更而继续维持合同效力，则会对合同一方显失公平。《中华人民共和国民法典》第五百三十三条规定，合同成立后，合同的基础条件发生了当事人在订立合同时无法预见的、不属于商业风险的重大变化，继续履行合同对于当事人一方明显不公平的，受不利影响的当事人可以与对方重新协商；在合理期限内协商不成的，当事人可以请求人民法院或者仲裁机构变更或解除合同。人民法院或者仲裁机构应当结合案件的实际情况，根据公平原则变更或者解除合同。

不可抗力，是指不能预见、不能避免并不能克服的客观情况。构成不可抗力，必须同时具备四个要件：(1) 不可预见性，即当事人在订立合同时，对构成不可抗力的事件不可能预见到；(2) 不可避免性，即合同成立后，尽管当事人对可能出现的意外情况采取了及时合理的措施，但客观上并不能阻止其发生；(3) 不可克服性，即合同的当事人对于某一事件所造成的损失不能克服；(4) 履行期间性，即构成不可抗力的事件须发生在合同订立后、终止前。《中华人民共和国民法典》第一百八十条规定，因不可抗力不能履行民事义务的，不承担民事责任。法律另有规定的，依照其规定。不可抗力条款是具有强制性的法定免责条款，无论合同中是否约定不可抗力条款，不影响直接援用法律规定。不可抗力具有免责效力，除金钱债务的迟延责任不得免除及迟延履行期间发生的不可抗力不具有免责效力外，因不可抗力不能履行合同的，根据不可抗力的影响，部分或全部免除责任。

不可抗力与情势变更所发生的均是“不能预见、不能避免并不能克服”的客观情况，二者的“情势”常发生重合，但二者仍有以下区别：(1) 客观表现不同，不可抗力表现为地震、台风、洪水等人力不可抗拒的自然力及战争、罢工、暴动等社会性事件；情势变更表现为意外事件、社会经济形势的急剧变化、金融危机和国家政策转变等事由。(2) 适用范围不同：不可抗力适用于违约责任和侵权责任，属于法定免责事由；情势变更适用于具有合同关系的双方当事人合同履行过程中，属于合同解除事由。(3) 引发后果不同：不可抗力造成的后果难以克服，难以通过权利救济方式弥补；情势变更所造成的后果可一定程度克服，只是致合同履行显失公平，从而加重债务人的责任。(4) 免责程度不同：不可抗力致合同不能履行，除金钱债务的迟延责任不得免除及迟延履行期间发生的不可抗力不具有免责效力外，免于承担违约或侵权责任；情势变更，系人民法院或者仲裁机构根据公平原则予以变更或者解除合同，但并非绝对免除赔偿或补偿责任。

承包方对依照合法程序所承包土地享有依法、自愿、有偿流转土地经营权的权利，发包方在承包期内不得收回、调整承包地，任何组织和个人不得强迫或者阻碍土地经营权流转。另外，农村土地承包后，土地的所有权性质不变，未经依法批准不得将承包地用于非农建设。擅自占用承包地且用于非农建设的，侵害了土地承包经营权人的合法权益，双方自始未形成土地流转关系，侵权人应当承担相应的民事责任。本案中，王某、刘某的案涉承包地虽长期被张某、丁某占用，但从王某、刘某多次找某村委会协调解决及长期向相关部门反映问题的事实来看，王某、刘某作为案涉土地承包方不同意将案涉承包地流转给张某、丁某，而张某、丁某占用案涉土地并非用于农业生产经营，其自建房屋用作卫生室亦未取得相关建设审批手续，因此双方之间自始未形成土地流转关系，案涉土地的承包经营权、使用管理权始终归属于王某、刘某。鉴于双方并非合同关系，张某、丁某所应承担的并非违约责任，而系侵权责任，故本案不适用情势变更原则，且国家征收行为不属于承包地使用管理权不能归于王某、刘某享有的不可抗力事件，张某、丁某关于不可抗力及情势变更的抗辩不能成立。因此，张某、丁某主张案涉土地已被政府征收，王某、刘某主张已因不可抗力及情势变更原因导致无法实现的请求，没有法律和事实依据，即使案涉土地确被国家征收，则在征收前案涉承包地的使用管理权亦应由王某、刘某享有，承包地被征收的，依法应获得的相应补偿由土地承包经营权人享有。

编写人：山东省淄博市周村区人民法院　李莹莹　吴勇

20

经村委会主任签字并加盖村委公章的土地承包经营合同的效力认定

——高某诉甲村委会确认合同有效案

【案件基本信息】

1. 裁判书字号

山东省淄博市中级人民法院（2022）鲁03民终1611号民事判决书

2. 案由：确认合同有效纠纷

3. 当事人

原告（被上诉人）：高某

被告（上诉人）：甲村委会

【基本案情】

2009 年 3 月 1 日，案外人乙村村民张某与甲村委会签订《承包经营合同书》，甲村委会将部分荒山承包给张某用于养殖、种植。承包期限自 2009 年 3 月 1 日至 2069 年 3 月 1 日，承包费 21.7 万元，一次性付清。2012 年，因张某向高某借款 20 余万元未还，双方协商将上述土地承包经营合同转让给高某，并于 2012 年 4 月 2 日签订转让协议。2012 年 12 月 5 日，高某与甲村委会签订《承包经营合同书》一份，该合同书同张某与甲村委会签订的合同书涉及的土地四至一致，承包期限、承包费数额、缴款方式也均一致。高某现就该《承包经营合同书》提起诉讼，要求确认案涉合同效力并判令甲村委会将案涉合同中涉及的六间房屋及承包土地恢复原状。高某提供现场视频证实其承包的荒山土地现已硬化，树木房屋已经不存在，但未提交相应证据证实承包土地原貌。

高某对于甲村委会与张某签订《承包经营合同书》是否经过某村委的民主议定程序不清楚。甲村委会与高某重新签订的《承包经营合同书》未经过村委的民主议定程序。

【案件焦点】

经村委会主任签字并加盖村委公章的土地承包经营合同是否有效。

【法院裁判要旨】

山东省淄博市周村区人民法院经审理认为：甲村委会与高某 2012 年 12 月 5 日重新签订的《承包经营合同书》，证实了其认可高某与案外人张某转包合同效力。该合同是甲村委会与高某双方真实意思表示，合同依法成立对双方具有法律约束力。高某对其主张的将六间房屋及承包土地恢复原状的诉讼请求负有举证责任，其不能提供相应证据证实，不予支持。

山东省淄博市周村区人民法院依照《中华人民共和国民法典》第五百零二条，《中华人民共和国民事诉讼法》第六十四条第一款、第一百四十四条规定，判决：

一、确认高某与甲村委会于 2012 年 12 月 5 日签订的《承包经营合同书》有效；

二、驳回高某的其他诉讼请求。

甲村委会不服一审判决，提起上诉。

山东省淄博市中级人民法院经审理认为：甲村委会与高某签订《承包经营合同书》发生于 2012 年，按照当时《中华人民共和国农村土地承包法》的规定，甲村委会将案涉荒山承包给本集体经济组织以外的人员高某，应当经过村民会议三分之二以上成员或者三分之二以上村民代表的同意。而且，依据《中华人民共和国村民委员会组织法》的规定，上述事项系涉及村民利益的重大事项，应当由村民会议或者村民代表会议讨论决定，不属于村委会能够单独决定的事项，不能仅以村委会主任签字并加盖村委公章即认定合同有效。因此，甲村委会与高某签订的《承包经营合同书》因违反法律强制性规定，不应认定合同有效。

山东省淄博市中级人民法院依照《中华人民共和国农村土地承包法》第四十八条，《中华人民共和国村民委员会组织法》第二十四条，《中华人民共和国民事诉讼法》第一百七十六条、第一百七十七条第一款第二项规定，判决：

一、撤销山东省淄博市周村区人民法院民事判决；

二、驳回高某的诉讼请求。

【法官后语】

本案涉及的主要问题在于，向本集体经济组织成员以外的主体发包土地情形下，仅有村委会主任签字并加盖村委公章的土地承包经营合同是否可以认定为有效合同。

我国作为农业大国，有悠久的农耕文明，土地是农民赖以生存的物质基础。

现阶段，伴随着市场经济的发展，大量集体土地被用于生产经营。根据《中华人民共和国农村土地承包法》第三条的规定，国家实行农村土地承包经营制度。农村土地承包采取农村集体经济组织内部的家庭承包方式，不宜采取家庭承包方式的荒山、荒沟、荒丘、荒滩等农村土地，可以采取招标、拍卖、公开协商等方式承包。据此，一般情形下的家庭承包方式是指农村集体经济组织的农户作为承包方，承包耕地、林地、草地等农业用地的承包方式，其主要目的在于为农村集体经济组织的成员提供基本生活保障，其特点大致有以下两个方面：一是按户承包，即承包方是以一个农户为单位，与发包方订立土地承包经营合同，享受权利、承担义务；二是集体经济组织的每一个成员都平等地享有承包集体土地的权利。家庭承包方式下土地承包经营权自土地承包经营权合同生效时设立，不动产权登记是承包方享有土地承包经营权的法律凭证，不作为物权设立的条件，亦不影响土地承包合同的效力。上述家庭承包方式为一般情形，在此之外的不宜采取家庭承包方式的荒山、荒沟、荒丘、荒滩等农村土地，则通过招标、拍卖、公开协商等方式承包。对此根据《中华人民共和国农村土地承包法》第四十八条、第四十九的规定，以招标、拍卖、公开协商等其他方式承包农村土地的，应当签订承包合同，承包方据此取得土地经营权。当然以上内容是对发包方将土地发包给本集体经济组织成员情形下的要求，对于将农村土地发包给本集体经济组织以外的单位或者个人承包的情形，《中华人民共和国农村土地承包法》第五十二条还规定了特别的限制性要求。判断向本集体经济组织成员以外的主体发包土地的合同效力，按照第五十二条的规定，需审查合同的签订是否具备以下两个方面条件：第一，事先经本集体经济组织成员的村民会议三分之二以上成员或者三分之二以上村民代表的同意；第二，需报乡（镇）人民政府批准。根据《中华人民共和国村民委员会组织法》第二十四条的规定："涉及村民利益的下列事项，经村民会议讨论决定方可办理……（四）土地承包经营方案……"综合以上法律规定来看，土地承包经营属于涉及村民利益的重大事项，只有"民主议定程序"和"上报乡（镇）人民政府批准"两个条件均已具备，该土地承包合同才具有效力。

司法实践中，土地承包经营权合同纠纷大多集中发生在经营权的二次流转后，尤其在受让方系本集体经济组织成员以外的主体时，纠纷尤其多发。由于土地承包经营权自土地承包经营权合同生效时设立，故，此类纠纷的审理重点就在于审查土地承包经营合同的效力。关于向本集体经济组织成员以外的主体发包土地的承包经营合同效力认定，如前所述，因向本集体经济组织成员以外的主体发包土地属于涉及村民利益的重大事项，依法应当由村民会议或者村民代表会议讨论决定并报乡（镇）人民政府批准，故，对于向本集体经济组织成员以外的主体发包土地而订立土地承包经营合同的情形，其合同生效应同时具备“民主议定程序”和“上报乡（镇）人民政府批准”两个条件。因此，若未经过民主议定程序签订土地承包经营合同的，则该合同无效；若经过民主议定程序但未上报乡（镇）人民政府批准，可以认定为未生效合同。所以说，实践中集体经济组织未经民主议定程序将土地发包给集体经济组织成员以外的主体的，即使土地承包经营合同已经村干部签字并加盖村委公章，也无法认定该合同有效。

因此，对于向本集体经济组织成员以外的主体发包土地而订立的土地承包经营合同而言，如果仅有村委会主任签字并加盖村委会公章但未经民主议定程序的，并不能认定土地承包经营合同有效。本案就是如此。本案中，根据现有证据无法确定张某与甲村委会签订的《承包经营合同书》是否经过村委会的民主议定程序并报乡（镇）人民政府批准，但是张某将其与村委会签订的土地承包经营合同转让给高某，高某与甲村委会于2012年12月5日签订的《承包经营合同书》并未经过民主议定程序，亦因为该《承包经营合同书》违反了“民主议定程序”这一法律强制性规定，故，该合同为无效合同。因土地承包经营权自土地承包经营权合同生效时设立，涉案土地承包合同无效导致高某无法受让张某转让给其的土地承包经营权，因而张某以其享有的土地承包经营权抵偿对高某的债务的目的自然无法实现。

综上，对于向本集体经济组织成员以外的主体发包土地的土地承包经营合同效力的正确认定，既涉及本集体经济组织成员的权益，又涉及第三人的合同权益，不能仅看签字盖章的形式，而应依法综合各方面因素进行实质性评价和衡量，才能得出正确的判断。

编写人：山东省淄博市中级人民法院　荣明潇　杨富元
山东省淄博市周村区人民法院　张蓓

21

村集体违规调整承包地的行为无效

——岑甲诉岑乙、某经合社土地承包经营权合同案

【案件基本信息】

1. 裁判书字号

广东省茂名市中级人民法院（2021）粤 09 民终 2904 号民事判决书

2. 案由：土地承包经营权合同纠纷

3. 当事人

原告（上诉人）：岑甲

被告（被上诉人）：岑乙、某经合社

【基本案情】

岑甲与岑乙是兄弟关系，均是某经合社村民。20 世纪 90 年代，岑甲取得涉案 5.18 亩水田的承包经营权证。在承包期内，岑甲及其儿子于 2005 年、2017 年先后获批准在其中两处承包地建房，并取得《集体土地使用证》。

2017 年 3 月 14 日，某经合社与岑乙签订《农村土地（耕地）承包合同》，将岑甲取得承包经营权证的 5.18 亩土地中的 0.31 亩发包给岑乙，岑乙领取了上述土地的《农村土地承包经营权证》。

岑甲认为某经合社将属于其的承包地发包给岑乙，侵犯了其土地承包经营

权，遂诉至法院。一审法院以属农村土地承包经营权确权问题为由驳回岑甲的起诉；二审法院指令广东省化州市人民法院审理。

【案件焦点】

1. 某经合社与岑乙签订的承包合同是否无效；2. 岑甲请求返还土地是否有依据。

【法院裁判要旨】

广东省化州市人民法院经审理认为：岑甲主张岑乙与某经合社之间的《农村土地（耕地）承包合同》无效，但岑甲未提供该合同的详细内容，也未提供充分证据证明存在合同无效的事由，故不宜支持岑甲认为合同无效的主张。岑甲要求岑乙返还上述承包地的土地承包经营权，根据《中华人民共和国农村土地承包法》第二十三条之规定，土地承包合同自成立之日起生效，承包方自承包合同生效时取得土地承包经营权。岑甲未提供证明涉案土地承包经营权归属于岑甲的承包经营合同，而岑乙持有的《农村土地承包经营权证》作为国家机关出具的证书，具有公示公信效力，能够证明涉案土地承包经营权归属于岑乙，如岑甲认为该土地承包经营权证登记有误，应依法向发出该证的有关部门申请更正处理，故法院不宜超越行政权限直接判决返还涉案土地承包经营权的主张。

广东省化州市人民法院依照《中华人民共和国农村土地承包法》第二十三条，《中华人民共和国民事诉讼法》第六十四条、第一百四十四条规定，判决：

驳回岑甲对岑乙及某经合社的诉讼请求。

岑甲不服一审判决，提起上诉。

广东省茂名市中级人民法院经审理认为：关于某经合社与岑乙签订的承包合同是否无效的问题。农村土地承包采取农村集体经济组织内部的家庭承包方式承包。岑甲于 1942 年 5 月出生，于 20 世纪 60 年代结婚。20 世纪 90 年代，岑甲取得涉案水田 5.18 亩土地的承包经营权证时已 50 多岁，岑乙也已 40 多岁，按农村习俗，兄弟已婚，一般分户另过，且承包经营权证载明岑甲家庭人口 14 人，说明岑甲取得的承包经营权证是以其家庭方式承包取得的，岑乙抗辩称是以大家庭名义承包经营，但未能提供证据证实，对其辩称不予支持。根据《中华人民共和国农村承包法》第九条“承包方承包土地后，享有土地承包经营权，可以自己经营，也可以保留土地承包权，流转其承包的土地经营权，由他人经营”的规定，岑甲对登记在自己名下的土地享有承包经营权。岑甲经相关部门批准在其承包的土地上先后建房 100 平方米、120 平方米，且取得《集体土地使用证》，岑乙也承认案涉承包土地一直是岑甲耕作，说明岑甲一直对涉案土地经营管理使用。根据《中华人民共和国农村承包法》第二十七条第一款和第二十八条第一款规定，承包期内发包方不得收回、调整承包地，故某经合社在承包期内不得将涉案土地收回调整给他人。2017 年 3 月 4 日，某经合社未经岑甲同意，也未经村集体经济组织成员的村民三分之二以上成员或者三分之二以上村民代表同意，在承包期内收回涉案承包地，将案涉土地发包给岑乙并与岑乙签订《农村土地（耕地）承包合同》，违反了《中华人民共和国农村承包法》第二十七条、第二十八条的规定，损害了承包人的利益。根据《最高人民法院关于审理涉及农村土地承包纠纷案件适用法律问题的解释》第六条第二项规定，岑甲请求确认某经合社与岑乙签订的《农村土地（耕地）承包合同》中涉案 0. 31 亩承包地内容无效的主张有理，应予支持。一审法院驳回岑甲诉讼请求，适用法律错误，应予纠正。

关于岑甲请求返还土地是否有依据的问题。根据《中华人民共和国民法典》第一百五十七条规定，某经合社与岑乙签订的《农村土地（耕地）承包合同》中涉案 0. 31 亩承包地内容无效，岑乙应返还该 0. 31 亩承包地给岑甲。一审驳回岑甲诉讼请求，适用法律错误，应予纠正。

广东省茂名市中级人民法院依照《中华人民共和国民法典》第一百五十七条，《中华人民共和国农村承包法》第九条、第二十七条第一款、第二十八条第一款，《中华人民共和国民事诉讼法》第一百七十条第一款第二项，《最高人民法院关于适用〈中华人民共和国民法典〉时间效力的若干规定》第一条第二款，《最高人民法院关于审理涉及农村土地承包纠纷案件适用法律问题的解释》第六条规定，判决：

一、撤销广东省化州市人民法院民事判决；

二、确认2017年3月14日某经合社与岑乙签订的《农村土地（耕地）承包合同》承包地内容无效；

三、限岑乙于本判决生效之日起三十日内返还涉案0.31亩承包地给岑甲。

【法官后语】

土地承包经营权是在集体土地所有权之上设定的一类物权，一经设定，即具有对抗所有权的效力，只要土地承包经营权未因法定原因而消灭，发包方不得收回。根据“增人不增地、减人不减地”的土地政策，承包农户内部个体成员变动不会对原土地承包经营权产生影响，即使承包农户内个别成员迁出后，原土地承包经营权仍然由该承包农户继续享有和行使，发包方不得收回。为保持农村土地承包关系的稳定，中共中央和国家立法机关先后颁布政策文件、制定法律法规制度保障该政策的落实，必须坚持土地承包关系稳定，不得打乱重分的原则。

承包地的调整限于符合法定特定情形下对个别农户承包的耕地和草地的适当调整。承包地调整的条件限定为“因自然灾害严重毁损承包地”等特殊情形，主要包括以下几个方面：(1) 部分农户因自然灾害严重毁损承包地的；(2) 部分农户的土地被征收或者用于乡村公共设施和公益事业建设，丧失土地的农户不愿意“农转非”，不要征地补偿等费用，要求继续承包土地的；(3) 人地矛盾突出的。在这种情况下，允许个别农户之间适当进行调整。鉴于事关农民生活保障和社会稳定，司法实践中不能轻易扩张解释，应该严格掌握承包地调整的程序规则。一方面，调整须经过民主决策程序，须经村集体经济组织的村民三分之二以上成员或者三分之二以上村民代表同意。另一方面，调整须经过批准程序，应报乡（镇）人民政府和县级人民政府农业农村、林业和草原等行政主管部门批准。

违法收回、调整承包地是对承包人物权权益的侵害，承包方有权基于物权人的地位寻求法律保护，不论侵权人是否已就该承包地与他人另行建立承包关系，承包方要求返还土地的，均应予支持。本案否定了村集体违规调整承包地的行为，还地于原承包经营户，纠正了司法实践中常见的以取得承包经营权证界定取得土地承包经营权的错误。

编写人：广东省茂名市中级人民法院 李艳 董世宁

22

村委会不得以没有档案材料为由否认续签的合同效力

——果品公司诉某村委会土地承包经营权合同案

【案件基本信息】

1. 裁判书字号

北京市顺义区人民法院（2022）京0113民初1491号民事判决书

2. 案由：土地承包经营权合同纠纷

3. 当事人

原告：果品公司

被告：某村委会

【基本案情】

2000年3月15日，果品公司、某村委会签订《果园承包合同书》（以下简称承包合同），约定果品公司承包某村委会的果园，面积528亩，承包期限自2000年3月15日至2020年3月14日。承包费第一年每亩150元，第二年每亩递增5%，承包费直到200元，不再递增。

2010年1月6日，果品公司与某研究院签订土地租赁协议，约定某研究院承租果品公司上述承包地中246亩土地，租赁期限为10年，自2010年1月1日至2019年12月31日，租金每年每亩780元。

2013年2月28日，果品公司、某村委会签订《合同延期协议书》，将其承包合同的租赁期限延长至2029年3月14日。2019年5月5日，某村委会与某研究院签订土地租赁协议，约定某研究院继续承租上述246亩土地，租赁期限为10年，自2020年1月1日至2029年12月31日。故，果品公司起诉要求某村委会继续履行承包合同关系。

庭审中，果品公司提交某村村民代表会议记录复印件，证明延期协议经过村集体组织的合法程序，符合法律规定。某村委会对会议记录真实性不认可，称承包合同延期未经过民主议定程序，且村里无会议记录原件。

【案件焦点】

某村委会以其没有档案材料原件为由否认续签合同效力的辩解可否得到支持。

【法院裁判要旨】

北京市顺义区人民法院经审理认为：关于果品公司与某村委会之间的承包合同关系是否经村民代表会议同意，因果品公司向法院提交了村民代表会议记录复印件，某村委会虽不认可其真实性，但某村委会未能提交原件以供核实。另，村民代表会议记录复印件内容与延期协议、某村委会委托律师发出的相关律师函的内容相互印证，可以确认协议书的内容为双方的真实意思表示，系就同一涉诉土地承包的延包，不违反法律、行政法规的强制性规定，应属有效。

以其他方式承包农村土地的，应当签订承包合同，承包方取得土地经营权。当事人的权利和义务、承包期限等，由双方协商确定。本案中，果品公司与某村委会就涉诉528亩土地签订20年的承包合同，后又签订了延期协议将承包期延长至2029年3月14日，并约定了2020年3月15日至2029年3月14日的租金由双方按土地市场价格确定。承包合同到期前，某村委会不认可延期协议，并就其中的246亩土地与某研究院签订租赁协议、土地使用费支付协议。后果品公司与某村委会在延包土地的亩数及承包费标准的沟通过程中，某村委会仅涉及承包费标准、结清费用、返还土地等内容，对承包土地的亩数避而不谈，导致双方就土地亩数及承包费标准未能协商达成一致意见，果品公司未能交纳自2020年3月15日之后的承包费。现果品公司同意按照某村委会主张的土地的市场价格承包涉诉土地，并按照土地规划利用土地，要求继续履行承包合同关系。综合在案证据及已查明事实可知，涉诉承包合同关系的土地为528亩，期限为自2020年3月15日至2029年3月14日，承包费标准为2000元每年每亩，承包用途须符合土地规划用途。果品公司主张继续履行合同关系，有事实及法律依据，法院予以支持。

北京市顺义区人民法院依照《最高人民法院关于适用〈中华人民共和国民法典〉时间效力的若干规定》第一条，《中华人民共和国农村土地承包法》第三条、第四十九条，《中华人民共和国合同法》第六十条、第六十一条规定，判决：

果品公司与某村委会继续履行双方之间的承包合同关系（承包土地528亩，期限自2020年3月15日至2029年3月14日，承包费标准为2000元每年每亩，承包用途须符合土地规划用途）。

宣判后，各方当事人均未提起上诉，判决已经生效。

【法官后语】

本案的争议焦点在于，某村委会对村民代表会议记录复印件不予认可，并且以其没有档案材料原件为由否认续签的合同效力的辩解可否得到支持。

根据法律规定，书证应当出示原件，除非存在《最高人民法院关于适用〈中华人民共和国民事诉讼法〉的解释》第一百一十一条规定的五种客观原因情形，其中之一系“承担举证证明责任的当事人通过申请人民法院调查收集或者其他方式无法获得书证原件的”。本案中，果品公司为佐证其与某村委会就涉诉528亩土地的续租达成一致意见，提交了具有某村委会盖章的延期合同，初步完成了其举证义务。当某村委会以延期合同未经民主议定程序为其答辩意见后，果品公司进一步举证提交村民代表会议记录的复印件，以证明合同延期系某村委会经法定程序表决一致通过。尽管该份书证系复印件，但复印件并非当然属于无效证据。因村民代表会议记录的原件持有者应为某村委会，若要求果品公司提交该份原件显属强人所难，且属客观不能。在经法院责令某村委会出示原件后，某村委会仅以没有原件档案材料辩解，且未能提供反证，在此情况下应当认为果品公司提交的复印件满足了证据能力。但该复印件仍属于瑕疵证据，不具有单独认定案件事实的效力，不足以作为定案依据，而是应当结合其他证据和案件具体情况综合判定。因此，进一步结合村民代表会议记录复印件的内容与涉案承包合同延期协议、某村委会向果品公司发送的律师函内容，可以判断各份证据之间能够相互印证，足以证明延期协议系双方的真实意思表示，应属有效。综上，法院综合全案证据采信上述复印件并无不当。

同时，当事人双方未就续签合同的承包价格达成一致意见，不代表某村委会具有合同解除权，其单方向果品公司发送解除通知无法发生合同解除的效力。在果品公司同意按照土地规划用途使用涉案土地，并且按照某村委会主张的土地价格履行合同的情况下，应当支持其继续履行合同的主张。本案纠纷的主要原因是村委会干部人员更替，新上任干部仅以没有档案材料为由否认有村委会盖章的续签合同效力。此种行为不符合我国全面推进依法治国和建设法治政府的基本要求，司法体系上的评价也应当更加注重民营企业权益的保护以及政府公信力的维护，共同促进地方政府守信践诺、依法作为。

编写人：北京市顺义区人民法院　王天兴　田学彬

23

家庭承包经营由确权确地转为确权确利方式应经村民自治程序讨论决定

——王某诉某合作社土地承包经营权合同案

【案件基本信息】

1. 裁判书字号

北京市第三中级人民法院（2022）京03民终14403号民事判决书

2. 案由：土地承包经营权合同纠纷

3. 当事人

原告（上诉人）：王某

被告（被上诉人）：某合作社

【基本案情】

1999年1月，某合作社与王某签订《某镇农村土地承包合同》，王某承包土地5.2亩用于种植经济作物，期限30年，自1999年1月1日至2029年1月1日，土地承包费每年每亩120元。

2010年1月，某合作社与王某签订《农村土地经营权流转合同（确权确收益）》，王某同意将本户享有承包经营权的土地5.7亩流转给某合作社，王某自愿放弃承包地的经营权，土地流转收益每年每亩300元，土地流转期限为2010年1月1日至2020年1月1日。

2017年，某村委会制定《某村提前土地延包（确权）工作方案》，主要内容为自2017年10月31日至2028年12月31日，延包（确权）年限11年2个月，对于2010年1月1日至2020年1月1日的新增人员，兑现收益期限自2020年10月31日至2028年12月31日。土地延包（确权）人均面积1.9亩，收益标准800元/亩，收益金按年发放等。王某对该方案不予认可。《农村土地经营权流转合同（确权确收益）》约定的流转期限届满后，某合作社和王某未再续签合同。某合作社未再支付收益款。

【案件焦点】

1. 某合作社是否应当返还王某承包经营土地；2. 某合作社是否应当按王某的诉讼请求赔偿土地使用费。

【法院裁判要旨】

北京市通州区人民法院经审理认为：某合作社与王某签订的《农村土地经营权流转合同（确权确收益）》系双方的真实意思表示，未违反法律、行政法规的强制性规定，应为合法有效，双方均应依约履行合同义务。该《农村土地经营权流转合同（确权确收益）》未明确土地位置，王某并未取得土地经营权，实际仅享有土地收益权，故对于王某要求返还土地的诉讼请求，不予支持。因合作社在履行《农村土地经营权流转合同（确权确收益）》过程中不存在违约行为，故对于王某要求某合作社承担赔偿损失的诉讼请求，不予支持。

北京市通州区人民法院依照《中华人民共和国合同法》第八条规定，判决：

驳回王某的诉讼请求。

王某不服一审判决，提起上诉。

北京市第三中级人民法院经审理认为：某合作社与王某签订《某镇农村土地承包合同》后，又签订《农村土地经营权流转合同（确权确收益）》，约定王某将本户享有承包经营权的土地 5.7 亩流转给合作社经营。该合同生效后，王某自愿放弃承包地的经营权，同时取得等面积土地流转收益。《农村土地经营权流转合同（确权确收益）》约定的确权方式与《某镇农业土地承包合同》约定不同，王某诉求返还 7.6 亩地与《某镇农业土地承包合同》约定 5.7 亩地亦不同，王某称不同的原因系因家庭人口增加，人均亩数亦发生了变更。综合上述情况可见，王某与某合作社签订《农村土地经营权流转合同（确权确收益）》时，某村集体经济组织成员享有的农村土地承包经营权涉及的人均面积、确权方式等方面与《某镇农业土地承包合同》的约定相比均发生变更。该情况下，王某以其签订《某镇农业土地承包合同》享有 30 年的农村土地承包经营权为由要求合作社返还土地依据不足，其主张的土地使用费亦应以确定其土地承包经营权的确权方式及确权面积为前提，一审法院对王某的诉讼请求未予支持并无不当，应当予以维持。

北京市第三中级人民法院依照《中华人民共和国民事诉讼法》第一百七十七条第一款第一项规定，判决：

驳回上诉，维持原判。

【法官后语】

随着我国城镇化与农业现代化进程的不断推进，农村劳动力大量解放转移至城镇，传统的农村土地承包经营权方式已经不能满足新农村的发展需要，农村土地制度深化改革已迫在眉睫。随着城市建设的扩延规划，原有农村土地的面积不断缩减，同时，农村劳动力获取经济来源的方式发生变化，家庭承包经营农村土地不再是获取经济来源的唯一方式，因此，传统的确权确地的家庭承包方式已经无法满足现实的农村生活需要。北京市 1998 年开始二轮土地承包工作，部分土地按“延长 30 年”的要求进行了延包。确权确地的基本原则是“按户承包，按人分地”；确权确利是确认农户的土地承包经营权，但不实际分配土地，土地实际交由农村集体经营，由此产生的土地收益单独核算，并通过一定形式确认并分配给农户。确权确股类似于确权确利，也是确认农户的土地承包经营权但不实际分配土地，所不同的是将农户的土地承包经营权，按一定方法折算成农户在农村集体经济组织中的股权，其收益通过农村集体经济组织对农户的按股分红等形式体现。此后，北京市完成土地承包经营权确权工作，农村家庭承包期限普遍延长到 2027 年或 2028 年，全市各区根据各自的土地情况确立了相应的家庭承包方式。

本案系村集体成员与某村经济合作社农村土地承包纠纷串案中的一个，所涉及的即上述背景下家庭承包方式的变更过程。从案情可见，某村在后期落实农村土地承包经营权的过程中并未完全按照王某与某村经济合作社签订的土地承包合同履行，该情况下，王某承包户取得土地承包经营权的面积及实现方式均已发生变更。农村集体经济组织从本质上是自治性团体法人，应当遵循团体自治的基本原则。因此，在处理农村土地承包纠纷案件中，看似处理的是个案，实则案件结果关系着整个村集体经济组织成员的利益，这也是法院在处理该类案件时，要尊重村集体自治程序的原因所在。根据《中华人民共和国村民委员会组织法》第二十四条第四项的规定，土地承包经营方案经村民会议讨论决定方可办理。《中华人民共和国农村土地承包法》对农村土地家庭承包的承包原则和承包程序进行了规定，根据其中第十九条第三项规定，某村村集体无论是变更人均承包亩数抑或变更为确权确利的家庭承包方式，均涉及全村集体经济组织成员的切身利益，承包方案的确定应当依法经本集体经济组织成员的村民会议三分之二以上成员或者三分之二以上村民代表的同意，也就是必须经过大多数集体成员的表决通过才能实施，否则会导致土地承包方案无效。现根据本案查明的情况，各方提交的证据无法确定某村最后确定的农村土地承包经营权的方式、集体经济组织成员承包经营的面积和期限，该情况下，法院无法对某村的家庭承包方案效力作司法认定，鉴于落实集体经济成员享有的农村土地承包经营权属村民自治的范畴，不属于人民法院处理民事案件的范围，法院未支持王某的诉讼请求。

虽然在个案中未支持部分村集体经济组织成员的诉讼请求，但必须强调的是，农村集体经济组织成员有权依法承包由本集体经济组织发包的农村土地。任何组织和个人不得剥夺和非法限制农村集体经济组织成员承包土地的权利。王某所在的村集体经济组织有义务落实并保障王某作为村集体经济成员享有的农村土地承包经营权。二审法院充分考虑王某等集体经济组织成员享有的承包权利并在判决说理部分指出某村集体经济组织应有所为，同时向相关部门发送司法建议以保障落实某村集体经济组织成员的权益，促进基层组织依法规范行使自治权。

编写人：北京市第三中级人民法院　赵纳

24

一方迟延履行情形下合同能否解除的认定

——钱某诉王某土地承包经营权合同案

【案件基本信息】

1. 裁判书字号

江苏省盐城市中级人民法院（2021）苏09民终798号民事判决书

2. 案由：土地承包经营权合同纠纷

3. 当事人

原告（反诉被告、被上诉人）：钱某

被告（反诉原告、上诉人）：王某

【基本案情】

2016年3月7日，钱某与王某在某村委会的见证下签订农村土地承包经营权转让（租赁）合同书一份，约定王某将涉案12.84亩土地流转给钱某种植，流转期限自2016年6月30日至2020年6月30日。2019年12月30日，钱某与王某就案涉土地续签农村土地流转合同一份，约定王某将案涉12.84亩土地继续流转给钱某种植，流转期限5年，自2020年6月30日至2025年6月30日，流转价格每年每亩900元；合同签订时一次性付清当年承包金，以后在每年6月30日前支付下一年承包金。如有一方违约，则由违约方赔偿对方违约金每亩2000元，并承担对方因此造成的直接损失。合同签订时，钱某未能按照约定支付当年的承包费，后钱某向王某支付承包费时，王某拒绝接受。

一审中，钱某将应支付给王某的2020年承包金提存至法院。

【案件焦点】

涉案土地流转合同应否解除。

【法院裁判要旨】

江苏省射阳县人民法院经审理认为：钱某、王某签订的《农村土地流转合同》是双方的真实意思表示，不违反法律、行政法规的强制性规定，合法有效。《中华人民共和国合同法》规定，当事人一方迟延履行主要债务，经催告后在合理期限内仍未履行的，另一方当事人可以解除合同。本案中，钱某在合同签订时，应当履行给付当年承包金的义务，但其未能及时履行，行为不当，但王某当时并未对钱某未当场给付承包金提出异议，合同签订后，亦未催告钱某在合理期限内履行给付承包金义务，在钱某向其给付承包费时拒收承包费，故本案不符合合同法规定的解除合同的条件。因此，王某以钱某逾期支付承包金为由，要求解除与钱某签订的承包合同理由不充分，钱某与王某签订的土地承包合同应当继续履行。

关于钱某是否自愿放弃承包种植问题。钱某明确表示要求继续履行合同，并将承包费以存单形式存放在法庭，在诉讼之前，双方亦因承包种植问题多次发生矛盾，故钱某的行为明确表明其要继续履行合同，而王某提交的情况说明不足以证明钱某存在放弃承包案涉土地的意思，故王某辩称钱某已自愿放弃承包案涉土地的辩解，无事实依据，不予采纳。

关于王某反诉要求钱某支付违约金的诉讼请求，因钱某不存在实质性违约行为，该反诉请求没有事实和法律依据，不予支持。

江苏省射阳县人民法院依照《中华人民共和国合同法》第八条、第六十条、第九十四条、第一百零七条、第一百一十四条，《最高人民法院关于适用〈中华人民共和国民事诉讼法〉的解释》第九十条规定，判决：

一、钱某与王某继续履行于2019年12月30日签订的农村土地流转合同；

二、驳回王某的反诉请求。

王某不服一审判决，提起上诉。

江苏省盐城市中级人民法院经审理认为：

一、关于双方所签土地流转合同能否解除的问题

首先，王某与钱某签订的《农村土地流转合同》系双方的真实意思表示，不违反法律、行政法规的强制性规定，应属合法有效，对合同双方均具有法律约束力。虽然合同第四条明确约定合同签订时一次性付清当年承包金，但该约定并非合同生效要件，流转合同自双方签订时即已生效，并对双方产生法律约束力。其次，钱某未依约按时支付承包金的行为构成违约，但不属根本违约。王某在合同签订时对钱某未当场一次性给付承包金未提出异议，亦未在合同签订后催告钱某在合理期限内履行承包金给付义务。因此，本案并不具备合同法规定的合同解除条件。最后，关于王某提出的继续履行合同是否严重损害其利益的问题。王某主张涉案土地租金每亩每年已经增长了100~200元，继续履行

将严重损害其利益，实质上是对合同签订之后市场行情变化所产生经营风险的分配提出异议。合同成立生效之后，相应的市场经营风险应当由各自承担。土地承包金上涨带来的收益相对减少的风险应当由王某自行承担，且该行情变化并未达到显失公平的程度。因此，王某关于解除双方签订的农村土地流转合同的请求不能成立，一审法院判决该合同继续履行并无不当。

二、关于王某要求钱某支付违约金的请求能否成立的问题

钱某未依约按时付清当年土地承包金的行为虽不属根本违约，不必然导致合同解除的后果，但仍属于违约行为，依法应当承担违约责任。一审法院判决钱某的行为不属于实质性违约而不承担违约责任不当，法院依法予以纠正。双方签订的农村土地流转合同约定的违约金为每亩2000元，该违约金标准较之每亩每年900元的承包金而言，明显过高。王某自认合同约定违约金标准过高，钱某以其未实质性违约不应支付违约金为由进行抗辩，可以视为钱某主张合同约定的违约金过高。据此，法院依法对违约金标准予以调整，酌定由钱某向王某按照贷款市场利率支付逾期付款违约金，期限自钱某应当付款之日起至钱某实际付款之日。因钱某支付承包金遭到王某拒收，拒收之日视为钱某实际付款之日。因双方均未提供证据证明拒收承包金的具体日期，法院综合双方的陈述，将该日期确定为2020年5月31日。

江苏省盐城市中级人民法院依照《中华人民共和国民事诉讼法》第一百七十条第一款第二项规定，判决：

一、维持江苏省射阳县人民法院民事判决第一项；

二、撤销江苏省射阳县人民法院民事判决第二项；

三、钱某于判决生效之日起十日内向王某支付逾期付款违约金（违约金计付期间及标准：自2019年12月31日起至2020年5月31日止，按照全国银行间同业拆借中心公布的贷款市场报价利率计算）；

四、驳回王某的其他诉讼请求。

【法官后语】

根据《中华人民共和国民法典》的相关规定，合同的解除基本上分为两种

情形：约定解除和法定解除。所谓约定解除，就是由订立合同的双方当事人在履行合同过程中，经过友好协商形成一致的意见后，予以解除。当事人也可以在订立合同的时候，就预先商定解除合同的事由，一旦这些事由出现，双方或一方就可以解除合同。这是法律对民事主体意思自治的尊重和认可，只要解除合同的合意是双方的真实意思表示，而且不存在侵犯他人合法权益的情形，法律均予以认可。所谓法定解除，是指在合同履行的过程中，出现了法律明确规定的可以导致合同解除的情形时，当事人就可以不经协商而直接要求解除合同。《中华人民共和国民法典》第五百六十三条第一款规定："有下列情形之一的，当事人可以解除合同：(一) 因不可抗力致使不能实现合同目的；(二) 在履行期限届满之前，当事人一方明确表示或者以自己的行为表明不履行主要债务；(三) 当事人一方迟延履行主要债务，经催告后在合理期限内仍未履行；(四) 当事人一方迟延履行债务或者有其他违约行为致使不能实现合同目的；(五) 法律规定的其他情形。"

根据上述法律规定，在部分给付迟延的情况下，债权人原则上仅在给付迟延导致合同目的不能实现时，债权人方可解除合同。合同以全面履行为原则，但是社会活动特别是商事交易往往存在诸多变数，迟延履行并不少见。判断迟延履行对合同目的实现的影响，应着重从迟延履行对守约方造成的损害，以及该损害是否剥夺了守约方对订立合同的重大期待两个方面予以考虑。本案中，虽然合同明确约定合同签订时一次性付清当年承包金，但该约定并非合同生效要件，流转合同自双方签订时即已生效，并对双方产生法律约束力。钱某未依约按时支付承包金的行为构成违约，一定程度上对王某造成了资金占用以及收益预期的损害，但不构成根本违约，钱某部分迟延履行的行为并未对王某的合同预期造成重大的、不可逆转的损害，故就此认定钱某部分迟延给付的行为构成迟延履行主要债务显然不妥。王某在签订合同时并未对钱某未当场一次性给付承包金提出异议，亦未在合同签订后催告钱某在合理期限内履行承包金给付义务，因此，本案不具备《中华人民共和国民法典》规定的解除合同的条件。

根据《中华人民共和国民法典》第五百八十条规定，"当事人一方不履行非金钱债务或者履行非金钱债务不符合约定的，对方可以请求履行，但是有下列情形之一的除外：（一）法律上或事实上不能履行；（二）债务的标的不适于强制履行或履行费用过高；（三）债权人在合理期限内未请求履行。有前款规定的除外情形之一，致使不能实现合同目的的，人民法院或仲裁机构可以根据当事人的请求终止合同权利义务关系，但是不影响违约责任的承担。”本案中，钱某迟延支付承包金存在一定程度的违约，但案涉土地承包经营合同不存在履行不能的情形，钱某的违约行为并未致使合同目的无法实现，并非根本违约，王某有权请求钱某继续履行合同，故合同应当继续履行。

编写人：江苏省射阳县人民法院　杨丹

25

合同僵局的认定及违约方违约责任的承担

——某合作社诉马某土地承包经营权合同案

【案件基本信息】

1. 裁判书字号

北京市延庆区人民法院（2022）京 0119 民初 2089 号民事判决书

2. 案由：土地承包经营权合同纠纷

3. 当事人

原告（反诉被告）：某合作社

被告（反诉原告）：马某

【基本案情】

2015 年 3 月 10 日，某合作社（甲方）与马某（乙方）签订《农村土地承包经营权出租合同》，约定：甲方自愿将其拥有土地承包经营权的涉案土地 46

亩出租给乙方；地块面积46亩，用途为种植玉米、饲草；出租期限自2015年1月1日至2027年12月31日；租金标准为每亩800元；租金支付方式和支付时间为每年元月底交付，第一次交2年压1年；甲方有权按照合同约定收取土地流转费；乙方应依法保护和合理利用土地，应增加投入以保持土地肥力，不得使其荒芜，不得从事掠夺性经营，不得搭建违章建筑，不得擅自改变土地用途，不得给土地造成永久性损害；乙方在承租期限内因故不能继续经营土地的，应将土地退还给甲方；合同双方当事人任何一方违反本合同约定条款，均视为违约。审理中，马某称租赁案涉土地的目的是给自己经营的猪场供应饲料。但因政策原因，猪场已经拆除。

某合作社盖章的村集体经济组织内部往来专用收据载明：马某按照合同约定的标准交付了2015年、2016年和2019年的涉案土地租金。

马某主张终止合同，某合作社表示如果法院判决终止，要求马某腾退土地、恢复原貌。马某认为案涉地上有些东西拆除并不合理，如地边种的树，包括围栏等都是对地有好处的，不同意拆除，并认为某合作社应当赔偿马某相关损失。

经法院现场勘查，案涉土地有鸡圈、羊圈、猪圈、大棚、棚骨架、围墙、围网、树、大门。其中围墙、棚、网、鸡圈、羊圈、猪圈是马某自建的，树是马某自己栽的。

【案件焦点】

1. 案涉合同应否终止；2. 合同终止后的法律后果。

【法院裁判要旨】

北京市延庆区人民法院经审理认为：某合作社与马某签订的《农村土地承包经营权出租合同》，系双方当事人的真实意思表示，未违反法律、行政法规的强制性规定，应属合法有效。双方均应当按照约定全面履行自己的义务。合同签订后，某合作社按照合同约定将案涉土地交付给马某，马某未按照合同约定按时支付土地租金已经构成违约，故某合作社有权要求马某支付租金。根据现有的证据及双方当事人的陈述可以查明马某实际支付了 3 年的租金。案涉合同自 2015 年签订至 2022 年年底，其间共计 8 年，扣除已经支付的 3 年租金，马某尚欠 5 年租金，金额合计 184 000 元。

关于合同应否终止问题。从本案事实来看，马某租赁使用案涉土地进行种植，既属权利，也系义务，马某明确表示其因养殖产业无法继续进行而无力经营案涉土地，该不履行属“不履行非金钱债务”情形，且该债务不适合强制履行。同时，长期性合同须以双方自愿且相互信赖为前提，在案涉合同已丧失继续履行现实可行性的情形下，如不允许双方权利义务终止，既不利于充分发挥土地资源的价值利用，又不利于双方利益的平衡保护，案涉合同的履行已陷入僵局。此外，双方亦在合同中约定“乙方在承租期限内因故不能继续经营土地的，应将土地退还给甲方”。综上，对马某请求终止合同的主张予以支持。

关于合同终止后的法律后果问题。根据《中华人民共和国民法典》的规定，法院确认终止合同权利义务关系的，不影响违约责任的承担。案涉合同的终止不可归责于某合作社，且系马某提出，故对某合作社关于“如果法院最终确认合同终止，对于地上物问题，某合作社要求马某腾退土地，将土地恢复原貌，不承担赔偿责任”的抗辩意见，予以采信。马某应在合同终止后腾退地上物，恢复土地原貌。

北京市延庆区人民法院依照《中华人民共和国民法典》第五百七十九条、第五百八十条，《最高人民法院关于适用〈中华人民共和国民事诉讼法〉解释的规定》第九十条规定，判决：

一、确认某合作社与马某于 2015 年 3 月 10 日签订的《农村土地承包经营权出租合同》于本判决生效之日终止；

二、马某于本判决生效后七日内支付某合作社土地租金 184000 元；

三、马某于本判决生效后六十日内将《农村土地承包经营权出租合同》项下的土地腾退并恢复原貌；

四、驳回某合作社的其他诉讼请求。

宣判后，各方当事人均未提起上诉，判决已经生效。

【法官后语】

合同僵局是指合同不能继续履行，而当事人对解除合同不能达成一致意见，导致当事人、标的物等无法从合同关系中脱身而陷于僵局的情况。首先，违约方主张案涉合同终止的条件是否成就。一般而言，违约方不享有单方终止合同的权利，但在一些长期性合同如房屋租赁、土地租赁合同履行过程中，双方形成合同僵局的，一概不允许违约方通过起诉的方式解除合同，有时对双方都不利。因此，《中华人民共和国民法典》第五百八十条赋予合同僵局情形下违约方行使合同终止的权利，既解决了实践中出现合同僵局时，违约方缺乏救济途径的制度供给不足的问题，又能够平衡公平、效率等基本价值。根据前述法律规定，合同僵局的构成要件为：(1) 限于非金钱债务的履行；(2) 合同履行不能，合同目的不能实现；(3) 履行不能系因违约方原因所致，但违约方非主观恶意；(4) 守约方拒不行使合同终止权。故，判断是否满足合同僵局状态应按照主客观相结合的标准审查债务是否为非金钱债务、合同履行是否存在障碍、是否会导致明显不公平的结果等客观要件事实及违约方不履行合同是否存在主观恶意状态，并结合个案特点如是否符合《中华人民共和国民法典》规定的公平原则、绿色原则等。

具体到本案中，结合前述要件作出如下判断：(1) 从债务性质上看，马某明确表示其无力经营案涉土地，该不履行的标的属“非金钱债务”情形；(2) 从合同履行上看，马某未按期足额支付租金已构成违约，其承租案涉土地的目的系给其经营的养殖场供应饲料，但养殖场已被拆除，马某无力经营土地属于履行不能，其合同目的已无法实现，合同明显缺乏继续履行的现实基础，不适合强制履行；(3) 从公平角度上看，在合同履行的现状下，强制马某继续履行合同将导致其花费较大成本或承受较大阻碍，从利益衡量看，对其显失公平；(4) 从主观状态上看，马某不履行合同的原因系因客观条件发生变化，其想通过终止合同、不缴纳租金的方式减少损失，故其虽然存在违约行为，但其主观上并非恶意，其行为应属于避害型违约而非趋利型违约，在此情形下某合作社拒绝行使合同终止权在一定程度上违背诚实信用原则；(5) 从个案特点上看，案涉合同涉及农村土地，在马某无力经营案涉土地的情况下，土地处于撂荒状态，若不打破合同僵局，土地或将长期处于无人管理状态，不利于保护土地资源和发挥土地价值，亦不符合民法典所要求的节约资源、保护生态环境的绿色原则。综上，土地承包合同作为长期性合同，须以双方自愿且相互信赖为前提，在案涉合同已丧失继续履行的现实可行性情形下，如不允许双方权利义务终止，既不利于充分发挥土地资源的价值利用，又不利于双方利益的平衡保护，案涉合同的履行已陷入僵局。故，马某作为违约方主张合同终止，应予支持。

其次，在合同僵局情形下违约方主张终止合同的认定法律后果。根据《中华人民共和国民法典》第五百八十条第二款的规定，人民法院或者仲裁机构可以根据当事人的请求终止合同权利义务关系，但是不影响违约责任的承担。司法实践中，在不存在具体规范性指引的情况下，笔者认为，为了在程序上保证当事人的诉讼权利，法官应当对守约方进行释明，告知守约方可以主张赔偿，如果守约方在合同僵局纠纷中提起了赔偿主张，那么应当一次性处理。法官应当结合认定损害赔偿范围的规则和要素，如可预见性规则、减损规则、违约方过错程度、当事人约定等，并考虑防范违约方通过破坏原有合同关系进行逐利，综合判定违约方的违约责任，对守约方的损失予以弥补的同时，实现双方之间的利益平衡。

本案中，在马某提出合同终止的反诉后，经释明，某合作社提出若合同终止要求马某恢复地貌，法院基于双方在合同中的约定即可预见性规则、违约方的过错程度及土地的特点等，在平衡双方利益的基础上，判令马某承担合同终止后的返还土地、恢复地貌的违约责任。

编写人：北京市延庆区人民法院　高雪雪　刘芳

26

土地承包方转包承包地改变土地农业用途的，发包方有权解除合同

——某经济合作社诉旅游公司、李某农村土地承包经营权合同案

【案件基本信息】

1. 裁判书字号

山东省威海市环翠区人民法院（2021）鲁1002民初7235号民事判决书

2. 案由：农村土地承包经营权合同纠纷

3. 当事人

原告：某经济合作社

被告：旅游公司、李某

【基本案情】

2007年9月8日，某村委会（后变更为某经济合作社）与李某签订了《荒山承包合同》，约定某村委会将位于涉案荒山50亩发包给李某，承包期限自2008年2月19日至2038年2月18日，共计30年。合同签订后，李某向某村委会缴纳了前15年的承包费。

2010年7月，李某将上述荒山无偿流转给其作为法定代表人的旅游公司使用。旅游公司未经批准占用涉案土地建设楼房，用于家庭旅馆经营，某经济合作社多次要求其拆除该违法建筑物及其他设施，恢复土地原状无果。某经济合作社认为，涉案大部分土地已撂荒，旅游公司、李某改变涉案土地用途，且并无继续履行荒山承包合同的能力，其行为损害某经济合作社的合法权益，故要求判决解除双方签订的《荒山承包合同》；旅游公司、李某立即返还承包的土地50亩。

【案件焦点】

1. 某经济合作社是否有权要求解除其与李某之间签订的《荒山承包合同》；2. 旅游公司、李某是否应将涉案土地返还某经济合作社。

【法院裁判要旨】

山东省威海市环翠区人民法院经审理认为：民事主体从事民事活动，应当有利于节约资源、保护生态环境。本案因旅游公司、李某未到庭，故审查重点在于某经济合作社是否有权要求解除其与李某之间签订的《荒山承包合同》。首先，我国实行严格的土地管理制度，国家要求珍惜和合理利用土地。尽管某经济合作社与李某签订的《荒山承包合同》没有约定涉案土地的具体用途，根据《中华人民共和国土地管理法》第十三条第一款规定，案涉土地的用途应仅限于种植业、林业等农林方面的使用。但李某承包涉案土地后将土地无偿流转给其作为实际控制人的旅游公司使用，旅游公司在未经审批的情况下在土地上进行非农建设，且已被市国土资源局确认并给予行政处罚，显然，旅游公司非法占地的违法行为损毁了农业用地，明显不属于法律的限定用途。其次，根据《中华人民共和国农村土地承包法》第十一条、第十八条之规定，李某作为涉案土地的承包方，在承包期间应当对涉案土地审慎管理、合理开发利用，依法负有维持土地农业用途，确保土地未经依法批准不得用于非农建设，依法保护和合理利用土地的义务；但其在将涉案土地流转给旅游公司使用后，并未依法履行上述法定义务，导致土地农业用途被改变，遭受了严重破坏，涉案《荒山承包合同》的承包农用目的亦无法实现。显然，该行为影响了涉案土地的可持续利用，违背了《中华人民共和国民法典》绿色原则的应有之义。鉴于李某的行为符合《中华人民共和国民法典》第五百六十三条第五项之规定，构成根本违约。故，某经济合作社有权要求解除与李某之间签订的《荒山承包合同》。

同时，解除权作为形成权，不需征得对方当事人的同意，仅凭单方意思表示就可以发生预期的法律后果。根据《中华人民共和国民法典》第五百六十五条之规定，本案中载有解除请求的起诉状副本送达李某时，发生合同解除的效力。因本案系公告送达，法院确认某经济合作社与李某之间于2007年9月8日签订的《荒山承包合同》于2022年2月7日解除。依据《中华人民共和国民法典》第五百六十六条之规定，合同解除后，李某应当将承包的涉案50亩土地返还某经济合作社。此外，李某系旅游公司的实际控制人，其将涉案土地无偿提供给旅游公司使用，而旅游公司在涉案土地进行非法建设的行为，相关法律后果应由旅游公司、李某共同承担，故某经济合作社要求旅游公司、李某返还土地的诉求，应予支持。

山东省威海市环翠区人民法院依照《中华人民共和国民法典》第九条、第五百六十三条、第五百六十五条、第五百六十六条，《中华人民共和国农村土地承包法》第十一条、第十八条，《中华人民共和国民事诉讼法》第一百四十七条规定，判决：

一、确认某经济合作社与李某之间2007年9月8日签订的《荒山承包合同》于2022年2月7日解除；

二、旅游公司及李某将上述《荒山承包合同》中的50亩承包土地返还某经济合作社。

宣判后，各方当事人均未提起上诉，判决已经生效。

【法官后语】

保护耕地作为实现国家长治久安的基本国策，事关广大人民的“米袋子”和“菜篮子”，有效保护耕地要求农村集体土地所有权人履行好监督权，对农村土地经营活动进行有效监督。本案是土地承包方转包承包地改变土地农业用途，发包方请求解除合同的案例。《中华人民共和国农村土地承包法》第十一条第一款规定：“农村土地承包经营应当遵守法律、法规，保护土地资源的合理开发和可持续利用。未经依法批准不得将承包地用于非农建设。”第十八条规定：“承包方承担下列义务：（一）维持土地的农业用途，未经依法批准不得用于非农建设；（二）依法保护和合理利用土地，不得给土地造成永久性损害；（三）法律、行政法规规定的其他义务。”根据上述法律规定可知，承包方将土地流转他人后，仍负有监督土地经营权人对涉案土地审慎管理、合理开发利用，依法负有维持土地农业用途，确保土地未经依法批准不得用于非农建设，依法保护和合理利用土地的义务。

本案中，尽管当事人双方签订的《荒山承包合同》没有约定涉案土地的具体用途，但根据《中华人民共和国土地管理法》第十三条第一款规定，案涉土地的用途应仅限于种植业、林业等农林方面的使用。李某作为承包方承包后转包给旅游公司，该公司非法占地的违法行为损毁了农业用地，明显不属于法律的限定用途。又因旅游公司现已停业，李某无法联络，发包方若仅根据《中华人民共和国农村土地承包法》第六十四条“土地经营权人擅自改变土地的农业用途、弃耕抛荒连续两年以上、给土地造成严重损害或者严重破坏土地生态环境，承包方在合理期限内不解除土地经营权流转合同的，发包方有权终止土地经营权流转合同”之规定，显然无法有效解决涉案土地问题。因为，仅解除承包方与土地经营权人之间的土地经营权流转合同，涉案土地将成为抛荒地，继续面临处于闲置、破坏生态的状况。而根据前述《中华人民共和国农村土地承包法》的相关规定，承包方未尽到监管和保护义务，致使土地生态严重破坏，违反了法定的维持土地农业用途等义务，显然构成违约。在此情形下，涉案土地承包合同具备了法定的解除事由。此时，某经济合作社作为发包方、涉案集体土地的所有权人、享有法定解除权的一方，有权以通知的方式要求解除土地承包合同。基于此，从保障涉案土地的可持续利用角度出发，避免损害进一步扩大，基于《中华人民共和国民法典》的绿色原则精神，某经济合作社要求解除与承包方之间的土地承包合同的诉求理应得到支持。

针对农村实践中存在的承包方转包土地后改变土地农业用途的情形，农村集体土地所有权人应当及时行使权利，履行监督义务，最大限度地保护好耕地，维护好国家和集体利益，守护好粮仓。该案的正确处理，对于引导土地承包方和广大基层组织树牢“耕地保护、人人有责”的观念，严守土地保护义务，促进耕地合理有效利用与修复、盘活耕地资源等具有重要意义。

编写人：山东省威海市环翠区人民法院　邹艳茹

27

农村土地承包中产生的新增资源应当有偿使用

——某村委会诉牛某土地承包经营权合同案

【案件基本信息】

1. 裁判书字号

黑龙江省汤原县人民法院（2022）黑0828民初322号民事判决书

2. 案由：土地承包经营权合同纠纷

3. 当事人

原告：某村委会

被告：牛某

【基本案情】

1998年1月，某村委会与牛某签订土地承包经营权合同，总承包面积是32.4亩。2015年，某村委会对该村土地进行确权，确权结果显示牛某实际种植面积比承包合同记载的土地面积多5.07亩（机动地）和10.41亩（在其地群中），多出的面积属于新增资源。对于案涉土地牛某应向某村委会缴纳新增土地有偿使用金24151元。某村委会多次要求牛某缴纳此笔有偿使用金，牛某至今未缴纳。

【案件焦点】

牛某实际使用的超过总承包面积的土地是否属于新增资源，是否需要缴纳使用费。

【法院裁判要旨】

黑龙江省汤原县人民法院经审理认为：土地承包经营权作为一种用益物权，

需依法成立。无权占有不动产的，权利人可以请求返还原物。村民虽长期占有、使用集体经济组织的土地，但其未与集体经济组织签订承包合同的，不享有土地承包经营权。某村委会作为土地所有权人要求村民返还土地，并要求其缴纳土地使用金的，应当得到支持。本案中，牛某长期占用集体土地，某村委会虽然未予以制止并默认其使用，但土地承包经营权的取得应当依照法律规定的程序由本集体成员决定，占有和使用并不视为取得承包经营权。牛某长期占用集体土地 15.48 亩，某村委会依法有权代表集体行使所有权，要求牛某返还土地。考虑到马上面临春耕，为了不影响案涉土地的重新发包和耕种，故牛某应当在 2022 年 3 月 31 日前将讼争土地返还某村委会。对某村委会主张牛某缴纳 2012 年至 2021 年拖欠的土地有偿使用金，每年的土地使用金价格系按某村委会村民集体会议商议计算，符合法律规定，故予以支持。

黑龙江省汤原县人民法院依照《最高人民法院关于适用〈中华人民共和国民法典〉时间效力的若干规定》第一条第三款，《中华人民共和国民法典》第三百二十三条、第三百三十条、第三百三十三条、第五百零二条、第五百零九条，《中华人民共和国民事诉讼法》第一百四十七条、第一百五十一条规定，判决：

一、牛某立即向某村民委员会缴纳土地有偿使用金合计 24151 元；

二、牛某于 2022 年 3 月 31 日之前，将案涉三块土地返还某村委会。

宣判后，各方当事人均未提起上诉，判决已经生效。

【法官后语】

我国土地承包的类型分为家庭承包方式和其他承包方式。土地承包经营权自土地承包经营权合同生效时设立。土地承包经营权合同具有创设用益物权的特殊属性，其与一般民事合同不同，双方的基本权利义务由法律明确规定，不可随意变更。实践中，还存在事实承包的情况，即农民在生产生活过程中自主开荒或者占有农村集体土地长期使用并收益，但并未与村集体签订土地承包经营合同或通过法定的其他途径依法取得，承包人对于此类土地是否享有承包经营权，往往成为承包双方争议的焦点。从物权设立的法定性看，承包方对于此类土地尚不享有承包经营权。

在履行土地承包合同期间，承包方通过拱地头、扩地边、磨牛地、树影地等方式使实际种植面积大于合同约定面积的，多出的面积被称为“新增资源”。“新增资源”作为村机动地和农民承包田之外的，通过国家统一测绘新丈量出的土地面积，就黑龙江省而言，对其管理与收费在中共黑龙江省委农村工作领导小组文件《关于做好村集体经济组织“清化收”工作的指导意见》有明确规定：“……（十七）新增土地管理。农村土地确权和此次清查中清理回收的土地等集体资源，作为集体新增资源管理，实行有偿使用……（十八）收费标准。新增土地收费标准要充分考虑是否享有政策补贴、当地土地流转市场平均价格和地力等级等因素确定，县（市、区）应结合本地实际制定收费最低标准或指导价格，做到县域内同等地类一个标准……”

具体到本案中，原告系村集体，被告系本村村民，牛某在1998年开垦荒地，增加自己的土地耕种面积，也增加了自己的经济收入，村集体也鼓励和支持村民通过自己的努力创造财富。但是我国农村土地属于集体所有制，并不是谁开垦，就归谁所有。牛某长期占用和使用集体土地，未与集体经济组织签订承包合同或通过招标、拍卖、公开协商等方式取得合同面积之外的土地承包经营权，也并未缴纳任何费用，就这部分属于新增资源的土地，牛某没有占有的法律或合同依据，其行为已侵犯村集体的土地权益，应当向村集体返还土地，并缴纳占有期间土地承包费用，以保护农村集体经济组织和成员的合法权益。本案的审理，对于明确农村集体产权归属，治理非法占用、转让农用地等非法侵占集体资产资源的情况，发挥了司法预警、提示和指导的作用。

本案裁判文书送达后，牛某及时向村集体缴纳了土地使用费。其他存在类似情况的村民知道情况后，在明白类似土地权利归属的基础上，陆续主动缴纳土地使用费，起到了办理一案、教育一片的作用。

编写人：黑龙江省汤原县人民法院　陈宇超　陈思铭

（四）其他

28

在“外嫁女”已法定取得原集体经济组织成员资格的情况下，除有其他丧失集体经济组织成员资格的情形外，一般不应认定其丧失了原集体经济组织成员资格

——杨甲等诉某村四组侵害集体经济组织成员权益案

【案件基本信息】

1. 裁判书字号

四川省绵阳市中级人民法院（2022）川 07 民终 708 号民事判决书

2. 案由：侵害集体经济组织成员权益纠纷

3. 当事人

原告（被上诉人）：杨甲、邓甲、邓乙

被告（上诉人）：某村四组

【基本案情】

杨甲出生后户口一直在某村四组（原八组），且在以其父杨乙为户主的家庭承包土地中享有份额。2014 年 4 月，杨甲与他人登记结婚，但未将户口迁走。2015 年 6 月 30 日，杨甲到公安机关分户，成为户主，户籍地仍然在某村四组。邓甲、邓乙出生后，均落户于杨甲处。杨甲婚后主要在外地务工，未在户籍地常住。邓甲、邓乙平时由杨甲的母亲照顾，在某镇上学。

2009年7月13日，某村委会公布了一份村规民约，其中规定“凡家中有儿子的，其女嫁人后，应随夫把户口迁移至男方。若未迁移走，组上就按本村暂住人口管理办法收取治安管理费每人每年50元，不享有本组土地承包经营权和组上的任何分配”。因此，在杨甲结婚后，某村四组遂将其承包地收回，并由其父杨乙缴纳机动田款。2020年1月11日，某村委会公布了一份新的村规民约，已将原来有关户口管理的部分删除。

【案件焦点】

杨甲、邓甲、邓乙是否具有某村四组集体经济组织成员资格。

【法院裁判要旨】

四川省绵阳市安州区人民法院经审理认为：本案的争议焦点是杨甲、邓甲、邓乙是否具有被告某村四组的集体经济组织成员资格，法律及司法解释就此尚无明文规定。但参照《四川省农村集体经济组织成员资格界定指导意见》，成员资格取得包括初始取得、法定取得、申请取得三类，初始取得指由原农业生产队、农业生产大队经改革、改造或改组形成的社区性合作经济组织成员，且户口一直保留在本集体经济组织所在地的人员。法定取得指父母双方或一方是本集体经济组织成员且户口保留在所在地的人员；因合法婚姻、收养关系，并将户口迁入本集体经济所在地人员；因国家建设或其他政策性原因户口迁入人员。申请取得指符合法律法规等规定，经申请人自愿书面申请，按民主议事程序取得。本案杨甲、邓甲、邓乙均系父母双方或一方是本集体经济组织成员且户口保留在所在地的人员，属法定取得。对外出经商、务工人员，虽长期脱离本集体经济组织所在地生产、生活，但除有其他丧失集体经济组织成员资格的情况外，一般不认定其丧失了成员资格。因此，杨甲、邓甲、邓乙是否在本集体经济组织居住生活，是否履行相关义务，不影响其作为本集体经济组织成员的资格。惠及全体成员的土地补偿费分配权是基于成员身份而来，只能是均等的，这是成员项下自益权平等性的必然要求，相关的村规民约无权对此作出规定。

四川省绵阳市安州区人民法院依照《中华人民共和国民法典》第一百一十三条、第二百六十五条，《最高人民法院关于审理涉及农村土地承包纠纷案件适用法律问题的解释》第二十二条规定，判决：

杨甲、邓甲、邓乙享有某村四组村民同等的土地补偿费分配权。

某村四组不服一审判决，提起上诉。

四川省绵阳市中级人民法院经审理同意一审法院裁判意见，依照《中华人民共和国民事诉讼法》第一百七十七条第一款第一项规定，判决：

驳回上诉，维持原判。

【法官后语】

随着经济社会的快速发展和城镇化水平的不断提升，农村地区土地被征收征用、集体土地大规模流转现象日益频繁，由此也衍生出一批涉及补偿款分配的纠纷。农村征地补偿款分配纷争的争议焦点主要在集体经济组织成员身份的确认上，目前，我国虽然相继出台了《中华人民共和国农村土地承包法》等法律法规，但尚无法律法规就集体经济组织成员资格认定的相关事宜作出明确规定。而“外嫁女”“回迁大学生”“入赘婿”等农村特殊群体的集体经济组织成员资格认定，因情形复杂，在实践中也存在争议和异议。而现阶段，对于村民委员会的自治章程、村规民约以及村民会议或者村民代表会议的决定，也尚无成熟、有效的监督机制和明确的救济途径，导致产生了以村民自治为由侵害“外嫁女”权益的问题。在缺乏直接裁判依据的情况下，如何“依法依规保护农村外嫁女的合法权益”，成为司法实务中面临的一大难题。

“外嫁女”否具有原集体经济组织成员资格，法律虽尚无明确规定，但结婚出嫁显然并非其丧失原集体经济组织成员资格的法定情形，相关的村规民约亦无权就此作出违反法律的规定。在“外嫁女”已法定取得原集体经济组织成员资格的情况下，其虽因在外务工，而长期脱离本集体经济组织所在地生产、生活，但除有其他丧失集体经济组织成员资格的情形外，一般不应认定其丧失了原集体经济组织成员资格。

具体到本案中，杨甲、邓甲、邓乙均系父母双方或一方是本集体经济组织成员且户口保留在所在地的人员，已法定取得本集体经济组织成员资格，其虽因外出务工等原因长期脱离本集体经济组织所在地生产、生活，但随着城市化进程的不断推进，进城务工，已经成为越来越多农民的首选，长期脱离户籍地生产、生活，已成为众多农民工的生活常态。对于长期在外务工的农民工，不能以非固定生产生活为由，而剥夺其集体经济组织成员资格。而本案中，杨甲因在外务工，而长期脱离本集体经济组织所在地生产、生活的情形，与一般农民工情况无异，若以此而剥夺其成员资格，明显有违公平原则，也不利于保护妇女儿童的合法权益。杨甲、邓甲、邓乙是否在本集体经济组织居住生活，是否履行相关义务，不影响其作为本集体经济组织成员的资格，除有其他丧失集体经济组织成员资格的情况外，一般不认定其丧失了成员资格。据此，本案对杨甲、邓甲、邓乙的集体经济成员资格予以认定。

编写人：四川省绵阳市安州区人民法院　杨雪

29

“外来女婿”土地征收补偿权益的认定

——谢甲等诉甲村某组侵害集体经济组织成员权益案

【案件基本信息】

1. 裁判书字号

福建省厦门市集美区人民法院（2022）闽0211民初81号民事判决书

2. 案由：侵害集体经济组织成员权益纠纷

3. 当事人

原告：谢甲、谢乙、谢丙

被告：甲村某组

【基本案情】

谢丙原户籍在乙村。2013年10月，谢丙与王某登记结婚；2017年4月，谢丙的户口因夫妻投靠迁入甲村某中里A号B室；2017年5月9日，谢丙分户至甲村某中里A号。2014年11月，王某生育谢甲，谢甲出生后随父亲谢丙落户于乙村；2017年4月，因家属随迁户口而随母亲王某迁入甲村某中里A号B室；2017年5月，谢甲分户至甲村某中里A号。2017年9月，王某生育谢乙，同月，谢乙户口按出生申报落户于甲村某中里A号。谢丙提供的《农村集体经济组织股权证》载明，谢丙、王某、谢甲、谢乙各持有股数10股。谢丙提供的微信聊天记录显示，谢丙有参与甲村某组村民轮值活动、参与村民小组长换届投票选举活动。谢丙就职于某物业公司。

2018年11月13日，甲村某组就2015年4月土地征用补偿款通过分配方案，主要内容如下：“一、A地征地款4292400元，青苗款、田租已发放644568元，余3647832元。二、B地征地款756030元。①这次要分出每人17500元；②新增人口按每人0.13亩青苗款，田租5564元计算；③户口截止日期到2018年11月30日止本小组户口村民……⑤嫁出女户口已迁出，再移回来不再享受土地款；⑥出嫁女的丈夫、孩子在本小组不再享受土地款。”甲村某组陈述，王某分得人均17500元的征地补偿款，但因其不属于新增人口，故未向其发放人均5564元的新增人口补偿款。

谢丙提供的由乙村委会、乙村某小组于2021年10月29日联合出具的《证明》载明：谢丙、谢甲于2017年5月因夫妻投靠、父母投靠迁入甲村某中里，乙村于2019年进行集体经济产权制度改革时未认定谢丙、谢甲为乙村集体成员，现已非乙村集体成员，未曾在乙村分配过土地补偿款；于2022年2月23日出具的《证明》载明：谢丙与谢甲在户口迁出前“未拆迁补偿安置过”。

【案件焦点】

1. 谢甲、谢乙、谢丙是否具有甲村某组集体经济组织成员资格；2. 谢甲、谢乙、谢丙是否可以获得甲村某组集体经济组织土地征收补偿款。

【法院裁判要旨】

福建省厦门市集美区人民法院经审理认为：本案系因征地补偿款的分配主体问题引发的侵害集体经济组织成员权益纠纷。《最高人民法院关于审理涉及农村土地承包纠纷案件适用法律问题的解释》第二十二条规定“农村集体经济组织或者村民委员会、村民小组，可以依照法律规定的民主议定程序，决定在本集体经济组织内部分配已经收到的土地补偿费。征地补偿安置方案确定时已经具有本集体经济组织成员资格的人，请求支付相应份额的，应予支持”。甲村某组将分配时间延至 2018 年 11 月 30 日，系其依民主程序自治作出的决定，法院予以尊重。对于农村集体经济组织成员资格的判断，应在尊重村民自治的前提下，重点考察其生活保障基础，即以是否形成较为固定的生产、生活关系为基本考虑因素，并结合是否依法取得集体组织所在地常住户口等因素综合考量。本案涉及女婿集体成员资格的判断。坚持男女平等，维护家庭和谐稳定，是践行“平等”“和谐”等社会主义核心价值观的应有之义。谢丙配偶王某是甲村某组集体经济组织成员，谢丙婚后于 2017 年 4 月将户口随妻迁入甲村某组后未再迁出，在甲村某组参与换届选举活动，履行村民职责，并持有甲村股份经济合作社股权，其原籍所在地乙村委会及某小组亦出具证明证实其未在原籍享受过拆迁补偿安置，故谢丙的生活保障基础需依赖于甲村某组，应认定其具有甲村某组集体经济组织成员资格，对其诉讼请求，予以支持。谢甲的父母均为甲村某组集体经济组织成员，持有甲村股份经济合作社股权，且其原籍所在地乙村委会及某小组亦出具证明证实其未在原籍享受过拆迁补偿安置，故其生活保障基础应依赖于其父母，依赖于甲村某组，应认定其具有甲村某组集体经济组织成员资格，对其诉讼请求，予以支持。谢乙父母均为甲村某组集体经济组织成员，且其自出生便落户于甲村某组，应视为其自出生便原始取得甲村某组的集体经济组织成员资格，对其诉讼请求，予以支持。甲村某组以谢甲、谢乙、谢丙系外嫁女的配偶及子女为由拒绝向谢甲、谢乙、谢丙发放诉争款项，缺乏事实与法律依据。

福建省厦门市集美区人民法院依照《中华人民共和国土地管理法》第四十

八条第一款、第二款、第三款、第四款，《最高人民法院关于审理涉及农村土地承包纠纷案件适用法律问题的解释》第二十二条，《中华人民共和国民事诉讼法》第六十七条第一款，《最高人民法院关于适用〈中华人民共和国民事诉讼法〉的解释》第九十条规定，判决：

甲村某组应于本判决生效之日起十日内向谢丙、谢甲、谢乙支付征地补偿款每人17500元及新增人口土地补偿款每人5564元，合计69192元。

【法官后语】

土地是农民生存的基础，土地补偿款是对村民集体土地所有权经征收而消灭的补偿，其受益主体是该集体经济组织内部所有具有成员资格的人。集体土地作为集体所有的自然资源，具有集体成员资格的人对征用土地补偿款应平等享有分配权，不能因“出嫁女”“女婿”“外来户”或是新生儿等而差别对待，成员资格是土地征用补偿款分配的基础。

近年来，随着一些农村集体土地被征收，村民原有的土地承包经营权、宅基地使用权已衍生为征地补偿分配权、集体经济收益权及其他村民待遇。部分地区通过村规民约、村民大会或村委会决议等方式，限制和剥夺出嫁女或具有集体经济组织成员资格的女婿应享有的土地补偿款、口粮补偿款等集体经济组织收益，严重侵害了农村出嫁女、女婿的合法权益。对于农村集体经济组织成员资格的判断，应在尊重村民自治的前提下，重点考察其生活保障基础，即以是否形成较为固定的生产、生活关系为基本考虑因素，并结合是否依法取得集体组织所在地常住户口等因素综合考量。其中应当重点把握三点：（1）土地补偿款应归全体集体经济组织成员共同享有；（2）集体经济组织成员资格认定不能以妇女是否出嫁作为标准；（3）村民自治章程内容不能违反法律规定。

本案提出的问题是，“外来女婿”及“外嫁女的子女”是否应当享有案涉被征用的土地承包权利及土地征用补偿款分配权利。对此，应当把握一个“资格”，两个“时间节点”：

1. 资格要件，首先要判断当事人是否具备集体经济组织成员资格。土地补偿费的受益主体是集体经济组织内部全体成员，所以享有征地补偿款分配权的主体必须具有集体成员资格。集体经济组织成员资格的判断应从形式和实质两个层面综合考量，即以户籍为外在的形式标准与以必要生活来源、权利义务对等因素为内在的实质标准相结合，无民事行为能力人与限制民事行为能力人均可是集体经济组织成员。不得以“外来女婿”“外嫁女”“外嫁女的子女”等标签化身份剥夺集体经济组织成员资格及享有的相应权利。本案中，所有当事人从形式上户籍均在案涉集体经济组织，实质上在所在集体经济组织参与相关集体经济组织活动，持有集体经济组织合作社股权，故应认定为具备集体经济组织成员资格，享有相应权利。

2. 时间要件，其次要判断取得集体经济组织成员资格的“时间节点”与拆迁安置补偿协议（方案）确定的“时间节点”。取得集体经济组织成员资格在安置补偿方案确定之前，该集体经济组织成员便理应享有安置补偿权益，有权依法参与分配。取得集体经济组织成员资格在安置补偿方案确定之后，即无权参与安置补偿权益的分配。也就是说，只要在征地补偿安置方案经人民政府批准确定时具有本集体经济组织成员资格的人，即享有主张集体经济组织分配相应的土地补偿费份额的请求权。以征地补偿安置方案确定时为基准时，可以较好地防止集体经济组织负责人或者实力较大的群体，利用其对于民主议定程序的影响力牟取私利、侵害弱势群体的合法权益。

本案谢甲、谢乙、谢丙均已满足上述两个条件，在征地补偿安置方案确定前均系该集体经济组织成员，故均有权获得土地征收补偿款。

编写人：福建省厦门市集美区人民法院　吴清艺

30

迁出户籍“外嫁女”在原户籍地集体经济组织权益的认定与救济

——左甲诉某村委会、某村某组侵害集体经济组织成员权益案

【案件基本信息】

1. 裁判书字号

湖南省岳阳市中级人民法院（2022）湘06民再8号民事判决书

2. 案由：侵害集体经济组织成员权益纠纷

3. 当事人

原告（上诉人、再审申请人）：左甲

被告（被上诉人、再审被申请人）：某村委会、某村某组

【基本案情】

左甲于1984年6月出生于某村某组，2007年8月与户籍地为湖南省的刘某某结婚，婚后在湖南省生活、务工，但未购买房屋和缴纳五险一金，其户口一直在某村某组。2003年11月，户主为左丙（左甲父亲）的家庭户取得政府颁发的《农村集体土地承包经营权证》，确认人口为6人（包括左甲及其父母、姐姐左乙等），承包水田6.94亩，承包期限至2025年。左甲父母共生育5个女儿，左丙在2010年前后去世，左甲户籍本上的户主是母亲张某，左甲出嫁前后在某村某组购买过城乡居民基本医疗保险。2008年12月，某村某组就某土地补偿款对左丙户按6人分配，左甲、左乙均有分配；当时，某村某组的组长是左丙。2010年、2017年某村某组两次分配土地补偿款未将左甲、左乙纳入分配人员之列。2019年，某村某组对直补金作了调整，左甲母亲户上直补面积为

3.09亩，但某村某组一直未调整田亩。2021年1月，某村某组部分集体土地因国家建设需要被征收，获得土地补偿费和违约金共37667568元。2021年1月25日，某村某组组织各家庭户主或主干投票，大多数户主和家庭同意并通过分配方案，确立了分配对象、分配资格丧失、特殊情形的成员资格；在确定范围后，按人均30万元分配，左甲及母亲张某、姐姐左乙三人仅张某分得30万元。某村某组对出嫁女均未分配征地补偿款。某村某组分配后剩余土地补偿费、违约金2407568元，存在某村某组相关账户中。已分配的款项中，某村某组总计32户共118人参与分配，其中包括小孩已经出生但没有上户的分配28万元，独生子女奖励I5万元，已经结婚妻子尚未落户男方家的奖励28万元等各种情况，但不包括类似左甲出嫁后户籍在某村某组且仍应当具有集体经济组织成员身份的情况。

【案件焦点】

左甲请求判令某村某组支付土地征收补偿款30万元的诉讼请求是否应予支持。

【法院裁判要旨】

湖南省湘阴县人民法院经审理认为：左甲出生在某村某组，其户籍自出生后就落户在该组，之后户籍未发生变动，在征地补偿安置方案确定前具有某村某组的合法户籍，且享受了相应的村民权利，参加了农村合作医疗保险，与某村某组形成了较为固定的生产关系，并以其父母为户主承包了责任田，其基本生活保障依附于该集体经济组织。虽然以左甲母亲为户主的直补金在2019年作了调整，但土地承包经营权并未作相应的调整，左甲仍以土地收入作为生活来源的一部分，其婚后的户籍并未迁出，左甲在没有其他集体经济组织享受福利保障或者纳入城镇居民保障体系的情况下，左甲仍然是以某村某组集体经济组织的土地作为生活保障，其所具有的某村某组集体经济组织成员资格并未丧失，不能仅以左甲为生活需要外出务工为由否定左甲系某村某组组民并以某村某组的土地作为生活保障的事实。因此，左甲具有某村某组的集体经济组织成员资格。

左甲具有某村某组集体经济组织成员资格，某村某组在制订征收补偿款分配方案时将左甲认定为“出嫁女”，不予分配征收补偿款，违反了《中华人民共和国妇女权益保障法》《中华人民共和国村民委员会组织法》的规定，侵犯了左甲的合法权益，某村某组制订的分配方案虽然经过大多数村民代表签字同意，符合法律规定的民主议定程序，但所作决议中关于左甲不予分配的部分违反法律强制性规定属于无效。土地征收补偿款具体如何分配属于村民自治的范围，只能通过村民会议自治解决，人民法院不能超越权限去划定分配标准、代为作出分配方案，故应当由某村某组重新召集村民会议结合左甲的具体情况按照民主议定程序作出相应分配决议，左甲请求直接判决某村某组支付其征收补偿款30万元没有法律依据，不予支持。某村委会并非左甲所在地的直接集体经济组织，也非该经济组织土地征收补偿款的相对方，不是本案适格主体，左甲要求其在保管的某村某组财产范围内承担民事责任，没有事实和法律依据，不予支持。

湖南省湘阴县人民法院依照《中华人民共和国民法典》第二百六十一条、第二百六十五条第二款，《中华人民共和国村民委员会组织法》第二十四条第一款第七项、第二十七条第二款，《最高人民法院关于审理涉及农村土地承包纠纷案件适用法律问题的解释》第二十四条，《中华人民共和国民事诉讼法》第一百四十四条规定，判决：

一、由某村某组在判决生效之日起30日内重新召开村民会议对左甲征收补偿款分配事项作出决议；

二、驳回左甲的其他诉讼请求。

左甲不服一审判决，提起上诉。

湖南省岳阳市中级人民法院经审理认为：虽然左甲出嫁后长期在外务工，但在没有证据表明其在其他集体经济组织享受基本生存保障或者纳入城镇居民保障体系的情况下，左甲仍是以某村某组的土地作为基本的生活保障，故一审法院认定其具有某村某组集体经济组织成员资格，有权参与某村某组集体土地补偿费的分配。但就具体分配的金额而言，由于不同集体经济组织成员履行集体经济组织成员义务多少不一、依赖集体土地作为其生存基本保障的程度也不一样，这是客观存在的社会现实，土地补偿费的分配就不同情况的集体经济组织成员有所区别，也应当被社会所理解、包容。《中华人民共和国村民委员会组织法》第二十四条第一款第七项、《中华人民共和国民法典》第二百六十一条、《最高人民法院关于审理涉及农村土地承包纠纷案件适用法律问题的解释》第二十二条均规定，土地补偿费使用、分配方案由集体经济组织按照法定民主程序议定，即由集体经济组织自治决定。可见，土地补偿费的分配就不同情况的集体经济组织成员有所区别，也被我国司法实务所接受、允许。

诚如左甲所述，某村某组的补偿分配方案不但排除了类似左甲情况的出嫁女参与分配权利，已参与分配的成员根据不同情形具体份额也不一致；换言之，某村某组的补偿分配方案中并无与左甲情况“相应”的分配方案。在此情况下，左甲按照某村某组补偿分配方案中的最高标准提出30万元的给付请求，实际是在主张土地补偿费由集体经济组成员“均等”分配，此既不符合我国现阶段社会客观现实，也与土地补偿费使用、分配方案由集体经济组织自治决定的相关法律规定相悖。故，一审判决未支持左甲关于30万元土地补偿费的给付请求，而判令某村某组重新召开村民会议对左甲征收补偿款分配事项作出决议，并无不当。

湖南省岳阳市中级人民法院依照《中华人民共和国民事诉讼法》第一百七十条第一款第一项规定，判决：

驳回上诉，维持原判。

左甲不服二审判决，向湖南省高级人民法院申请再审。

湖南省高级人民法院经审查认为：左甲的再审申请符合《中华人民共和国民事诉讼法》第二百条第六项规定的情形。

湖南省高级人民法院依照《中华人民共和国民事诉讼法》第二百零四条、第二百零六条，《最高人民法院关于适用〈中华人民共和国民事诉讼法〉的解释》第三百九十五条第一款规定，裁定：

一、指令湖南省岳阳市中级人民法院再审本案；

二、再审期间，中止原判决的执行。

湖南省岳阳市中级人民法院经再审认为：争议的焦点在于左甲请求判令某村某组支付土地征收补偿款30万元的诉讼请求是否应予支持。《最高人民法院关于审理涉及农村土地承包案件适用法律问题的解释》第二十二条规定："农村集体经济组织或者村民委员会、村民小组，可以依照法律规定的民主议定程序，决定在本集体经济组织内部分配已经收到的土地补偿费。征地补偿安置方案确定时已经具有本集体经济组织成员资格的人，请求支付相应份额的，应予支持。但已报全国人大常委会、国务院备案的地方性法规、自治条例和单行条例、地方政府规章对土地补偿费在农村集体经济组织内部的分配办法另有规定的除外。"本案中，左甲在征地补偿安置方案确定时具有某村某组集体经济组织成员资格，根据上述规定，左甲请求支付相应份额，于法有据。因此，左甲有权获得人均30万元的征收补偿款。一、二审判决驳回其该项诉讼请求明显不当，应予纠正。此外，因左甲是某村某组集体经济组织成员，征地补偿安置方案也是由某村某组制订，因此左甲要求某村委会承担民事责任缺乏事实与法律依据，故对其该项诉讼请求不予支持。

湖南省岳阳市中级人民法院依照《最高人民法院关于审理涉及农村土地承包案件适用法律问题的解释》第二十二条，《中华人民共和国民事诉讼法》第二百一十四条第一款、第一百七十七条第一款第二项规定，判决：

一、撤销湖南省岳阳市中级人民法院民事判决、湖南省湘阴县人民法院民事判决；

二、由某村某组在本判决生效后十日内支付左甲土地补偿费30万元；

三、驳回左甲其他诉讼请求。

【法官后语】

本案基本事实简单、清楚，一、二审判决均认为左甲作为未迁出户籍的出嫁女，具有某村某组集体经济组织成员资格，应当具有土地征收补偿款的分配资格，左甲之所以不服一、二审判决，申请再审，主要是由于一、二审判决所指出的救济途径未能有效保护其合法权益，因此本案关键点是如何有效保护未迁出户籍的“外嫁女”在原户籍地集体经济组织获得土地征收补偿款的合法权益。如何正确处理此类案件，妥善化解纠纷，应该主要从以下几个方面予以把握。

一、关于农村集体经济组织行使自治权的权利边界

村民自治是人民群众直接行使民主权利，实行自我管理、教育、服务的一项具有中国特色的社会管理制度，在推进国家治理体系和治理能力现代化中占据重要地位，发挥着不可替代的作用。一般情况下，农村集体经济组织对涉及本集体村民利益事项经讨论后作出的决定应得到尊重和执行，但前提是该决定的程序和内容不应违反法律法规规定，更不得无正当理由侵害甚至剥夺他人的合法权益。

当前，在推进乡村振兴战略过程中，既离不开村民自我管理机制的良性运转，更离不开村民具体权利的充分行使和权利受损后的及时救济。《中华人民共和国民法典》《中华人民共和国村民委员会组织法》《中华人民共和国妇女权益保障法》等法律法规均是农村集体经济组织行使自治权实行自我管理的权利边界，农村集体经济组织作出的决定不得与法律法规和国家政策相抵触，更不得因此而损害村民的合法权益。以本案为例，农村集体经济组织决定对征地补偿安置方案确定时存在明显不具有本集体经济组织成员资格的本组男性村民和已经结婚尚未落户男方家的妻子每人奖励28万元的情况，而将征地补偿安置方案确定时存在明显具有本集体经济组织成员资格的已出嫁的本组女性村民排除在征收补偿款的分配名单之外的情况，这一决定既严重违反了《中华人民共和国妇女权益保障法》第二条“妇女在政治的、经济的、文化的、社会的和家庭的生活等各方面享有同男子平等的权利”之规定，又具有明显的重男轻女的封建糟粕思想，与男女平等的基本国策明显背道而驰，此类自治权的行使明显超出权利边界，损害了部分村民的合法权益，不应受到法律保护，而应通过公权力进行调整。

二、因农村集体经济组织行使自治权超出权利边界导致权利受到损害的村民能否获得司法救济

针对这一问题，人民法院的裁判思路有一个变化的历程。

之前法院的裁判思路是以不予受理为主，其理由是绝大多数要求分配征收补偿款的案件都涉及集体经济组织成员资格的认定，集体经济组织成员资格的认定属于村民自治的范畴，不属于人民法院受理民事案件的范围，因此当时对于此类案件，法院通常的处理方法是从程序上不予受理或驳回起诉，对实体问题不予评判。

现在针对此类案件的裁判思路开始发生变化，目前实务界的主流裁判观点是除对于单独诉请要求确认集体经济组织成员资格的案件不予受理外，对于要求分配土地征收补偿款的案件均应当进行实体审理，这一观点的核心是因农村集体经济组织行使自治权超出权利边界导致权利受到损害的村民有获得司法救济的权利，人民法院不能以尊重村民自治为由随意排除当事人的诉权。这一裁判观点的形成，对于规范村民自治，加强自治组织规范化制度化建设，具有重要意义。

三、如何有效保护因农村集体经济组织行使自治权超出权利边界导致权利受到损害的村民的合法权益

如前所述，目前实务界的主流裁判观点是对于要求分配征收补偿款的案件均应当进行实体审理，但对于此类案件所作出的裁判结果尚有不同。概括起来，主要有以下几种：一是判决确认原告方当事人具有与该农村集体经济组织其他成员同等分配征收补偿款的资格；二是判决该农村集体经济组织重新召开村民会议对原告方当事人征收补偿款分配事项作出决议；三是直接判令该农村集体经济组织向原告方当事人给付与该农村集体经济组织其他成员等额的征收补偿款。现结合程序和实体两个方面对以上三种裁判方式是否正确及恰当进行以下分析：

首先，从程序上而言，民事案件应当围绕当事人的诉讼请求进行审理，原告方当事人的诉讼请求是要求该农村集体经济组织向其给付征收补偿款，该诉

的性质是财产给付之诉，人民法院的判决应当对是否给付作出评判，而第一种裁判方式是确认原告方当事人具有与该农村集体经济组织其他成员同等分配征收补偿款的资格，其性质属于确认之诉的范畴；第二种裁判方式是判令该农村集体经济组织重新召开村民会议对原告方当事人征收补偿款分配事项作出决议，其性质属于行为给付之诉，明显判非所请。因此，从程序上而言，第一种、第二种裁判方式均违反法定程序，明显不当，只有第三种裁判方式才是针对当事人的诉求正面作出回应，符合法定程序。

其次，从实体上而言，第一种裁判方式虽然确认原告方当事人具有与该农村集体经济组织其他成员同等分配征收补偿款的资格，但判决主文并无执行内容，原告方当事人不能据此通过强制执行兑现其合法权益；第二种裁判方式虽有执行内容，但事实上人民法院不可能通过强制执行的手段要求该农村集体经济组织召开村民会议。因此，上述两种裁判方式从实体上均无法有效保护当事人的合法权益，只有第三种裁判方式才能从实体上有效地保护当事人的合法权益。实务中，质疑第三种裁判方式的理由主要是认为如果新增一人参与分配，那么每一名集体经济组织成员已经分配的款项是否都应相应减少，对此，笔者认为，没有必要对其他集体经济组织成员已经分配的款项重新进行核算，因为事实上人民法院也不可能要求每一名集体经济组织成员将已经分配的款项都拿出一部分再集中交给原告方当事人，原告方当事人应分配的征收补偿款只能从该农村集体经济组织未予分配的集体财产中给付，如果该农村集体经济组织未予分配的集体财产，那么只能待该农村集体经济组织今后获得集体财产后再优先给付原告方当事人。

本案再审宣判后，各方当事人均未再申诉，原告方当事人应获得的征收补偿款也已通过执行该农村集体经济组织暂时没有未予分配的集体财产全部兑现。本案再审裁判，为规范农村集体经济组织在权利边界内行使自治权提供了有益的司法指引。

编写人：湖南省岳阳市中级人民法院　刘霁

31

村民与企业存在劳动关系情形下的集体成员资格认定

——林某诉甲村三组侵害集体经济组织成员权益案

【案件基本信息】

1. 裁判书字号

福建省厦门市翔安区人民法院（2022）闽0213民初3434号民事判决书

2. 案由：侵害集体经济组织成员权益纠纷

3. 当事人

原告：林某

被告：甲村三组

【基本案情】

林某自1960年8月出生后落户在甲村三组，1998年7月将户籍由甲村三组迁移至乙村。2011年6月，林某以无房居住为由向甲村委会申请宅基地用于建房获批。2013年9月，林某因投靠亲友迁入甲村。此后，林某一直在甲村三组居住、生活，现就职于某建筑公司，企业类型为有限责任公司（自然人投资或控股）。

甲村三组集体所有的部分土地因某项目需要被依法征收，并获得相应的土地补偿款。2021年6月，甲村三组召开户主或户代表大会，表决通过《甲村三组某项目征地款分配实施方案》，主要内容为："第二部分 集体土地　一、人口认定的基准时间　人口认定的基准时间设定为2013年8月13日00时至2018年10月30日24时，以该时间段作为分配土地款人口认定的时间节点。二、分配土地款资格不予认定情形　下列人员无论户口登记地是否在本村，均不具有分配土地款资格：（一）党政机关在编工作人员及离（退）休人员；（二）事业单位在编工作人员及离（退）休人员；(三) 国有企业在编人员及离（退）休人员(国有企业在编人员，指由党委组织部门、政府人事部门任命或安置的在职干部)；(四) 服兵役人员转为军官或退役后被党政机关和事业单位录用的；(五) 妇女因婚姻关系依法登记为本村常住户口，离婚、丧偶后再嫁外村的。”另一份《甲村三组某项目征地补偿款分配方案》主要内容为：“本小组于2013年8月13日被某项目征用土地面积141.41亩，征地补偿款金额13590993.28元，属于第三小组集体土地征用补偿款9864366.08元，经小组村民代表集体研究，决定提取征地补偿款8467700元进行分配，分配方案详见‘某项目征地土地款分配发放实施方案’第二部分。”甲村三组于2022年6月向该组符合分配条件的村民发放征地补偿款每人29300元，但未向林某发放征地补偿款。

【案件焦点】

林某是否具有甲村三组经济组织成员资格。

【法院裁判要旨】

福建省厦门市翔安区人民法院经审理认为：土地补偿款是国家征用集体所有土地后对失地农民的补偿费用，功能在于保障农民的基本生存。在土地补偿安置方案确定时具有该集体经济组织成员资格的人，应当享有分配该土地补偿款的权利。集体经济组织成员资格的判断，应在尊重村民自治的前提下，结合户籍因素、土地承包关系和生活保障基础做综合考量。本案中，林某于2013年9月将户籍迁回甲村三组，其向甲村委会申请宅基地用于建房获得甲村委会同意，其在甲村三组实际居住、生活。甲村三组确定集体经济组织成员资格的基准日（2013年8月13日至2018年10月30日）内，其户口在甲村三组，且林某就职的建筑公司企业类型为有限责任公司（自然人投资或控股），不属于案涉分配实施方案不予发放的情形。综上，林某具有甲村三组经济组织成员资格，林某诉请甲村三组向其支付征地补偿款29300元，合法有据，予以支持。

福建省厦门市翔安区人民法院依照《中华人民共和国民法典》第二百六十一条、第二百六十五条，《中华人民共和国村民委员会组织法》第二十七条，

《最高人民法院关于审理涉及农村土地承包纠纷案件适用法律问题的解释》第二十二条规定，判决：

甲村三组应于本判决生效之日起十日内向林某支付征地补偿款29300元。

宣判后，各方当事人均未提起上诉，判决已经生效。

【法官后语】

农村集体经济组织成员资格是农民享有农村集体权益的前提和基础。但由于国家城镇化的持续推进，人口和户籍处在不断变动中，是否具有集体经济组织成员资格在实践中会产生争议。在全面推进乡村振兴和稳步推进农村集体经济组织法立法的背景下，亟须对农村集体经济组织成员资格的标准进一步规范。

一、农村集体成员资格认定的立法缺位及司法保护

农村集体经济组织成员的身份认定，是农村集体产权制度中的基础性问题。当前，由于现行法律尚未对“农村集体经济组织成员”概念及其资格的认定问题作出具体解释，实践中存在争议。农村集体经济组织成员身份认定，受当地村规民约、传统观念和历史习惯等因素影响，在某些特殊人群身份认定上有较大差异。司法实践倾向认为，集体经济组织成员资格的判断，应在尊重村民自治的前提下，结合户籍因素、土地承包关系和生活保障基础作综合考量。一般应以依法取得农村集体经济组织所在地户籍为基本原则，同时以是否形成较为固定的生产、生活关系为条件，兼顾是否丧失集体经济组织成员资格的情形，并充分考虑农村土地承包所具有的基本生活保障功能，综合分析认定。集体成员资格取得包括自然取得（出生取得）和加入取得（因婚姻、收养、遗赠扶养协议、行政命令取得等）两种情形。对于因死亡、取得其他集体经济组织的成员资格、取得设区市非农业户口、取得非设区市城镇非农业户口且纳入国家公务员序列而被注销或者迁出本集体经济组织所在地常住户口的人，应当认定其丧失集体成员资格。

二、农村集体成员资格认定面临的难题

随着经济的发展，改革开放的深入，城市的就业机会多、收入高，大量农民涌入城市发展，城与乡、农与非农的关系也模糊起来。有些集体成员没有承包集体土地进行耕作，或者没有分配到宅基地建房，基本是长期在城市打工、

生活，有的村民作为职工与企业签订有劳动关系并且缴纳企业职工社会保险。如果严格按照前述评判标准，这类村民形式上并不符合“与集体经济组织形成较为固定的生产、生活关系”，且“农村土地承包所具有的基本生活保障功能”也较弱，故在实践中不宜机械适用实质性标准。经济组织成员资格丧失的认定，应当遵循以人为本的原则，在农村集体经济组织成员未取得其他稳定的社会保障之前，不宜认定其丧失资格。对于村民与其他单位存在劳动关系，特别是在该村民已纳入城镇职工社保体系情形下的集体成员资格如何确定，司法实践中一般认为，村民虽然长期在外打工或者经商，只要未获得稳定的社会保障则不宜认定其丧失集体经济组织成员资格。

三、农村集体成员资格认定标准的新思路

由于界定农村集体经济组织成员资格是广大农民基本权利获得保护的基础，资格丧失的认定应当慎重。笔者认为，是否在本集体经济组织生产生活、是否以本集体经济组织土地作为基本生活保障仅为考量因素；村民与企业订立劳动关系且缴纳企业职工社保的情形，虽使其生存有一定的保障，但该保障仍具有不稳定性，故该情形不宜直接作为用来否定集体经济组织成员资格的标准。具体应当综合考量：

1. 户籍登记是判断农村集体经济组织成员资格最重要、最基本的依据，这既是农村集体经济组织成员共同的自然属性，也是户籍登记的法律属性。本案中，林某在甲村三组出生并生活了三十多年，户口迁出若干年后又迁回甲村三组，这符合中华民族“乡土情怀”“落叶归根”的传统思想，社区允许村民将户籍迁回，从尊重契约精神出发，一定程度上也是集体经济组织承认其成为成员的意思表示。

2. 村民是否在村集体形成较为固定的生产、生活方式，是否依赖于农村集体土地作为生活保障等考量因素不应机械适用。如果过分强调“在本集体经济组织生产、生活”，将导致农业人口向二、三产业转移的积极性降低，从而阻滞城乡差别的缩小，亦不利于国家城市化进程和民营经济高质量发展。本案中，甲村三组同意林某的建房申请，林某确在甲村三组居住、生活，故可认定其在该集体经济组织生活。

3. 是否缴交职工社会保险，并不影响集体经济组织成员资格的认定。国家经济高质量发展，新质生产力催生传统产业升级和生产力变革，必然催生新企业、新产业，这也导致劳动关系呈现灵活化、网络化、平台化等发展态势，一些就业者虽然收入高，甚至参加了社会保险，但也存在频繁换工作、缺少稳定性等特点，也存在失业的风险。因此，村民外出就业，其与企业订立劳动关系、企业为职工缴交社会保险情形不应成为否定集体经济组织成员资格的考量因素。本案中，林某在企业就职，其虽一定程度脱离本集体经济组织所在地生产、生活，但其缴交职工社保并不会使其丧失农民资格，应认定为本集体经济组织成员，故对于林某请求甲村三组支付土地补偿款的主张应当予以支持。

编写人：福建省厦门市翔安区人民法院　张阿剑

32

土地征收补偿费分配决议侵害被征地农民合法权益的当事人可请求予以撤销

——肖甲等诉某村某组侵害集体经济组织成员权益案

【案件基本信息】

1. 裁判书字号

湖南省娄底市中级人民法院（2023）湘13民终1号民事判决书

2. 案由：侵害集体经济组织成员权益纠纷

3. 当事人

原告（被上诉人）：肖甲、肖乙、肖丙、肖丁、肖戊、肖己

被告（上诉人）：某村某组

【基本案情】

截至2022年2月27日，某村某组共35户、105人，其中年满18周岁以上的村民83人；2021年某高速公路穿过该组，肖甲、肖乙、肖丙、肖丁、肖戊、肖己等户的山地及水田被征收。2022年2月27日，某村某组召开会议，形成了“关于高速公路征地补偿款分配的决议”，主要内容如下：“1. 青苗补偿款归各承包户所有，土地补偿款去除政府扣除的10%外，全部归集体所有，由集体统一平均分配，土地补偿款先打到本集体经济组织的对公账户上，再由组长在收到款项30天内负责将土地补偿款分发到各户……”召开该征地分配会议时，肖甲、肖乙、肖丙、肖丁、肖戊、肖己6户十八周岁以上村民参加该会议，但均拒绝在会议决议上签字。

【案件焦点】

某村某组形成的“关于高速公路征地补偿款分配的决议”是否有效，是否应予以撤销。

【法院裁判要旨】

湖南省双峰县人民法院经审理认为：行政补偿是指行政主体在管理国家和社会公共事务的过程中，因合法的行政行为给公民法人或其他组织的合法权益造成了损失，由国家依法给予补偿的制度。即行政主体合法行使行政权力的行为损害了行政相对人的合法权益，或行政相对人为公共利益而使自己的合法权益受到损害时，国家弥补行政相对人损失的一种给付救济。本案中，某公路穿过某村某组，征收了该组的一部分土地，对于失地后的集体经济组织给予一定的补偿于法有据，该补偿应支付给土地所有权人某村某组。某村某组在收取相关补偿费用后，应依照法律法规按照公平、公正、合理的原则对该项费用进行分配，但某村某组通过召开村民小组会议，以“多数决”的形式通过分配补偿款的决议，以形式上合法通过的决议，将所得的征地补偿款平均分配给某村某组户籍人口，该分配决议从实质上将实际利益损害人即肖甲、肖乙、肖丙、肖丁、肖戊、肖己等排除在决议之外，该决议内容直接导致没有失去承包利益的多数村民（某村某组户籍人口）由此获得利益，而使实际上失去土地承包利益的失地农民应当取得的合法补偿被其他户籍人口均分。对于补偿，应当是有所失才有所补，没有失、没有合法缘由而得到利益则是不当得利，故某村某组以“多数决”的形式通过的“关于高速公路征地补偿款分配的决议”是以形式上的合法掩盖非法目的的决议，显失公平，不符合一般的社会公平正义，不仅没有保障实际失去土地承包权益的农民的生活，维护被征地农民的合法权益，还侵害了实际上的失地农民即肖甲、肖乙、肖丙、肖丁、肖戊、肖己等的合法权益。

湖南省双峰县人民法院根据《中华人民共和国民法典》第二百四十条、第二百六十条、第二百六十一条、第二百六十二条、第二百六十五条规定，判决：

确认某村某组于 2022 年 2 月 27 日村民会议通过的“关于高速公路征地补偿款分配的决议”无效，并予以撤销。

某村某组不服一审判决，提起上诉。

湖南省娄底市中级人民法院经审理同意一审法院的裁判意见，依照《中华人民共和国民事诉讼法》第一百七十七条第一款第一项规定，判决：

驳回上诉，维持原判。

【法官后语】

征地补偿是对被征地农民和农村集体经济组织失地的补偿，其目的在于保障以土地为主要生产资料和生活来源的失地农民的基本生活，理应对被征收农民进行公平合理的分配。农村集体土地被征收后，有农村集体经济组织内部调整承包地的，土地补偿费和安置补偿费在该集体经济组织范围内统一分配，农村集体经济组织内部不能调整承包地给被征地农民的，也没有对被征地农民进行安置的，必须将土地补偿费按比例支付给被征地农民，以此来保障被征地农民的生活，维护被征地农民的合法权益。

《最高人民法院关于审理涉及农村土地承包纠纷案件适用法律问题的解释》第二十二条规定，“农村集体经济组织或者村民委员会、村民小组，可以依照法律规定的民主议定程序，决定在本集体经济组织内部分配已经收到的土地补偿费”。本案中，某村某组在收取相关补偿费用后，应依照法律法规按照公平、公正、合理的原则对该项费用进行分配，但某村某组通过召开村民小组会议，以“多数决”的形式通过分配补偿款的决议，将所得的征地补偿款平均分配给了某组户籍人口。征地补偿费用的使用及分配方案属于村民自治范围，尽管司法不应对村民自治决议进行过度干预，但是其效力受法律保护的前提是，该决议不违反法律法规和国家政策，没有侵犯村民人身权利、民主权利和合法财产权利的内容。如果该决议侵害了集体经济组织成员的合法权益，受侵害人有权提起民事诉讼寻求救济。

《中华人民共和国民法典》第二百六十五条第二款明确规定，农村集体经济组织、村民委员会或者其负责人作出的决定侵害集体成员合法权益的，受侵害的集体成员可以请求人民法院予以撤销。从法条规定来看，首先，受侵害的集体成员的撤销权客体是农村集体经济组织、村民委员会或者其负责人作出的决定，并未明确涵盖“村民小组”这一决定主体。但是，根据《中华人民共和国民法典》第二百六十二条第二项和《中华人民共和国村民委员会组织法》第二十八条第三款的规定，并结合包括本案情形在内的我国农村集体所有制的广泛实践，村民小组在代表集体行使集体所有权并作出相应决定时，性质上实际上与农村集体经济组织、村民委员会或者其负责人作出的决定别无二致。因此，村民小组作出的侵害集体成员的决定亦可成为撤销权的客体。

其次，该条款中所指的“集体成员的合法权益”，既包括集体成员的财产性权益，也包括集体成员作为集体一分子的身份性权益。本案中，某村某组形成的“关于高速公路征地补偿款分配的决议”从实质上将实际利益损害人即肖甲等人排除在决议之外，该决议内容直接导致没有失去承包利益的多数村民（某组户籍人口）由此而获得利益，而使实际上失去土地承包利益的失地农民应当取得的合法补偿被其他户籍人口均分。该分配协议表面上属于民主议定，但对于受到实际损害的被征收农民而言，一方面，他们对涉及切身利益的集体决定既不知情也未参与，由此构成身份性利益受损；另一方面，这一决定结果直接造成他们并未获得被征地的补偿款，相关财产性利益受损，自不待言。

最后，结合规范本旨和制度实践来看，《中华人民共和国民法典》第二百六十五条第二款更多的是为了切实保障集体中的“少数人”合法权益不受侵害。本案所涉决议虽经过集体多数人同意，但其既不符合法律规定，亦缺乏基本的正当性，构成对被征地农民合法权益的侵害。综上，人民法院依法确认某村某组村民会议通过的“关于高速公路征地补偿款分配的决议”应当予以撤销。

编写人：湖南省双峰县人民法院　袁红江

33

集体经济组织成员资格认定是否属于人民法院民事诉讼受案范围的正确认定

——刘甲诉某村委会侵害集体经济组织成员权益案

【案件基本信息】

1. 裁判书字号

山东省淄博市中级人民法院（2022）鲁 03 民终 3476 号民事裁定书

2. 案由：侵害集体经济组织成员权益纠纷

3. 当事人

原告（上诉人）：刘甲

被告（被上诉人）：某村委会

【基本案情】

2008 年 9 月，刘乙入赘与苏某结婚，刘甲是其女儿，现为某村委会的村集体经济组织成员。刘甲自 2010 年 7 月在某村落户，但直至 2020 年 7 月才开始享受村民待遇。故，请求判令某村委会向其支付 2010 年 7 月至 2020 年 7 月的村民待遇（包含口粮款、土地补偿款、春节福利等）共计 82266 元。

【案件焦点】

集体经济组织成员资格认定是否属于人民法院民事诉讼的受理案件范围。

【法院裁判要旨】

山东省淄博市周村区人民法院经审理认为：刘甲的口粮款、土地补偿款、春节福利等诉讼请求的实质是对村集体资产及其产生的收益享有相应权利的确认，双方未形成有给付内容的民事合同权利义务关系，当事人应向集体经济组织所在地的乡镇政府予以反映并要求人民政府对村民委员会或村民委员会负责人作出的决定进行督促处理，但不属于民事案件受案范围。

山东省淄博市周村区人民法院依照《中华人民共和国民事诉讼法》第一百二十二条、第一百二十七条规定，裁定：

驳回刘甲的起诉。

刘甲不服一审裁定，提起上诉。

山东省淄博市中级人民法院经审理认为：刘甲能否享有其主张的待遇问题，实质是其是否具有集体经济组织成员资格的问题，原审法院以该案不属于人民法院受案范围为由驳回刘甲的起诉并无不当。

山东省淄博市中级人民法院依照《中华人民共和国民事诉讼法》第一百七十七条第一款第一项、第一百七十八条规定，裁定：

驳回上诉，维持原裁定。

【法官后语】

本案主要涉及集体经济组织成员资格认定是否属于人民法院民事诉讼受案范围的认定问题。

具有集体经济组织成员资格是农村居民享有口粮款、土地补偿款、春节福利分配等村民待遇的前提。随着我国城市化进程的逐步推进，城市周边农村面临征地拆迁，因征地补偿款分配等事宜而诉请法院确认其集体经济成员资格认定的案件呈现日益增长的态势。本案便是如此。此类纠纷的妥善处理，事关广大村民的切身利益，处理不当极易产生群体性纠纷。因此，正确厘清集体经济组织成员资格认定问题是否属于人民法院受理民事诉讼的范围进而统一此类案件的法律适用及裁判标准有着重要的现实意义。

农村集体经济组织是村民实行自我生产、自我管理、自我服务的合作经济形式，具有依法独立进行经济活动与决策管理的自主权。村民委员会是依照《中华人民共和国村民委员会组织法》而设立的农村基层自治组织，在协助基层政府开展公共社会管理、灾难社会救助和集体经济组织自治管理过程中发挥了重要作用。关于集体经济组织成员资格的认定，目前的法律对其认定机关及认定标准以及是否属于人民法院受理民事诉讼案件的范围没有明确规定，但可从以下两个方面予以理解和把握：

第一，2020年修正的《最高人民法院关于审理涉及农村土地承包纠纷案件适用法律问题的解释》第一条第二款明确规定："农村集体经济组织成员因未实际取得土地承包经营权提起民事诉讼的，人民法院应当告知其向有关行政主管部门申请解决。"集体经济组织成员资格实际上是村民身份的反映，对村民身份的确认是取得土地承包经营权的前提条件。在实践中，集体经济组织成员权问题是集体经济组织履行自治管理职能的体现，在很多方面涉及农村公共事务管理，不属于平等民事主体之间的财产或人身关系纠纷。如果人民法院将这类纠纷作为民事案件受理，则会涉及农村公共事务管理方面的问题。因而农村集体经济组织成员因未实际取得土地承包经营权提起民事诉讼的，人民法院不宜将其作为民事案件受理，而应当告知其向有关行政主管部门申请解决。

第二，《中华人民共和国村民委员会组织法》第二十四条第一款规定："涉及村民利益的下列事项，经村民会议讨论决定方可办理：（一）本村享受误工补贴的人员及补贴标准……（七）征地补偿费的使用、分配方案；（八）以借贷、租赁或者其他方式处分村集体财产；（九）村民会议认为应当由村民会议讨论决定的涉及村民利益的其他事项。"集体经济组织成员资格认定事项对村民利益影响重大，依据上述规定，应当属于村民自治的范围，不能纳入人民法院受理民事诉讼的范围。这也符合《中华人民共和国村民委员会组织法》保障村民实行自治，由村民依法办理自己的事情，发展农村基层民主，维护村民的合法权益，促进社会主义新农村建设的立法宗旨。

具体到本案中，刘甲的口粮款、土地补偿款、春节福利等诉讼请求的实质是对村集体资产及其产生的收益享有相应权利的确认，实质是其是否具有集体经济组织成员资格的认定问题，双方未形成有给付内容的民事合同权利义务关系，当事人应向集体经济组织所在地的乡、镇政府予以反映并要求人民政府对村民委员会或村民委员会负责人作出的决定进行督促处理，但不属于人民法院受理民事诉讼案件的范围。

编写人：山东省淄博市中级人民法院　荣明潇

山东省淄博市张店区人民法院　刘晓辉

34

村务公开事项不属于人民法院民事案件受理范围

——王某诉某村委会侵害集体经济组织成员权益案

【案件基本信息】

1. 裁判书字号

山东省淄博市中级人民法院（2022）鲁03民终204号民事裁定书

2. 案由：侵害集体经济组织成员权益纠纷

3. 当事人

原告（上诉人）：王某

被告（被上诉人）：某村委会

【基本案情】

王某是某村集体组织成员。2021年4月17日，王某依照《中华人民共和国民法典》第二百六十四条的规定向某村委会提出申请，要求对2018年至今的所有一切村集体财产状况（包括账目、明细、合同、会议记录等相关材料）进行全面查阅及复制。某村委会以王某要求查阅、复制上述材料须经村民代表大会讨论通过且应由民主理财小组进行查阅为由，拒绝王某提出的上述要求。王某认为某村委会的行为侵犯了《中华人民共和国民法典》赋予王某对村内相关材料的知情权，故提起诉讼。

【案件焦点】

村务公开事项是否属于人民法院民事案件的受理范围。

【法院裁判要旨】

山东省桓台县人民法院经审查认为：王某要求查阅、复制的内容有三项：一是村集体经济往来账目、明细；二是涉及村民利益、账目开支的会议记录；三是村委对内、对外所签订的涉及村民利益的各类合同。《中华人民共和国村民委员会组织法》第三十条规定村民委员会实行村务公开制度，并列举了村民委员会应当及时公布的事项。第三十一条规定："村民委员会不及时公布应当公布的事项或者公布的事项不真实的，村民有权向乡、民族乡、镇的人民政府或者县级人民政府及其有关主管部门反映，有关人民政府或者主管部门应当负责调查核实，责令依法公布；经查证确有违法行为的，有关人员应当依法承担责任。"依照上述法律规定，王某与某村委会就村委会财务收支等事项公开或查阅、复制情况发生的争议，不属于人民法院受理民事案件的范围。

山东省桓台县人民法院依照《中华人民共和国民法典》第二百六十四条，《中华人民共和国村民委员会组织法》第三十条、第三十一条，《中华人民共和国民事诉讼法》第一百一十九条第四项、第一百五十四条第一款第三项规定，裁定：

驳回王某的起诉。

王某不服一审裁定，提起上诉。

山东省淄博市中级人民法院经审理认为：本案的争议焦点问题是王某要求某村委会配合其查阅、复制相关集体财产资料的诉讼请求是否属于人民法院受理民事案件的范围。依据《中华人民共和国民法典》第二百六十四条规定，农村集体经济组织或者村民委员会、村民小组应当依照法律、行政法规以及章程、村规民约向本集体成员公布集体财产的状况。集体成员有权查阅、复制相关资料。故，王某的上述要求查阅事项中涉集体财产处置诉求属于村务公开的范畴。《中华人民共和国村民委员会组织法》第三十一条规定了村民委员会不及时公布或者公布的事项不真实的，村民反映问题的途径，王某应依据该规定行使权利。故，一审法院裁定王某的诉求不属于人民法院民事案件受案范围并裁定驳回其起诉符合法律规定。

山东省淄博市中级人民法院依照《中华人民共和国民事诉讼法》第一百七十七条第一款第一项、第一百七十一条规定，裁定：

驳回上诉，维持原裁定。

【法官后语】

本案主要涉及村务公开事项是否属于人民法院民事案件受理范围的认定问题。村务公开是指村民委员会组织把处理本村涉及国家、集体及村民利益、涉及本村经济发展以及村民普遍关心的事项等的相关情况，通过固定村务公开栏、会议、广播、民主听证会等一定形式和程序告知全体村民，并由村民参与管理、实施监督的一种民主行为，是村民享有知情权、参与权、监督权、决策权等权益的重要保障。村务公开应当坚持依法、全面、真实、及时、规范的原则，实行事前、事中、事后全过程公开，保障村民的知情权、决策权、参与权和监督权。村务公开对于保障村民依法行使民主权利，促进乡村振兴、稳定和发展具有重大意义，不仅是加强农村党风廉政建设、密切党群干群关系，实现农村长治久安的重要保证，亦是顺利推进农村改革和发展，完善村民自治，发展社会主义民主的重要内容。集体经济组织成员查阅、复制权益受到侵害的，村民有权依据《中华人民共和国村民委员会组织法》第三十一条的规定向乡、民族乡、镇的人民政府或者县级人民政府及其有关主管部门反映。

随着我国城市化进程的逐步推进，城市周边农村面临征地拆迁，因征地补偿款分配等事宜村民向村民委员会要求村务公开而产生的争议呈现日益增长的态势。本案发生的背景亦如此。为妥善处理此类争议，应当厘清在村民委员会不予公开等情形下村民知情权的救济途径，从而切实保障村民作为集体经济组织成员的自治权利。

村民委员会是依照《中华人民共和国村民委员会组织法》设立的农村基层自治组织，在协助基层政府开展公共社会管理、灾难社会救助和集体经济组织自治管理过程中发挥了重要作用，其组成人员主要包括村长、各村民小组组长、会计、治安保卫委员、人口计生委员等。村务公开制度是指村民委员会根据法律、行政法规等规定，将由村民会议、村民代表会议讨论决定的事项及其实施情况、政府拨付和接受社会捐赠的救灾救助、补贴补助等资金、物资的管理使用情况，涉及村民利益、村民普遍关心的其他事项等，按照法定的程序、时间和形式等要求，及时、全面、真实地向村民公开，接受村民监督的村务管理制度。对此，《中华人民共和国民法典》第二百六十四条规定："农村集体经济组织或者村民委员会、村民小组应当依照法律、行政法规以及章程、村规民约向本集体成员公布集体财产的状况。集体成员有权查阅、复制相关资料。"《中华人民共和国村民委员会组织法》第三十条、第三十一条也有相关的具体规定。从上述涉及村务公开的法律规定内容来看，对集体财产所享有的知情、参与、监督、管理和自主决策的权利，是集体经济组织成员权利的重要内容，也是集体经济组织成员依法律规定或约定对集体财产行使所有权权能的体现和保障。村民委员会应当依照法律、行政法规、章程、村规民约的要求，最大限度地保障集体成员的知情、参与、监督、管理、自主权利以及获得救济的权利，确保集体成员的财产权不受非法侵犯。村务公开制度是为了保障村民对涉及本村村民利益、村民普遍关心事项的知情权，村民委员会不及时公布应当公布的事项或者公布的事项不真实的，村民有权依照《中华人民共和国村民委员会组织法》第三十一条的规定向乡镇政府或县级政府及其有关主管部门反映，由有关政府或者主管部门负责调查核实并责令村民委员会依法公布。

由此看出，村民委员会对其应当公开的村务事项未依法公开的，村民的救济途径为请求相关人民政府或主管部门履行对村务公开进行监督的法定职责，而非通过民事诉讼的途径要求村民委员会予以公开。如果相关政府机关不履行该法定监督职责的，村民可依法提起行政诉讼要求相关政府机关履行该法定监督职责。之所以如此设定，是因为从村务公开的性质来看，其属于村集体经济组织内部的自治事项，因村务公开事项发生争议并不属于平等民事主体之间的财产关系纠纷或人身关系纠纷，故不能通过民事诉讼的途径要求司法介入处理村内自治事项。这不仅符合《中华人民共和国村民委员会组织法》保障农村村民实行自治，由村民依法办理自己的事情，发展农村基层民主，维护村民的合法权益，促进社会主义新农村建设的立法宗旨，同时也是在村民自治的大背景及框架内，明确民事司法不介入村民自治的应有之义。如在本案中，王某要求查阅事项中涉集体财产处置的诉求明显属于村务公开的范畴，王某与某村委会就村委会财务收支等事项公开或查阅、复制情况发生的争议，依法不属于人民法院受理民事诉讼的范围，王某应当依据《中华人民共和国村民委员会组织法》第三十一条的规定行使权利。

编写人：山东省淄博市中级人民法院　荣明潇
山东省淄博市张店区人民法院　刘晓辉

35

非自身原因的户口信息更迭并非集体经济组织成员资格丧失的法定条件

——陈某诉某街道办行政处理案

【案件基本信息】

1. 裁判书字号

广东省江门市江海区人民法院（2022）粤0704行初818号行政判决书

2. 案由：行政处理纠纷

3. 当事人

原告：陈某

被告：某街道办

第三人：某经联社、第三经合社

【基本案情】

2022年2月25日，某街道办作出（2021）会街行处字第914号《行政处理决定书》载明，经查明，陈某是某生产队的成员，现户籍住址为某21座304，该户口至今合法有效。陈某于1981年11月10日与彭某登记结婚，至今处于婚姻存续期。某21座304为某居委会管辖地址。根据《广东省农村集体经济组织管理规定》第十五条第一款、第十七条的规定可知，农村集体经济组织成员身份的确定是以“户口加义务”作为审查标准。本案中，陈某的户口自出生后入户至某经联社、第三经合社所在地，但其现登记的户籍住址基于历史征地原因，已不再属于某经联社、第三经合社所在地，而是属于某居委会管辖地域，已不满足“户口保留在集体经济组织所在地”的条件。故，某街道办不予确认陈某具有某经联社、第三经合社成员资格，不予支持其提出“具有某经联社、第三经合社成员资格”的请求，因此不予支持陈某提出“享受某经联社、第三经合社成员资格平等分配和福利待遇”的请求。该《行政处理决定书》决定驳回陈某的全部请求，并载明如当事人不服该行政处理决定申请行政复议或提起行政诉讼的救济途径和期限。某街道办于2022年3月24日将前述《行政处理决定书》送达各方当事人。陈某不服，遂提起本案行政诉讼。

【案件焦点】

1. 陈某户籍登记住址基于非自身原因变更为不属于原集体经济组织所在地的管辖范围，其是否仍具有原集体组织成员资格；2. 在集体经济组织收益分配、土地征收或者征用补偿费使用等方面，陈某是否仍享有与本农村集体经济组织其他成员平等的权益。

【法院裁判要旨】

广东省江门市江海区人民法院经审理认为：《广东省农村集体经济组织管理规定》第十五条第一款规定："原人民公社、生产大队、生产队的成员，户口保留在农村集体经济组织所在地，履行法律法规和组织章程规定义务的，属于农村集体经济组织的成员。"由前述规定可知，"户口保留在农村集体经济组织所在地"为确认农村集体经济组织成员资格的必要基础性事实。陈某的"常住人口登记卡"的"服务处所"一栏仍载明原集体经济组织，在陈某主张其户籍地址实质上并未发生过变更的情况下，案涉《行政处理决定书》仅认定陈某现登记的户籍住址基于"历史征地原因"，已不再属于原集体经济组织所在地。但某街道办并未查清楚前述"历史征地原因"的具体发生原因及是否出于陈某主观意愿、该户籍地是否存在历史上的管辖地域更迭或调整、相应的征地户是否与某经联社、第三经合社之间仍存在生产生活关联性等事实，案涉《行政处理决定书》未全面查清查明前述相关事实并对此予以举证，便不予支持陈某具有某经联社、第三经合社成员资格的认定及其分配前述集体经济组织成员权益的请求，某街道办作出案涉《行政处理决定书》属于查明事实不清、主要证据不足的情形。

广东省江门市江海区人民法院依照《中华人民共和国行政诉讼法》第七十条规定，判决：

一、撤销某街道办作出的涉案《行政处理决定书》；

二、某街道办应于本判决生效之日起的法定期限内重新作出行政行为。

宣判后，各方当事人均未提起上诉，判决已经生效。

【法官后语】

农村集体经济组织成员资格的确认，一般应以依法取得农村集体经济组织所在地户籍为基本原则，同时以是否形成较为长期、稳定的生产、生活关系为条件，兼顾是否丧失集体经济组织成员资格的情形，并充分考虑农村土地承包所具有的基本生活保障功能。判断是否具备农村集体经济组织成员资格，要根据国家法律法规、规章和当地县级以上人民政府规范性文件，以及相关政策等因素综合判断，应当坚持男女平等、权利义务相一致原则，不得以妇女未婚、结婚、离婚、丧偶、非自身原因户口信息变更等为由，侵害其合法权益。

关于农村居民非自身原因导致户口登记住址信息变更，是否必然丧失集体经济组织成员资格的问题。根据《广东省农村集体经济组织管理规定》第十五条第一款“原人民公社、生产大队、生产队的成员，户口保留在农村集体经济组织所在地，履行法律法规和组织章程规定义务的，属于农村集体经济组织的成员”的规定可知，“户口保留+履行义务”是广东省界定农村集体经济组织成员资格的必要条件。其中，关于户口保留问题，根据《中华人民共和国户口登记条例》第四条第四款“户口登记簿和户口簿登记的事项，具有证明公民身份的效力”以及第十条第一款“公民迁出本户口管辖区，由本人或者户主在迁出前向户口登记机关申报迁出登记，领取迁移证件，注销户口”的规定，户口登记簿和户口簿登记的有关公民身份的信息均具有直接的法律证明力，且从我国户口登记管理相关制度可知，公民从出生申报起在户口登记机关就建立个人户口登记信息，此后发生户口迁出、迁入、变更的均应具有前后衔接的延续性，直至其死亡注销户口为止，公民有关户口迁移信息应以户口登记机关记录在户口登记簿和户口簿登记的信息为准。本案中，从陈某多次换发户口簿所记录的信息可见，应是有关部门在规划各乡、镇、村、组的区域划分，以及公安部门规范设置门牌号等一系列行政管理行为产生的结果，而土地管理部门则是根据相关职能部门出具的门牌号信息进行土地登记，均不能以此产生陈某已把户口迁出原集体经济组织的法律效力。陈某作为土生土长的某经联社、第三经合社辖区农业户口人员，其有关集体经济组织成员的合法权益应予以充分保护。有关原集体经济组织、另一居委会之间是否存在区域划分调整等历史因素，应由某街道办进一步查明，不能简单以现住址门牌的区域归属问题否定村民与村集体已经形成并长期保持的联系，进而损害集体经济组织成员权益。还应结合陈某在计划生育、农村合作医疗、选举等方面是否仍被归入原集体经济组织管理的客观事实，进行集体经济组织成员的认定。

实行男女平等是我国的基本国策，我国正在采取必要措施，逐步完善保障妇女权益的各项制度，以保障妇女的合法权益，促进男女平等。本案属于涉农村妇女出嫁后的农村集体经济组织成员资格确认案件，随着农民维权意识的增强和城乡建设进度的加快，近年来该类案件呈现出增长的态势，属于部分地区法院受理案件中数量较多、案情较复杂、影响面较广、社会关注度较高的涉农村妇女儿童维权司法案件类型之一，亦属市域治理工作中基层政府治理的热点、难点问题，该生效判决为同类侵害集体经济组织成员权益案件的处理可提供类案参考。

编写人：广东省江门市江海区人民法院　廖杰华

36

建设项目对矿产资源的压覆补偿不属于土地征收补偿范畴

——矿业公司诉县政府土地征收补偿案

【案件基本信息】

1. 裁判书字号

四川省乐山市中级人民法院（2022）川11行终67号行政判决书

2. 案由：土地征收补偿纠纷

3. 当事人

原告（上诉人）：矿业公司

被告（被上诉人）：县政府

第三人（被上诉人）：交通公司

【基本案情】

矿业公司成立于2010年1月，经营范围为化肥用砂岩开采、销售。2010

年8月，矿业公司取得矿山名称为某化肥用砂岩矿的《采矿许可证》，矿区面积为0.7153平方公里，有效期限为9年6个月。该矿区未实际开采，矿业公司为矿区修建了矿山广场、通往矿区的道路以及炸药库等，未修建相应建筑物。案件审理时《采矿许可证》已到期，延期手续在办理中。

2020年1月，某项目经省发展和改革委员会批准立项，路线经过涉案矿区所在的某镇。该项目合营双方约定，政府方按照相关法律规定向项目公司提供满足项目建设需要的土地，项目公司组织办理土地报批手续，永久征地拆迁有关费用332113万元包干使用，若有超出部分由政府方自行承担。2020年7月，该项目的征地拆迁工作协议约定，永久性用地征地拆迁有关费用按照30万元/亩的标准由地方政府包干使用，超出标准费用由政府方承担。2021年1月，县政府作出《某项目某段建设工程征地拆迁补偿安置方案》，载明补偿范围包括房屋、附着物等，未涉及对压覆矿产资源的补偿。矿业公司为案涉矿区修建的矿山广场、炸药库等均不在土地征收范围内。

【案件焦点】

1. 矿业公司是否属于涉案土地征收补偿对象；2. 县政府是否具有补偿压覆矿产资源补偿的法定职责。

【法院裁判要旨】

四川省乐山市市中区人民法院经审理认为：根据《国土资源部关于进一步做好建设项目压覆重要矿产资源审批管理工作的通知》（国土资发〔2010〕137号）关于“建设项目压覆已设置矿业权矿产资源的，新的土地使用权人还应同时与矿业权人签订协议，协议应包括矿业权人同意放弃被压覆矿区范围及相关补偿内容。补偿的范围原则上应包括：1. 矿业权人被压覆资源储量在当前市场条件下所应缴的价款（无偿取得的除外）；2. 所压覆的矿产资源分担的勘查投资、已建的开采设施投入和搬迁相应设施等直接损失”的规定，即使案涉建设项目存在压覆某矿业公司已取得矿业权矿产资源的情况，也是建设单位与矿业权人之间的补偿关系，并不属于集体土地征收中，根据《中华人民共和国土地管理法》等法律、法规规定，应当由实施征地的行政机关依据有关征地法律规范予以补偿的事项，且县政府亦未主动将矿业公司前述主张的损失纳入行政补偿范围。质言之，在集体土地征收补偿安置中，对于因建设项目压覆已设置矿业权的矿产资源权利人，并不具有依据《中华人民共和国土地管理法》等法律、法规关于征地补偿安置的规定，请求对压覆矿业权损失的补偿请求权。本案中，县政府并非涉案高速公路建设方。因此，矿业公司并不具有请求县政府对于其压覆矿业权损失的补偿请求权。县政府也不具有对压覆已设置矿业权的矿产资源权利人的补偿职责。

再则，因矿业公司并非涉案项目征地拆迁工作协议签订者，即使该协议中包括压覆矿产赔偿费用的约定，矿业公司也不具有依据协议约定主张权利的资格。矿业公司提出的矿产压覆的损失补偿，可另行依法主张。此外，矿业公司主张的炸药库、道路以及矿山广场等建构筑并不在征收范围内，矿业公司也陈述其在征收范围内的矿区没有建构筑物。因此，矿业公司向县政府请求给付损失补偿的理由不成立，不予支持。

四川省乐山市市中区人民法院依照《中华人民共和国行政诉讼法》第六十九条规定，判决：

驳回矿业公司的诉讼请求。

矿业公司不服一审判决，提起上诉。

四川省乐山市中级人民法院经审理认为：关于矿业公司是否属于本次土地征收补偿对象问题。作为县级以上地方人民政府的县政府对土地征收具有组织实施并安置补偿的法定职责。本案中，矿业公司主张的炸药库不在涉案土地征收范围内，但其主张在乐西高速的安全距离范围内，已不能储存民用爆炸物品需搬迁，造成的损失应由县政府补偿。法院认为，由于炸药库不在土地征收范围内，炸药库是否应予补偿，由谁补偿，补偿给谁，涉及另一法律关系，不属本土地征收补偿案件审理的范围，对此法院不作评析。且矿业公司要求县政府进行搬迁补偿，也缺乏相应的事实依据和法律依据。若炸药库搬迁依法应予补偿，可通过另一法律途径予以救济。综上，矿业公司在本次土地征收范围内不存在建构筑物的补偿问题，其不属于本次土地征收补偿对象。

关于县政府是否具有对压覆补偿的法定职责。压覆矿产资源是指因建设项目实施后导致矿产资源不能开发利用，这种情况下，新的土地使用权人应与矿业权人签订相应的补偿协议，该压覆补偿不同于地面上的集体土地征收补偿。本案中，矿业公司的诉讼请求除关于炸药库、道路以及矿山广场等补偿内容外，其余均涉及压覆补偿问题。案涉矿区是否存在压覆以及是否存在压覆后的补偿，不属于本次土地征收补偿案件审理的范围。即使案涉建设项目存在压覆案涉矿区的情况，且属于应当补偿的情形，也是建设单位与矿业权人之间的协议补偿事项，不属于矿区地面上集体土地征收补偿的范围，应通过民事途径予以救济。若压覆补偿款项按照协议由县政府支付，县政府也是基于与建设单位存在协议约定而进行的支付，并非基于法定征地补偿职责而进行的支付。综上，县政府不具有对压覆已设置矿业权的矿产资源权利人进行补偿的法定职责。

四川省乐山市中级人民法院依照《中华人民共和国行政诉讼法》第八十九条第一款第一项规定，判决：

驳回上诉，维持原判。

【法官后语】

司法实践中，同一建设项目可能涉及集体土地征收和压覆矿产资源的情况，因压覆补偿有时通过征收补偿主体一并支付相应款项，很容易将压覆补偿混淆为集体土地征收补偿，引发行政诉讼，故本案裁判力求明确建设项目的压覆补偿不属于行政案件中集体土地征收补偿范畴，两者的补偿性质、补偿主体以及救济途径均不同，主要区别如下：

一、补偿性质不同

集体土地征收补偿是针对被征收土地地上建筑物、构筑物和青苗等的补偿，其补偿范围主要包括土地补偿费、安置补助费，以及村民住宅、其他地上附着物和青苗补偿等费用。

压覆矿产资源是指因修建铁路、公路、油气管道等大型建设项目与压覆的矿区在空间上存在交错，导致影响矿产资源正常勘查、开采，矿区采矿权、探矿权等受损的行为。压覆补偿是针对被征收土地地下采矿权、探矿权受损的补偿，其补偿范围包括对矿业权人被压覆资源储量在压覆时市场条件下所应缴价款的补偿，以及对所压覆的矿区分担的勘察投资、已建的开采设施投入和搬迁相应设施等直接损失予以补偿。

二、补偿主体不同

土地征收补偿主体一般为县级以上地方人民政府。县级以上地方人民政府根据法律法规规定和听证会等情况确定征地补偿安置方案后，组织有关部门与拟征收土地的所有权人、使用权人签订征地补偿安置协议。该征地补偿协议属于征地行政机关与被征地农民之间签订的行政协议。对个别未达成征地补偿安置协议的，由县级以上地方人民政府作出征地补偿安置决定。

压覆矿产资源补偿协议是建设项目单位与矿业权人之间形成的意思自治协议，协议签订后双方形成平等民事主体之间的权利和义务，引发的纠纷属于民事合同纠纷。如未经矿业权人同意而进行压覆，属于民事侵权行为。故，压覆矿产资源引发的纠纷不论是从形式上还是从要件上都属于民事法律关系范畴。即便压覆补偿款项最终由地方人民政府或者其部门机构支付给矿业权人，也是基于与建设单位存在协议约定而进行的支付，并非基于履行行政管理职能而进行的支付。因此，压覆补偿的补偿主体为建设项目单位，而非行政机关，征地补偿的主体为实施征地的县级以上地方人民政府。

三、救济途径不同

因土地征收补偿标准发生争议的，应当先由县级以上政府协调，协调不成的，再由批准征用土地的人民政府裁决。当事人不服政府裁决的，可通过行政诉讼予以救济。因压覆矿产资源补偿发生的纠纷，属于平等民事主体之间的财产争议，应当通过民事诉讼途径予以救济。

编写人：四川省乐山市中级人民法院　李亚莉　葛丽萍

37

根本违约及违约金标准的认定

——农业公司诉戴某林业承包合同案

【案件基本信息】

1. 裁判书字号

福建省莆田市中级人民法院（2022）闽03民终2662号民事判决书

2. 案由：林业承包合同纠纷

3. 当事人

原告（上诉人）：农业公司

被告（被上诉人）：戴某

【基本案情】

某农场系于1991年成立的国有独资企业，2021年，其名称变更为农业公司。2006年11月21日，农业公司与戴某签订《山林地承包合同》一份，约定农业公司将涉案面积763亩山林地发包给戴某，具体分布面积及四至按县人民政府颁发给农业公司的林权证所登载确认的山林地为准，承包期限为30年，自2007年1月1日至2036年12月31日，每亩每年承包金15元，每年租金11445元，每年度的全年租金须在当年的1月1日至10日交清。关于违约责任，双方约定本合同违约金为5万元，若农业公司中途违约，除应支付给戴某违约金5万元、返还戴某已上交的承包款外，还应赔偿戴某因此所造成的经济损失；若戴某中途违约，应赔偿给农业公司违约金5万元。至2021年11月2日，戴某没有按约交纳2020年租金11445元、2021年租金11445元。2021年11月2日，农业公司向戴某发出《催款通知》，要求戴某于2021年11月8日前交纳2020

年、2021 年的租金 22890 元，否则将解除合同。戴某收到《催款通知》后，于 2022 年 2 月 24 日将拖欠农业公司的 2020 年、2021 年租金 22890 元转账给农业公司。

【案件焦点】

1. 戴某是否构成根本违约，涉案《山林地承包合同》应否解除；2. 如何认定戴某应当支付违约金的数额。

【法院裁判要旨】

福建省仙游县人民法院经审理认为：依法成立并生效的合同的当事人应按照约定全面履行自己的义务。农业公司在合同生效后，依约将涉案林地交付给戴某造林，履行了合同义务，而戴某未依约及时向农业公司支付 2020 年、2021 年林地租金，已构成违约，应承担违约责任。戴某于 2022 年 2 月 24 日支付拖欠的 2020 年、2021 年租金给农业公司，该违约行为的后果及造成的损害能得到修补，农业公司的合同目的能得到实现，戴某并不构成根本违约，没有造成不能实现合同目的的后果，涉案合同不符合法定解除的要件，故对农业公司诉请的解除双方于 2006 年 11 月 21 日签订的《山林地承包合同》的诉讼请求不予支持。农业公司主张戴某支付违约金 5 万元，明显高于戴某迟延支付租金 22890 元给农业公司造成的损失，且戴某主张予以调整，故本院根据本案实际情况将违约金调整为 5494 元。

福建省仙游县人民法院依照《中华人民共和国民法典》第五百零九条第一款、第五百六十三条第一款第四项、第五百七十七条、第五百八十五条第二款规定，判决：

一、戴某应在本判决生效之日起十日内支付给农业公司违约金计 5494 元；

二、驳回农业公司的其他诉讼请求。

农业公司不服一审判决，提起上诉。

福建省莆田市中级人民法院经审理认为：戴某虽然存在迟延履行的行为，但其已经支付租金继续履行，该违约行为的后果及造成的损害能得到修补，农业公司的合同目的能得到实现，故原审依据《中华人民共和国民法典》第五百六十三条第一款“有下列情形之一的，当事人可以解除合同……（四）当事人一方迟延履行债务或者有其他违约行为致使不能实现合同目的”的规定，认定戴某不构成根本违约，没有造成不能实现合同目的的后果，不符合法定解除的要件，认定并无不当。根据本案合同的类型、交易习惯和案件实际情况等因素综合考虑，戴某的行为亦不属于《中华人民共和国民法典》第五百六十三条第一款第三项“当事人一方迟延履行主要债务，经催告后在合理期限内仍未履行”规定的情形，故原审认定双方签订的《山林地承包合同》不应予以解除于法有据，并无不当。

福建省莆田市中级人民法院依照《中华人民共和国民事诉讼法》第一百七十七条第一款第一项规定，判决：

驳回上诉，维持原判。

【法官后语】

司法实践中，根本违约构成与否的认定是合同类纠纷常见之问题。合同根本违约是指合同一方当事人的违约行为导致合同目的不能实现时，另一方当事人可以解除合同的制度。制度设计的目的在于鼓励交易，最大化合同社会价值。从另一个角度看，也是通过对根本违约行为进行界定，限制守约当事人无视违约造成后果程度而随意解除合同的权利，促进交易稳定，利益可预期。

《中华人民共和国民法典》第五百六十三条确立了判定是否根本违约的标准，即“能否实现合同目的”。判定能否实现合同目的，立法上并无具体界定，审判实践中属于法官根据其自身审判实践、生活经历、法律专业素养等自由裁量的范围。笔者粗浅认为，判断违约行为是否构成根本违约的基本标准，应基于合同目的是否受实质性损害之考量，进一步具象化，即违约行为侵害合同履行预期利益后，从合同实现价值角度考量合同是否具备继续履行必要性。譬如，红木家具类买卖合同，若约定家具材质为海南黄花梨，而交货方以缅甸花梨材质履约，此违约行为明显严重侵害了购货方基于合同履行而能获得的预期利益，该违约行为无法通过修复等手段来促成守约方实现合同目的，该违约行为势必导致合同不具备继续履行必要性，故该类根本侵害合同预期利益导致合同无继续履行增益的行为应认定为根本违约行为。

具体到本案来说，案涉双方当事人签订的《山林地承包合同》明确约定“每年租金按11445元，每年度的全年租金须在每年的1月1日至10日交清”，承包方未按合同约定及时支付2020年、2021年租金，迟延履行两年租金构成违约。该违约行为是否构成根本违约，综合合同具体内容，合同总承包期限为30年，履行至2019年已履行13年，承包方虽存在迟延履行两年租金行为，但仅占总承包期限之十五分之一，且其后续通过补交两年租金的行为对违约行为进行修复来保障发包方的租金收取利益，迟延履行周期并未过分延长以及迟延履行数额占合同总标的数额较少，故该违约行为侵害发包方的合同履行预期利益后，违约方通过补交、继续履行等方式可以保障继续实现合同价值，并不会导致守约方合同预期利益的减损，该迟延履行违约行为不应认定为根本违约。

对于根本违约之认定，从本案裁判可简要归纳判断流程如下：判断违约行为所致合同预期利益损害——对比合同总预期利益——违约行为是否可修复——继续履行对合同总预期利益有无损害。

编写人：福建省仙游县人民法院　罗剑华

38

宅基地转让的效力及法律后果

——刘某、吴某诉马某1等宅基地使用权案

【案件基本信息】

1. 裁判书字号

新疆维吾尔自治区喀什地区中级人民法院（2022）新31民终1054号民事判决书

2. 案由：宅基地使用权纠纷

3. 当事人

原告（上诉人）：刘某、吴某

被告（被上诉人）：马某1、马某2、马某3、马某4、马某5、马某6

【基本案情】

2013年10月17日，刘某、吴某与签订《宅基地转让合同》，约定将归马某1等六人所有的位于某村的面积约1.3亩的宅基地转让给刘某、吴某，宅基地转让金为565000元；合同还就付款方式、产权归属、地上附着物及拆迁补偿问题、违约责任等进行了约定。同日，刘某向马某1给付20000元现金，马某1出具收条，载明"今收刘某现金贰万元购地款"。合同签订后，吴某于2013年10月23日分两次向马某1打款20万元、245000元，共计445000元；马某1于当日出具收条两份，分别载明"今收到吴某20万元""今收到吴某245000元"。刘某于2013年11月9日向马某1汇款10万元，马某1于当日出具收条，载明"今收到刘某10万元所有款项付清"。

刘某、吴某取得涉案宅基地后，于2013年10月24日与案外人赵某签订《建房合同书》并分别于2013年10月29日、11月9日给赵某转款10万元、20万元，合计30万元，在涉案宅基地上修建自建房。赵某分别于同日给刘某出具收到该两笔款项的收条。

另查明，案涉土地在某村，刘某、吴某为某市居民，马某1等六人为某村村民。

【案件焦点】

案涉《宅基地转让合同》的效力及产生的法律后果。

【法院裁判要旨】

新疆维吾尔自治区喀什市人民法院经审理认为：宅基地系农村集体组织分配给本集体组织成员使用，仅能在本集体流转，不得对城镇居民和其他集体经济组织成员流转。刘某、吴某并非某村的集体组织成员，其与马某1等六人签订的合同内容违反法律强制性规定，该合同系无效合同。案涉合同被确认无效后，因该合同所取得的财产应当予以返还。刘某、吴某主张马某1等六人返还案涉土地转让款565000元，于法有据，应予支持。刘某、吴某在取得涉案宅基地后支出30万元修建三层自建房，因该自建房系基于涉案宅基地转让而修建，且马某1等六人现为该自建房实际产权人，故马某1等六人应对建房支出费用予以返还。

关于资金占用利息。刘某、吴某与马某1等六人在签订合同时违反法律强制性规定均存在过错，合同签订后，马某1等六人已实际交付涉案宅基地，刘某、吴某享有合同签订之日起至诉讼前对涉案宅基地的实际收益；加之，刘某、吴某在庭审中明确表示其并非某村集体组织成员，不得以转让方式取得案涉宅基地，其明知不可为而为之造成的相应损失，理应由其自行承担。

马某1等六人未到庭，视为对自己诉讼权利的放弃。

新疆维吾尔自治区喀什市人民法院依照《中华人民共和国土地管理法》第九条、第十一条、第六十三条，《中华人民共和国合同法》第五十二条、第五十八条，《中华人民共和国民事诉讼法》第一百四十七条，《最高人民法院关于适用〈中华人民共和国民法典〉时间效力的若干规定》第一条规定，判决：

一、刘某、吴某与马某1等六人于2013年10月17日签订的《宅基地转让合同》无效；

二、马某1等六人于判决生效后十五日内向刘某、吴某返还宅基地转让款565000元、自建房支出30万元，合计865000元；

三、驳回刘某、吴某的其他诉讼请求。

刘某、吴某不服一审判决，提起上诉。

新疆维吾尔自治区喀什地区中级人民法院经审理认为：关于利息损失问题。刘某、吴某实际占有土地属实，也已经自行开始建设房屋，且未及时主张权利。在此情况下，一审法院认定占有使用费和利息相互抵销，处理得当，其理由及处理结果并无显失公平之处，该院予以维持。

新疆维吾尔自治区喀什地区中级人民法院依照《中华人民共和国民事诉讼法》第一百七十七条第一款第一项规定，判决：

驳回上诉，维持原判。

【法官后语】

随着社会经济的高速发展，城市生活的压力越来越大，越来越多的城镇居民开始向往农村生活。因工作、子女教育、老人就医等种种原因，也有越来越多的农村村民选择迁入城市生活。进而产生大量宅基地转让行为，亦产生了矛盾、纠纷。

目前，《中华人民共和国民法典》第三百六十二条“宅基地使用权人依法对集体所有的土地享有占有和使用的权利……”、第三百六十三条“宅基地使用权的取得、行使和转让，适用土地管理的法律和国家有关规定”、第三百六十五条“已登记的宅基地使用权转让或者消灭的，应当及时办理变更登记或者注销登记”仅对宅基地使用权进行了原则性的规定，但对农村宅基地使用权的转让未作明确规定。根据现行相关规定，宅基地是农村村民用于建造住宅及其附属设施的集体建设用地没包括住房、附属用房和庭院等用地，在地类管理上属于（集体）建设用地。我国实行农村土地集体所有的制度，农民对其宅基地不拥有所有权，仅拥有使用权，城镇居民不享有宅基地使用权。土地管理法虽未明确规定宅基地使用权不得转让和抵押，但根据《中华人民共和国土地管理法》第六十二条“农村村民出卖、出租、赠与住宅后，再申请宅基地的，不予批准”之规定，也反映出宅基地使用权不得向集体经济组织以外的人转让。

依据现行相关法律法规，宅基地使用权不得单独转让，有下列情况的，转让无效：(1) 城镇居民购买；(2) 法人或其他组织购买；(3) 转让人未经集体组织批准；(4) 向集体组织以外的人转让；(5) 受让人已有住房，不符合宅基地分配条件。农村宅基地的使用权转让需同时满足以下五点：(1) 需经本村村民委员会同意和乡级政府批准；(2) 转让人与受让人同为同一集体经济组织成员；(3) 受让人无住房和宅基地，符合宅基地申请条件；(4) 转让需经集体经济组织同意；(5) 宅基地使用权不能单独转让，需与住房一并转让。另外，转让人户口应该已迁出本村或属于“一户多宅或多房”。如系一户一宅，则需明确表示不再申请宅基地，且有证据表明其已有住房保障，如与其他近亲属合户居住。

司法实践中，对于同一集体经济组织成员签订的农村房屋买卖合同，各地法院普遍认为合同有效。但对于本集体经济组织成员与本集体经济组织之外的单位或个人签订的农村房屋买卖合同，一般因违反法律、行政法规的强制性规定被认定为无效。

编写人：新疆维吾尔自治区喀什市人民法院　梁丽容

二、环境资源纠纷

（一）环境污染责任纠纷

39

环境污染纠纷中被侵权人对关联性的证明应以低度盖然性为标准

——某农场诉畜牧公司、梁某水污染责任案

【案件基本信息】

1. 裁判书字号

广西壮族自治区崇左市中级人民法院（2022）桂 14 民终 604 号民事判决书

2. 案由：水污染责任纠纷

3. 当事人

原告（被上诉人）：某农场

被告（上诉人）：畜牧公司、梁某

【基本案情】

陈某于 2015 年 12 月 17 日注册成立某农场，主要利用甲屯某水坝内的水域从事鱼类养殖。畜牧公司是有限责任公司（自然人独资），从事生猪养殖及销售，法定代表人是梁某。畜牧公司位于流入某水坝河流的上游附近。2021年1月下旬，畜牧公司的沼气池发生渗漏。2月初，某水坝内水域出现各种鱼类死亡，数量随气温升高而增加的现象，某农场养殖损失严重，故诉至法院。

2021年2月20日，县生态环境局在对畜牧公司进行现场检查时，发现畜牧公司沼气池发生渗漏情况，部分养殖废水渗漏至外环境，遂下发责令整改通知。在有关部门组织某农场与畜牧公司就其赔偿纠纷进行调解过程中，县生态环境局出示现场调查笔录、取样化验单，认为某水坝内水溶解氧含量低，应该是污染物流入所致。县农业农村局认为，某农场在国有水域从事养殖未取得政府许可，其行为违法。由于双方意见相差太大，调解不成。但在镇人民政府建议下，双方一致同意：聘请第三方对水域面积进行测量、评估鱼的存在量，按死鱼的占比作为赔偿金额。后，经某农场委托电力公司对甲屯至乙屯河道面积进行测量，得出面积为42749平方米。

在诉讼中，某农场申请对死鱼的损失进行司法鉴定，经法院委托评估公司进行评估，该公司在假设死亡鱼占总放养鱼50%的前提下认定，鱼死亡导致损失330000元。某农场支付评估费15000元。

【案件焦点】

1. 畜牧公司的排污行为与某农场的鱼死亡是否存在因果关系，畜牧公司是否应当承担赔偿责任；2. 某农场因鱼死产生的损失数额如何确定，某农场是否存在过错；3. 某农场因鱼死产生的损失是多少。

【法院裁判要旨】

广西壮族自治区扶绥县人民法院经审理认为：《中华人民共和国渔业法》第十一条规定："国家对水域利用进行统一规划，确定可以用于养殖业的水域和滩涂。单位和个人使用国家规划确定用于养殖业的全民所有的水域、滩涂的，使用者应当向县级以上地方人民政府渔业行政主管部门提出申请，由本级人民政府核发养殖证，许可其使用该水域、滩涂从事养殖生产。核发养殖证的具体办法由国务院规定。集体所有的或者全民所有由农业集体经济组织使用的水域、滩涂，可以由个人或者集体承包，从事养殖生产。”某农场从事养殖的水域属河道，在死鱼事故发生前未依法取得养殖证，但其行为应由有关部门进行判断和规制，并不能免除侵权行为人的侵权责任。

根据《最高人民法院关于审理环境侵权责任纠纷案件适用法律若干问题的解释》第六条的规定：“被侵权人根据侵权责任法第六十五条规定请求赔偿的，应当提供证明以下事实的证据材料：（一）污染者排放了污染物；（二）被侵权人的损害；（三）污染者排放的污染物或者其次生污染物与损害之间具有关联性。”本案中，某农场提交的证据能够证实其承包的某水坝自2021年2月初出现鱼类死亡，以及畜牧公司2021年1月底有沼气池发生渗漏向外环境排放了污水流入河道的事实，故可以认定畜牧公司的污染行为与某农场的损害结果之间存在关联性，某农场已经完成存在关联性的举证责任。根据《中华人民共和国民法典》第一千二百三十条“因污染环境、破坏生态发生纠纷，行为人应当就法律规定的不承担责任或者减轻责任的情形及其行为与损害之间不存在因果关系承担举证责任”的规定，畜牧公司应依法承担相应的举证责任，但畜牧公司并不能举证证明其行为与损害之间不存在因果关系。根据县生态环境局的水质检测结论，涉案水域水溶解氧低，与污染有关。因此，畜牧公司应承担侵权责任。从某农场反映，鱼的死亡数量随气温的升高而增大。应当说，气温影响也是造成鱼死亡的一个重要因素。而解决水溶解氧低的问题，通常做法是采取加入新水和使用增氧机增氧。某农场从事养殖多年，对于解决水溶解氧低的方法应当了解，未采取必要措施避免损失扩大，也是一个因素，应减轻畜牧公司的责任，法院酌定畜牧公司承担90%的责任。畜牧公司为梁某设立的一人公司，根据《中华人民共和国公司法》第六十三条“一人有限责任公司的股东不能证明公司财产独立于股东自己的财产的，应当对公司债务承担连带责任”的规定，梁某不能证明公司财产独立于自己的财产，应承担连带责任。

某农场主张自己因鱼的死亡而受到经济损失，应当承担举证责任。根据评估报告意见，某农场于2019年9月之前所购的鱼苗应已长成并已捕捞，2020年所购鱼苗未放养到河中，损失的是2019年9月所购鱼苗部分。评估报告在假设死亡鱼占总放养鱼50%的前提下，得出损失330000元的结论。某农场认可评估报告，说明其认可河中之鱼未全部死亡。在本案中，关于死亡的各类鱼的具体数量和重量等并无证据证实，评估报告假设死亡鱼占总放养鱼的50%，本身并不具有客观性，评估报告得出的损失结论，并不能如实反映或接近客观事实，但作为政府许可有估算资质的单位，其估算损失的方法更专业、更权威，可作为法院核定损失的参考依据。由于事件发生后，某农场未固定相应证据，导致鱼死亡的具体数量和重量无法认定，其提供的现有证据并不足以证明诉讼请求中的损失数额，结合本案现有证据及有关政府职能部门未认定本案的鱼死亡为水污染事故，并未追究行为人的责任，法院酌情认定某农场鱼死亡率为10%，所致损失为66000元，加上评估费15000元，共损失81000元。关于未来三年的预期损失，某农场主张因存在污染，政府不允许排水，未来三年不能经营，但不能提供证据证实，法院不予认定。

综上所述，畜牧公司因污水渗漏对某农场构成侵权，但导致损失结果的发生也有其他因素，因此应减轻畜牧公司的责任。

广西壮族自治区扶绥县人民法院依照《中华人民共和国民法典》第二百三十八条、第一千一百六十六条、第一千二百二十九条、第一千二百三十条，《中华人民共和国公司法》第六十三条规定，判决：

一、限畜牧公司于本案判决生效之日起10日内赔偿某农场经济损失72900元；

二、梁某对上述第一项判决承担连带责任；

三、驳回某农场的其他诉讼请求。

畜牧公司、梁某不服一审判决，提起上诉。

广西壮族自治区崇左市中级人民法院经审理认为：关于某农场养殖的鱼死亡与畜牧公司的排污行为是否存在因果关系，畜牧公司应否承担赔偿责任的问题。畜牧公司的沼气池发生渗漏至外环境，导致水污染包括某农场养殖鱼的河段。根据《中华人民共和国民法典》第一千二百三十条规定，畜牧公司主张某农场养殖的鱼死亡与其水污染行为不存在因果关系，应由畜牧公司承担举证责任，畜牧公司未能举证证明其主张，其应承担侵权赔偿责任。因此，一审判决据此认定畜牧公司承担90%的赔偿责任并无不当，法院予以认定。

关于某农场的损失数额如何确定以及某农场是否存在过错的问题。双方为赔偿问题，一致同意聘请第三方对水域面积进行测量、评估鱼的存在量，按死鱼的占比作为赔偿金额，后经第三方进行测量，得出水域面积为42749平方米。在诉讼中，经委托评估公司进行评估，评估结果为：假设50%的活鱼受损死亡，损失为33万元。虽然某农场提供的《损失核算清单》为其单方制作，不能作为损失的依据认定，但其购买鱼苗的收据为原件，与其养殖鱼的事实相符，一审认定该收据正确。评估公司作为有相应鉴定资质的鉴定机构，经现场勘查，收集市场调查资料，结合水域面积、鱼苗一般放养密度、鱼苗的生长速度及养殖模式等因素，作出的评估结论具有真实性和客观性，可作为本案损失数额的参考依据。一审判决酌情认定某农场养殖鱼的死亡率为10%，即某农场养殖鱼损失数额为66000元并无不妥，予以认定。至于某农场的过错问题，一审判决认定某农场承担10%的过错责任，某农场未上诉提出异议，予以认定。

关于评估费应如何承担的问题。本案中，双方当事人对损失数额的问题均认为应经第三方进行评估，某农场为此支付鉴定费用15000元，因此，一审认定该鉴定费用由双方按责任比例分担并无不妥，予以认定。

广西壮族自治区崇左市中级人民法院依照《中华人民共和国民事诉讼法》第一百七十七条第一款第一项规定，判决：

驳回上诉，维持原判。

【法官后语】

1. 关于环境污染侵权责任纠纷中举证责任的分配。根据《中华人民共和国民法典》第一千二百三十条“因污染环境、破坏生态发生纠纷，行为人应当就法律规定的不承担责任或者减轻责任的情形及其行为与损害之间不存在因果关系承担举证责任”的规定，环境污染、破坏生态侵权纠纷，实行举证责任倒置，即由侵权人对免责事由、减责事由以及其行为与损害后果不存在因果关系承担举证责任。具体到本案中，畜牧公司的沼气池发生渗漏至外环境，导致水污染，区域包括某农场养殖鱼的河段，其主张水污染与某农场养殖的鱼死亡没有因果关系，应承担举证责任。因其举证不能，故应当承担侵权责任。

2. 关于关联性的证明标准。环境污染、破坏生态侵权纠纷中，虽然实行举证责任倒置，但不意味着被侵权人不用承担任何举证责任。《最高人民法院关于生态环境侵权民事诉讼证据的若干规定》第五条第一款规定“原告起诉请求被告承担环境污染、生态破坏责任的，应当提供被告行为与损害之间具有关联性的证据”。即环境污染、生态破坏侵权纠纷中，被侵权人仍应就环境侵权行为与损害后果之间存在关联性承担举证责任，但对于“关联性”的证明责任标准，或者说初步证明责任的判断标准，目前相关法律和司法解释均未予明确。这也导致本案在认定某农场养殖的鱼死亡与畜牧公司的排污行为是否存在关联时产生两种不同的观点。第一种观点认为，根据“谁主张，谁举证”的原则，该“关联性”的举证应当符合民事证据中的高度盖然性标准。本案中，畜牧公司沼气池污水发生掺水渗漏流入涉案河道是事实，某农场仍需要举证证明其养殖的鱼死亡与畜牧公司的污水渗漏事件存在客观上的关联性，即畜牧公司污水渗漏导致涉案河道水溶解氧含量低等，造成某农场鱼死亡的现象。但该现象的发生不能排除系由某农场自身存在供氧系统不足等引发的合理可能，而且某农场也没有直接的证据证实畜牧公司的污水渗漏与其养殖的鱼死亡存在客观上的关联性，法院不能仅凭某农场主观上认为畜牧公司的污水渗漏，随后其养殖的鱼发生死亡，就直接认定畜牧公司的水污染行为与某农场鱼死亡具有关联性，构成侵权行为。故，某农场的主张不能成立，应驳回其诉讼请求。第二种观点认为，结合畜牧公司于2021年1月底有沼气池发生渗漏向外环境排放到涉案河道的事实，某农场于2021年2月初出现鱼死亡的现象，两者之间应当推定为具有因果关联性。被侵权人承担的“关联性”的证明应当是初步证据的证明，即一种可能性，不应适用民事证据中的高度盖然性的标准即客观存在的确定性。否则，有悖于《中华人民共和国民法典》第一千二百三十条规定的举证责任倒置原则。故应当认定畜牧公司存在侵权行为，依法应当承担侵权责任。

笔者赞同第二种观点，在环境污染侵权诉讼中，不能将“关联性”等同于“因果关系”，如将两者等同，被侵权人需要证明侵权行为与损害后果之间存在“因果联系”，则违背了《中华人民共和国民法典》第一千二百三十条规定的举证责任倒置原则的立法本意。因此，从法律层面上来说，对关联性的证明，首先并不需要具有事实因果关系所要求的客观联系，因为其本身需要证明的是一种可能性，而客观联系是一种必然的、确定的联系。这种可能性的证明仅需要被侵权人提供初步证据即可。这在曲某诉科技公司财产损害赔偿案①，以及科技公司、物流中心环境污染责任案②中已得以印证。因此，这种可能性有别于民事证据的高度盖然性标准，应以低度盖然性作为关联性的证明标准，低度盖然性是指事物存在或发生的“较低可能性”。被侵权人如提供的证据能证实侵权人的污染或破坏行为与其损害之间具有致害的可能性，应当认定其完成了举证责任。具体到本案中，某农场提交县生态环境局出示现场调查笔录、取样化验单，证实某水坝内水溶解氧含量低，是污染物流入所致，而水溶解氧含量低易致鱼死亡，已达到某农场鱼类致死的可能。因此，某农场已完成了关联性的证明。

3. 本案因果关系的认定。根据《中华人民共和国民事诉讼法》第六十七条第一款：“当事人对自己提出的主张，有责任提供证据。”环境污染、破坏生态侵权纠纷中，实行举证责任倒置，侵权人应提供证据证实其行为与损害后果没有因果关系。目前，判断侵权人的行为与损害后果是否具有因果关系也没有明确的法律规定和司法解释。但目前判断侵权人的行为与损害后果的因果关系的主流学说是相当因果关系说。运用该理论识别因果关系，一般分为两个步骤。首先要判断某一行为是否为损害发生的条件，即两者之间是否存在事实上的因果关系。在事实因果关系确定之后，再进一步判断该条件是否具有“相当性”。此处的“相当性”应理解为民事诉讼证据的“高度盖然性”标准。在实务中，

---

① 参见辽宁省营口市中级人民法院（2021）辽08民终2269号民事判决书，除单独说明外，本书所引案例均来自中国裁判文书网，以下不再标注。

② 参见最高人民法院（2020）最高法民申18号民事裁定书。

可以根据该学说进行因果关系的认定。即损害后果是由侵权行为引发的，且该条件达到“高度盖然性”标准，可认定存在因果关系。因环境污染侵权实行举证责任倒置，因果关系证明由侵权人承担。侵权人需证明其行为不是产生损害后果的条件且其行为不产生损害后果以达到“高度盖然性”标准，则不认定为侵权。具体到本案中，某农场已提供证据证实畜牧公司的污水渗漏事件致使其鱼类死亡的可能，但畜牧公司并未能提供证据证实该可能不是其污水渗漏所致。故，畜牧公司应当承担举证不能的法律后果，承担侵权责任。

编写人：广西壮族自治区扶绥县人民法院　吴鸿亮　陈启风

40

环境污染行为及损害结果的合理认定

——蒙某诉建设公司、砂石公司环境污染责任案

【案件基本信息】

1. 裁判书字号

广西壮族自治区扶绥县人民法院（2021）桂1421民初315号民事判决书

2. 案由：环境污染责任纠纷

3. 当事人

原告：蒙某

被告：建设公司、砂石公司

【基本案情】

2015年，蒙某在某村某岭（地名）种植砂糖橘，面积约40亩，本案纠纷发生时属于盛果期，每年3月下旬开花，10月下旬至11月上旬可采收成果。2020年6月，因某项目建设需要征收蒙某部分果地，征收的果地面积为

20.6852亩，尚余约20亩果地未征收，在征收之前对征收果地上种植的砂糖橘价值进行评估，评估结果为：蒙某砂糖橘种植密度为80株/亩，地上附着物补偿款248222元，评估报告公示后蒙某无异议，已领取补偿款。

2019年11月底，建设公司涉案某项目开始施工，计划于2021年7月结束。某山东面属某项目施工范围，主要对某山进行开挖降坡施工，施工方式为爆破、开挖平整。建设公司就地设有碎石场开采某山石头，用于建设某项目。2020年9月17日，县自然资源局批准砂石公司对某山进行恢复治理和土地复垦，2021年2月底砂石公司开始施工。

蒙某果园位于某项目互通匝道北面、某山北面约100米处；建设公司碎石场位于蒙某果园西南面；砂石公司采石场位于某山现场南面。案外人C采石场位于蒙某果园东北面约400米处，本案审理时处于停工状态。

自2019年12月30日起，蒙某多次向县生态环境局、县农业农村局投诉反映其果园受到白色粉状物污染要求处理。上述两局调查后作出报告为：蒙某果树叶子及其他植被均不同程度附着有白色粉尘，并非病虫害或蒙某喷洒石灰粉引起，白色粉状物黏附影响了果园的果实品质及未来的果树生长。

经现场勘验：（1）蒙某果地总面积17亩，果树龄6年，果树均不同程度覆盖白色砂石粉末，2019年至2020年度果季产量10万斤；（2）因果实覆盖白色砂石粉末，蒙某洗果人工费0.3元/斤。果实产量综合征地时评估结果中关于蒙某的砂糖橘种植密度的认定、县统计局作出当年橘类产量统计数据，各方均予认可。

【案件焦点】

1. 蒙某的果树受到污染与建设公司、砂石公司施工是否存在因果关系；2. 若因果关系成立，蒙某因此产生的损失各方应当如何承担赔偿责任；3. 蒙某所主张的损失数额是否有事实和法律依据。

【法院裁判要旨】

广西壮族自治区扶绥县人民法院经审理认为：本案是环境污染责任纠纷，

适用举证责任倒置原则，建设公司未能举证证实其施工行为与蒙某果园受污染之间不存在因果关系或者减轻责任的情形，应当承担举证不能的后果。案涉果园经扶绥县农业农村局、生态环境局实地调查后，查明蒙某果园内的杂草、果园周边的树林灌木杂草均有叶子附着有白色粉状物的现象，白色粉状物在整个果园均有分布。结合法院现场勘验，可以认定建设公司施工过程中引起的砂石粉尘造成蒙某果园果树、果实受到污染，蒙某果园受污染与建设公司施工之间存在因果关系。建设公司以施工已经经过环境影响评估，且开工建设获得自治区生态环境厅的批复为由主张不承担责任，不予支持。砂石公司提交的 2020 年 9 月 17 日县自然资源局作出的《关于同意开展某村某山石灰岩矿山地质环境恢复治理与土地复垦的函》同意砂石公司对某山矿山进行恢复治理和土地复垦。砂石公司主张蒙某果园受污染的时期不在该公司施工期间，同时认为砂石公司日常使用的车辆进出扬起的粉尘属于正常现象，不构成污染行为，故砂石公司与蒙某果园受损之间不存在因果关系。蒙某果园受损应当由建设公司承担全部赔偿责任。各方当事人均认可砂石公司某山矿山自 2016 年 7 月至 2021 年 2 月处于停工状态，2021 年 2 月底才开始恢复治理和土地复垦。故，蒙某主张其果树受到污染与砂石公司存在因果关系，要求砂石公司承担赔偿责任，没有事实和法律依据，不予支持。

关于蒙某主张其果树受到污染所产生的经济损失应如何认定的问题。蒙某主张 2019 年度至 2020 年度（一年）果季果实污染后掉价 0.4 元/斤。但建设公司的某项目于 2019 年 11 月才开始施工，此时蒙某种植的砂糖橘已经可以上市，不存在果园受污染导致减产的损坏后果。建设公司施工扬起的砂石粉尘覆盖蒙某的果园，蒙某通过洗果后可以以正常的市场价格出售，不存在掉价。应认定 2019 年度至 2020 年度因建设公司施工导致蒙某果园经济损失为 3 万元，即 2019 年度至 2020 年度果季产量为 10 万斤，洗果费损失为 3 万元。案涉果园经县农业农村局现场调查，2020 年度至 2021 年度果季蒙某果园挂果约 8 万斤，蒙某仅主张 7 万斤，故应认定洗果费损失为 21000 元。对于掉价损失，蒙某未能提供证明。蒙某向法院提出评估申请时，评估对象已不存在，无法进行评估，蒙某亦未能提供相应证据证明其主张，应承担举证不能的不利后果。故对蒙某主张的掉价损失不予支持。对于蒙某主张其果树受污染后减产1000元/每亩，共计18000元，蒙某无证据证实减产损失实际发生，不予支持。

广西壮族自治区扶绥县人民法院依照《中华人民共和国民法典》第一条第一款、第二款、第一千二百二十九条、第一千二百三十条，《最高人民法院关于审理环境侵权责任纠纷案件适用法律若干问题的解释》第十条，《中华人民共和国民事诉讼法》第六十四条第一款，《最高人民法院关于适用〈中华人民共和国民事诉讼法〉的解释》第九十条规定，判决：

一、建设公司于本判决发生法律效力之日起十日内赔偿蒙某经济损失51000元；

二、驳回蒙某的其他诉讼请求。

宣判后，各方当事人均未提起上诉，判决已经生效。

【法官后语】

涉环境污染诉讼中，被侵权人证明负担较重，常常因举证不能而最终败诉。本案是因高速公路修建引发的环境污染纠纷，涉及《中华人民共和国民法典》第一千二百三十条的适用，该条款规定环境污染纠纷适用无过错责任原则和举证责任倒置原则，在侵权人的行为与损害结果之间有因果关系的情形下，不论侵权人是否有过错，都应当对其污染行为造成的损害结果承担侵权责任。结合本案，就环境污染纠纷中“关联性”“因果关系”和赔偿责任的认定问题进行以下分析。

即法院如何合理认定环境污染责任者和环境损害结果。就本案而言，首先要判断建设公司的污染行为和蒙某果园受污染之间是否具有因果关系。本案是环境污染责任纠纷，适用无过错责任原则和举证责任倒置原则，在侵权人的行为与损害结果之间有因果关系的情形下，不论侵权人是否有过错，都应当对其污染行为造成的损害结果承担侵权责任。建设公司未能提供证据证实其施工行为与蒙某损害之间无因果关系，也未能证实存在法律规定的不承担责任或者减轻责任的情形，应当承担举证不能的不利后果。建设公司不能以施工已经经过环境影响评估，并获得自治区生态环境厅的批复方可开工建设为由主张其不承担责任。在明确建设公司承担责任基础上，还要处理以下两个问题：

一、环境污染的证明标准

一是被侵权人关于致害行为的初步证明责任。环境污染具有间接性、复杂性、潜伏性、信息不对称性等特点，不易查明和认定，为充分维护被侵权人的合法权益，环境侵权适用举证责任倒置原则，由侵权人就法律规定的不承担责任或者减轻责任的情形及其行为与损害结果之间不存在因果关系承担举证责任。但举证责任倒置并不意味着被侵权人不承担举证责任。换言之，被侵权人举证的证明标准较低，达到侵权人在具体案件中具有“关联性”即可。

二是侵权人对其行为与损害结果无因果关系承担全部证明责任。被侵权人完成初步证明责任后，若侵权人不能证明或者不足以证明其环境侵权行为与被侵权人所受损害之间不存在关联性的，则应推定侵权行为与损害结果具有因果关系。相较于被侵权人的举证责任，侵权人对于因果关系不成立的证明标准更高，需要具备足以阻却因果关系成立的高度盖然性。

二、环境污染侵权主体的确定

实践中，根据被侵权人的初步证据，常见数名“侵权人”无意思联络地实施污染环境、破坏生态行为。经法院审理后，查明存在部分“侵权人”的污染行为尚未构成污染环境的原因力，不属于侵权主体的情况。在审理疑似数人侵权污染环境的案件中，认定环境污染侵权主体时，可从空间和时间两个因素锁定侵权主体。一是从空间距离判断，侵权人排放的可造成损害的污染物是否到达该损害发生地。二是从时间交集判断，该损害结果是否产生于排放污染物、破坏生态行为实施之后。在侵权行为满足空间、时间因素的情况下，可以将行为人认定为环境污染侵权主体。侵权人不能以其排放物符合国家或者地方污染物排放标准为由主张不承担侵权责任。

三、环境污染损害赔偿数额的认定

环境污染被侵权人就损害事实存在、损害后果及程度大小需承担举证责任。

环境污染损害赔偿数额需符合客观实际损失、具有合理性。《中华人民共和国民法典》第一千一百八十四条规定："侵害他人财产的，财产损失按照损失发生时的市场价格或者其他合理方式计算。"环境污染侵权案件实行举证责任倒置，其目的是保护被侵权人的合法权益。污染行为导致损害的事实认定后，损害赔偿数额的计算也应兼顾保护被侵权人和侵权人的合法权益，弥补因污染导致的被侵权人损失和可能增加的生产生活成本为宜，不能因保护被侵权人的权益而损害侵权人的合法权益。污染损害赔偿数额大致包括以下几项：(1) 由于侵权人的污染行为造成被侵权人的直接经济损失或者间接经济损失；(2) 被侵权人为恢复生产或者减少污染损害所支付的费用；(3) 被侵权人为消除污染危害所实际需要的费用。

具体到本案中，首先，蒙某主张其果园受污染与砂石公司有关联性，但砂石公司自2016年7月至2021年2月处于停工状态，不满足上述空间、时间因素，故砂石公司与蒙某果园受损结果之间不存在因果关系，不应认定砂石公司为环境污染侵权主体。其次，建设公司未能提供证据证实其施工产生的粉尘与蒙某果园致损之间无关联性，也未能证实存在法律规定的不承担责任或者减轻责任的情形，故建设公司与蒙某果园受损之间存在因果关系，应认定建设公司系环境污染侵权主体。最后，蒙某种植的砂糖橘具有每年3月下旬开花，10月下旬至11月上旬可采收成果的产果规律，建设公司的涉案项目于2019年11月开始施工时，蒙某种植的砂糖橘已经成熟并可以上市，经相关部门鉴定，建设公司施工扬起的砂石粉尘覆盖蒙某的果园，不会影响2019年度至2020年度果季果树的产量，蒙某主张的2020年度至2021年度果季果实减产亦无证据证实，两个果季的果实通过洗果后可按正常价格出售。蒙某主张该时段的果实掉价、减产损失不应得到支持。故，本案判决由建设公司赔偿蒙某洗果损失51000元，于法有据。

综上，审理环境污染案件时应准确适用相关法律，兼顾生态环境保护与经济健康发展相平衡，持续推动美丽中国建设。

编写人：广西壮族自治区扶绥县人民法院　郑瑜洁　韦慧媛

41

环境侵权责任纠纷中举证责任的分配与认定

——夏某诉付某、机械公司环境污染责任案

【案件基本信息】

1. 裁判书字号

山东省济南市中级人民法院（2021）鲁01民终9867号民事判决书

2. 案由：环境污染责任纠纷

3. 当事人

原告（上诉人、被上诉人）：夏某

被告（上诉人、被上诉人）：付某、机械公司

第三人：矿产公司

【基本案情】

2020年10月30日7时，机械公司工作人员程某、赵甲在某彩板厂西南角处实施煤气管廊管道拆除作业时发生冒烟事故。管道另一端口位于贸易公司南侧，之间隔着一条马路和一片空地。派出所在其接处警登记表中载明简要出警结果：白色浓雾为某厂区遗留的废弃管道内发出，气味刺鼻，经相关部门和人员联合调查，疑似管道拆除切割引燃管道内残渣，未查出气体成分，气体已完全消散，无人员伤亡。事故发生后，市生态环境局委托检测公司对涉案土壤进行检测，检测结果为未检出苯、甲苯、对/间二甲苯、邻二甲苯、氰化物、苯并芘。2020年11月27日，机械公司应市应急管理局、区应急管理局要求组成调查组对事故进行调查，调查结果认为事故直接原因为机械公司现场工作人员在切割拆除管道时，未对需拆除管道内残存煤焦油残渣可燃物进行处置清理，切割时产

生的高温金属熔渣掉进管道内，引燃了管道内煤焦油残渣，造成管道内煤焦油残渣起火冒烟；事故管道于2017年7月初停用至今，停用时已对该煤气管道进行了管线蒸汽吹扫并将管道两端断开，两端未封堵，便于通风；事故管道由矿产公司以资产转让的方式委托机械公司全权处置，处置费用顶替劳务费。此起事故是拆除作业人员风险辨识不够引发的冒烟事故，无人员伤亡，轻微财产损失。

付某、机械公司认可双方系合作关系，共同自矿产公司承揽上述项目，因发生事故，至今尚未继续项目施工。

夏某称2020年10月29日晚上在贸易公司厂区睡觉，发现呼吸受困，次日凌晨感觉喉咙干燥，推开窗发现厂区内全是白色烟雾。为此提供派出所的接处警警情说明、自行拍摄的视频和图片（显示为白色烟雾），并要求进行现场模拟实验；提供医院住院病案、检查报告等拟证明其因此次毒气泄漏，身体受到损害，要求矿产公司在本案中承担连带责任。付某、机械公司称施工时因高温引燃管道残渣，为防止火势扩大遂喷水降温，导致施工现场出现白色雾气，而该白色白雾实际为水蒸气。夏某所举证据均无法证明夏某受伤害是付某、机械公司的行为造成的。

【案件焦点】

1. 因施工人员不当施工造成的冒烟事故是否造成环境污染，是否构成环境侵权，夏某要求对现存管道进行模拟实验是否应予准许；2. 夏某是否患有一氧化碳中毒；3. 若夏某患有一氧化碳中毒，是否与上述冒烟事故有关。

【法院裁判要旨】

山东省济南市历城区人民法院经审理认为：大气污染责任纠纷是指因工业活动或是其他人为的原因，引起某些物质进入大气中，呈现出足够的浓度，达到足够的时间，造成大气质量下降，引起污染，使他人人身财产遭受损害，或者公共财产遭受损害，或者有造成损害的危险时，责任人依法应当承担侵权责任所引发的纠纷。是否构成环境污染或者大气污染，应由政府职能部门认定。《中华人民共和国环境保护法》第十条第二款规定：“县级以上人民政府有关部门和军队环境保护部门，依照有关法律的规定对资源保护和污染防治等环境保护工作实施监督管理。”本案中，市生态环境局委托专业机构对事发地的土壤进行检测，未检出苯、甲苯、对/间二甲苯、邻二甲苯、氰化物、苯并芘等有害物质。10.30事故调查报告中已对涉案管道的使用状况进行了详细陈述，涉案管线内已经不存有煤气。派出所的警情说明也载明“未查出气体成分，气体已完全消散，无人员伤亡”。现有证据证实事发当日，虽存在不当作业行为，但并未引发大气污染。且事故发生时，按在场施工人员赵乙陈述其与其他在场施工人员并未受到气体影响。至于夏某要求的模拟实验，因已有相关职能部门核实材料，不予准许。

付某的施工行为是在2020年10月30日，而夏某的相关住院时间分别为2020年11月5日、6日，从住院时间来看，夏某所述的住院治疗与付某的行为无关，而且夏某住院是治疗自身的疾病，特别是甲医院的记录显示，夏某并没有配合医院完成相关检查，且该检查是为了进一步确诊夏某是否存在其所述的吸入有毒气体造成的伤害，如果夏某接受检查的话也自然会明确其当时是否存在其所述的“受伤害”情形，但夏某却拒不配合检查，而是到乙医院进行住院治疗，但该院也没有确诊夏某所述的“病情”或“伤情”与付某的施工行为有关。同时甲医院的病历也证实夏某所主张的肺部结节病情在2019年就已存在，与付某的施工没有任何关系。夏某认为其脑部也受到影响，但通过其提交的甲医院动态心电图申请单，能说明夏某即使存在脑部病情，也是其陈年旧病，与付某的施工行为无关。夏某所在公司厂区离本案冒烟事故管道口尚有一段距离，地势空旷，根据一般常识，一氧化碳中毒多发在密闭室内或空间内，空气流通状态下难以发生一氧化碳中毒。且按照夏某陈述在夜晚睡觉时，窗户是关闭状态，更降低了其一氧化碳中毒的可能。经法院到市急救中心进行调查，事发当日其中心并未接到相关报警记录。加之根据夏某提供的住院病案等相关住院材料及法院所做询问笔录，无法证明其主张一氧化碳中毒之事实，对此不予采信。

因污染环境、破坏生态发生纠纷，行为人应当就法律规定的不承担责任或者减轻责任的情形及其行为与损害之间不存在因果关系承担举证责任。现夏某并未举证证明事发当日造成环境污染、其当日因吸入有害气体造成一氧化碳中毒，故付某、机械公司、矿产公司无须就其行为与损害后果不存在因果关系承担举证责任。

山东省济南市历城区人民法院依照《中华人民共和国环境保护法》第十条第二款，《中华人民共和国民事诉讼法》第六十四条第一款，《最高人民法院关于适用〈中华人民共和国民事诉讼法〉的解释》第九十条第二款，《最高人民法院关于民事诉讼证据的若干规定》第一条规定，判决：

驳回夏某的诉讼请求。

夏某、付某、机械公司不服一审判决，提起上诉。

山东省济南市中级人民法院经审理同意一审法院裁判意见，依照《中华人民共和国民事诉讼法》第一百七十条第一款第一项规定，判决：

驳回上诉，维持原判。

【法官后语】

环境侵权责任是指因工业活动或者其他人为原因，导致自然环境遭受污染或者破坏，从而造成他人人身、财产权益或者公共环境、其他公共财产遭受损害，或者有造成损害的危险时，侵权人所应当承担的侵权损害赔偿责任。环境侵权责任认定中，举证责任分配是一个重要问题。

《中华人民共和国民法典》第一千二百二十九条规定："因污染环境、破坏生态造成他人损害的，侵权人应当承担侵权责任。"第一千二百三十条规定："因污染环境、破坏生态引发纠纷，行为人应当就法律规定的不承担责任或者减轻责任的情形及其行为与损害之间不存在因果关系承担举证责任。"可见，环境侵权属于特殊侵权，适用无过错责任原则，即不考虑侵权行为人的主观过错，只要其污染环境造成损害就应当承担侵权损害赔偿责任。同时，环境污染侵权责任的认定实行举证责任倒置原则，即污染者主张免责的，应当就法律规定的不承担责任或者减轻责任的情形及其行为与损害结果之间不存在因果关系承担举证责任。但是，举证责任倒置并不意味着被侵权人不承担任何举证责任。

《中华人民共和国民法典》第一千二百三十条实际上包含两个方面内容：

一是被侵权人就环境侵权行为与损害后果之间存在关联性承担举证责任；二是侵权人需就侵权行为与损害后果之间不存在因果关系承担举证责任。二者属于两个阶段，之间存在递进关系。第一个阶段，应由被侵权人就环境侵权行为与损害后果之间是否存在因果关联性先行承担举证责任，在其完成举证责任之后，方可递进至第二个阶段，即侵权人就法律规定的不承担责任或者减轻责任的情形及其行为与损害之间不存在因果关系承担举证责任。据此，认定是否构成环境污染侵权责任应当严格按照上述原则分配诉辩双方的举证责任。通过第一个阶段被侵权人的举证环节，经综合分析案件事实发生的经过、相关部门出具的认定、损害后果等，可初步查明存在环境污染事实的，才能进入第二个阶段侵权人的举证环节。

本案中，夏某主张付某、机械公司应承担环境污染责任，但不能因适用无过错责任而将举证责任直接分配给机械公司，夏某仍需就其主张的关系是否成立承担举证责任，即存在环境污染事实，其所受损害与环境污染有关联，在其完成此举证内容后，才可要求付某、机械公司即侵权人就其免责主张承担举证责任。首先，对于付某、机械公司的行为是否造成环境污染，已有相关职能部门出具不存在污染事实的认定，夏某并未提供证据能够推翻该结论；其次，夏某所举证据不能证明其自身因付某、机械公司的涉案行为受到侵害。即夏某并未完成第一个阶段的举证责任，应当由其承担举证不能的不利后果，无法直接适用举证责任倒置要求侵权人证明自己不承担责任，故对于夏某的诉讼请求不应予以支持。

关于夏某提出进行现场模拟实验的问题。一般而言，模拟实验在民事诉讼中的运用前提应当限定为，鉴定意见、勘查笔录出具过程中无法单凭观察直接得出结论，且当事人穷尽举证能力后仍无法查明事实，而相关事实对依法裁判至关重要时方才启动。具体到本案中，涉案的煤气管道已经停用多年且端口并未封闭，模拟实验所具备的同质性条件难以同时兼备，纵使开展模拟实验，也不能确保模拟实验结论取得的合法性和准确性，且是否构成环境污染已有政府相关部门鉴定意见，再行模拟实验显属浪费司法资源。故，对于夏某的此项申请未予准许，综合全案证据，认为夏某举证尚未达到能够证明存在环境侵权之程度，应承担举证不能之后果。

编写人：山东省济南市历城区人民法院　张汉霖

42

环境污染案件中应急处置费用请求权诉讼时效起算点的认定

——市生态环境局诉生物公司、医药公司环境污染责任案

【案件基本信息】

1. 裁判书字号

山东省滨州市中级人民法院（2022）鲁16民终346号民事判决书

2. 案由：环境污染责任纠纷

3. 当事人

原告（被上诉人）：市生态环境局

被告（上诉人）：生物公司

被告（被上诉人）：医药公司

【基本案情】

2009年12月18日到2012年4月12日、2012年4月16日到2013年12月25日，生物公司与医药公司以签订《技术生产合作协议》和《补充协议》的方式两次开展合作，后协议解除。2013年，生物公司与医药公司合作期间，由生物公司总经理负责组织将生产中产生的化工废料填埋至厂区南首西侧。2018年11月15日，县环境保护局（2020年6月16日后更名为市生态环境局）在接受举报后调查中，在生物公司东南角空地内挖出疑似化工废料。后，县环境保护局委托鉴定机构采样分析，认定废料属于危险废物，确认土壤环境受到重

金属、有机物污染损害，污染源与土壤损害之间存在因果关系，县环境保护局为此于2018年12月27日支付鉴定检测费7.6万元；为委托处置危险废物，县环境保护局于2019年11月15日、12月12日共计支付处置费32.5万元。现市生态环境局以生物公司和医药公司构成环境污染侵权责任为由诉至法院。

【案件焦点】

如何认定环境污染侵权案件中请求应急处置费用诉讼时效起算起点。

【法院裁判要旨】

山东省无棣县人民法院经审理认为：《最高人民法院关于审理环境侵权责任纠纷案件适用法律若干问题的解释》第十五条规定："被侵权人起诉请求侵权人赔偿因污染环境、破坏生态造成的财产损失、人身损害以及为防止损害发生和扩大、清除污染、修复生态环境而采取必要措施所支出的合理费用的，人民法院应予支持。"生物公司与医药公司合作经营期间，生产过程中所产生的化工废料属于危险废物，应当向当地环境保护部门进行申报，并自行支付处置费用委托有资质的单位处置，但其未办理法定手续，擅自处理上述危险废物并擅自填埋于公司院内，给周围环境造成严重污染，县环境保护局为了履行环境保护的工作职责，支出费用处置了污染物，根据环境污染防治"谁产生，谁负责"的原则，该费用最终应由生产者即生物公司与医药公司共同负担。生物公司提出该案已经过了三年诉讼时效的答辩意见，法院认为，诉讼时效期间应自权利人知道或应当知道权利受到损害以及义务人之日起计算，市生态环境局诉求支付应急处置费用和鉴定费，在其支出该费用之后，其权利才受到侵害，故本案诉讼时效应自市生态环境局知道上述费用支出后即2018年12月开始计算，并未过诉讼时效。

山东省无棣县人民法院依照《最高人民法院关于审理环境侵权责任纠纷案件适用法律若干问题的解释》第一条、第二条、第十五条规定，判决：

生物公司、医药公司于判决生效后十日内连带赔偿原告市生态环境局应急处置费用和鉴定评估费用共计40.1万元。

生物公司不服一审判决，提起上诉。

山东省滨州市中级人民法院经审理认为：县环境保护局作为环境保护主管部门，依法对生物公司、医药公司的环境污染行为进行鉴定检测和应急处置，两行为均属为清除污染、防止损害发生或扩大的必要措施。应急处置费用引发的案件不同于因环境污染损害赔偿引发的主张损害赔偿费用的案件，系对已经发生的费用提起的诉讼，费用发生之后，才能起诉请求赔偿，无费用则无诉权。所以应当自处置费和鉴定费发生之日起计算，即2019年12月12日该两项费用全部完成支付之日起开始计算诉讼时效期间。

山东省滨州市中级人民法院依照《中华人民共和国民事诉讼法》第一百七十七条第一款第一项、第一百八十二条规定，判决：

驳回上诉，维持原判。

【法官后语】

生态环境行政主管部门进行环境治理，遵循事先的风险防范和事后的后果控制原则，在环境污染损害结果已然发生的情况下，要求首位接触主体必须在第一时间采取遏制环境污染的扩散，由此产生应急处置费用。《最高人民法院关于审理生态环境损害赔偿案件的若干规定（试行）》第十九条第一款规定了实际支付应急处置费用的机关，就应急处置费用在生态环境损害赔偿诉讼之外单独提起诉讼的权利。因此，有必要对应急处置费用请求权诉讼时效起算起点进行分析确定，这一过程既要考虑法律设置诉讼时效制度的普遍意义，又要兼顾环境污染案件中应急处置费用请求权的特殊立场。主要考虑以下三个方面：

一、明确应急处置费用的基础法律关系，作为确定费用请求权诉讼时效起算点的前提

应急处置费用偿付的请求权基础是民事第三人代履行。如本案中，生态环境行政执法部门往往不具备清除污染的专业技术，委托有资质的危废污染处置公司进行应急处置是实务操作的常态。这一委托合同，虽然一方为行政执法部门，但性质上仍属于平等主体间的民事合同。同样的，结合民法上第三人代为清偿的原理与环境法上“谁损害，谁担责”的原则，生态环境行政执法部门向

危废污染处置公司支付劳动费用这一行为既是对委托合同义务的履行，也是代替污染最终责任人向危废污染处置公司履行债务的第三人履行。依债法上的权利义务变动规则，生态环境行政执法部门一旦履行金钱给付义务，即取得对污染最终责任人的应急处置费用请求权，同时，生态环境行政执法部门作为应急处置费用的实际履行者，其支付费用之日，就是其知道权利受到损害之日，故应当自其支付费用之日开始起算诉讼时效。

二、明确应急处置费用的过程性特征，以确定费用请求权诉讼时效起算时点

应急处置属于防止环境污染损害发生或扩大的必要措施，起着推动生态环境损害赔偿有序进行的作用。应急处置费用是因采取该措施而产生的费用，在追究生态环境损害赔偿责任中具有过程性。

环境污染案件中，对生态环境公益损害赔偿的责任承担方式是多样的，既包括偿付生态修复费用等财产责任方式，也包括直接修复、替代修复等行为方式。偿付应急处置费用虽然也是污染损害责任人的法律责任，但是在产生期间和损害填补机制上与上述责任承担方式存在不同。以生态修复费用偿付为例，其与环境替代性修复一样，针对的是生态环境自身的损失实现弥补，是对具体环境要素和生态要素所组成的生态系统做出整体性修复，因此生态修复费用请求权产生于损害行为结束后或者损害结果显现之后。呈现出责任追究的“终局性”特征。

应急处置费用服务于消除环境污染、恢复生态的最终目标，但是又以行政机关、环保组织等费用的实际支付人对污染最终责任人提出财产损失赔偿为具体目标，因此环境污染案件中应急处置费用呈现“过程性”特征。应急处置费用请求权不同于因环境污染损害赔偿引发的生态环境损害赔偿请求权，是为填补已经发生的费用提起的诉求，费用发生之后，才能起诉请求赔偿，无费用则无诉权，所以应当自处置费发生之日起计算。

三、明确应急处置费用请求权的整体性和法益上的一致性，确定应急处置费用支付义务分期分批履行情形下诉讼时效的起算点

在环境污染案件中，应急处置费用往往以委托鉴定检测费用、危险废物紧急处置费用等多种形式出现。如本案中，生态环境行政执法部门与具有不同职

能和资质的机构分别签订鉴定检测合同和危废处置合同，且在同一合同的履行中也存在分期支付费用的情形。

关于分期履行合同诉讼时效起算点的确定，最高人民法院已于2004年形成统一的裁判尺度：基于同一合同所约定的债务具有整体性、分别起算会割裂合同的整体性，从保护债权人利益的角度考虑，分期履行合同的诉讼时效应当从最后一笔债务履行期限届满的次日开始起算。应急处置费用的支付属于生态环境行政执法部门作为第三人的代履行行为，理应遵循上述原则，从最后一笔费用发生之日起算诉讼时效。

即使在同一应急处置过程中存在检验检测、危废紧急清理等多种行为，执法部门与不同机构签订了多份合同，鉴于其经济损失是由同一应急处置行为的不同环节所产生，其所保护的法益在整体上仍然具有一致性。且在代履行的法律框架内，债权人（生态环境行政执法部门）与债务人（实际污染人）的法律关系结构也没有发生任何变化，为保护生态环境行政执法部门作为应急处置费用请求权人的权利，仍然应当以最后一笔费用支付之日起算诉讼时效。

编写人：山东省滨州市中级人民法院　刘连义　王迪

43

交通事故造成污染导致的财产损失是否属于保险条款约定的责任免除情形

——郭某诉保险公司等环境污染责任案

【案件基本信息】

1. 裁判书字号

重庆市第一中级人民法院（2021）渝01民终12886号民事判决书

2. 案由：环境污染责任纠纷

3. 当事人

原告（被上诉人）：郭某

被告（上诉人）：保险公司

被告（被上诉人）：物流公司、张某

【基本案情】

郭某在某农业合作社某国道旁修建约1.5亩鱼塘进行养殖，主要养殖鲫鱼、鲤鱼、花鲢、白鲢、草鱼。

2021年4月10日凌晨3时30分，案外人杨某驾驶半挂牵引车、挂车行驶至某国道某农业合作社处发生单车碰撞事故，造成车辆、路产及树木受损。该车自载油类发生泄漏，后沿路边排水沟流入郭某的鱼塘。经某村委会工作人员、社员见证，郭某对案涉鱼塘鱼类进行称重，其中鲫鱼84斤、鲤鱼78斤、花鲢86斤、白鲢156斤、草鱼164斤。

某国道某合作社段旁边有一排水沟，渠水经一荒田流入案涉鱼塘。半挂牵引车、挂车由张某购买后挂靠在物流公司，由张某自主经营，杨某某系张某聘请的驾驶员。半挂牵引车在保险公司投保了交强险（保险期间为2020年11月16日至2021年11月15日、财产损失赔偿限额为2000元），以及机动车第三者责任保险（保险金额为1000000元、保险期间为2020年11月17日至2021年11月16日，该保险单中绝对免赔率一栏为空白）。事故发生后，经保险公司定损，该次事故造成路产、树木损失3500元，并通过交强险赔付2000元、机动车第三者责任险赔付1500元。机动车第三者责任保险条款第二十三条第一项约定，因战争、军事冲突、恐怖活动、暴乱、污染（含放射性污染）、核反应、核辐射导致的人身伤亡、财产损失和费用，保险人不负责赔偿；附加绝对免赔率特约条款约定，绝对免赔率为5%、10%、15%、20%，由投保人和保险人在投保时协商确定，具体以保险单载明为准。

【案件焦点】

因交通事故造成污染导致的财产损失是否属于保险条款约定的责任免除情形。

【法院裁判要旨】

重庆市渝北区人民法院经审理认为：环境系人类赖以生存和持续发展的基本条件，一切单位和个人都有保护环境的责任和义务。本案系机动车在行驶过程中发生单车碰撞事故导致自载油类泄漏而引起的环境污染责任纠纷，涉及不同法律关系的多方当事人，应当根据《中华人民共和国环境保护法》《中华人民共和国民法典》等法律规定综合分析，划分责任。本案的主要争议焦点在于责任承担。

根据《中华人民共和国民法典》第一千二百一十三条规定：机动车发生交通事故造成损害，属于该机动车一方责任的，先由承保机动车强制保险的保险人在强制保险责任限额范围内予以赔偿；不足部分，由承保机动车商业保险的保险人按照保险合同的约定予以赔偿；仍然不足或者没有投保机动车商业保险的，由侵权人赔偿。本案中，张某聘请的司机在提供劳务过程中发生事故导致郭某遭受损失，根据《中华人民共和国民法典》第一千一百九十二条的规定，应由张某承担责任；而案涉车辆挂靠在物流公司，根据《中华人民共和国民法典》第一千二百一十一条的规定，应由物流公司与张某承担连带责任。由于案涉车辆在保险公司投保了交强险与机动车第三者责任险，本次事故发生在保险期限内，在事故后已通过交强险赔付财产损失 2000 元，因此保险公司应在机动车第三者责任险内承担责任。关于保险公司提出郭某的损失系污染导致的财产损失，属于保险条款约定的责任免除情形的抗辩意见，法院认为，该条款约定的责任免除情形系指因污染等原因导致交通事故而造成损失，并非指发生交通事故导致污染而造成损失的情形，故对该意见不予支持。

关于物流公司提出郭某鱼塘与排水沟相连，对损失的发生具有过错，以及发生事故后未采取措施以避免损失扩大的辩称意见，法院认为，案涉鱼塘与排水沟之间间隔了荒田，该排水沟流水不是直接进入郭某鱼塘，该鱼塘也没有使用该水沟排水作为养殖水源，同时本次事故发生在夜间，油污流入鱼塘后会漂浮扩散，郭某难以及时采取有效措施避免损失的扩大，故对该意见不予采纳。

重庆市渝北区人民法院依照《中华人民共和国民法典》第一千二百二十九条、第一千二百一十三条规定，判决：

一、保险公司于本判决生效之日起十日内赔偿郭某渔业损失 6816 元、清理污染物费用 5000 元；

二、驳回郭某的其他诉讼请求。

保险公司不服一审判决，提起上诉。

重庆市第一中级人民法院经审理认为：关于案涉保险合同中污染免责条款能否适用于本案的问题。根据案涉机动车第三者责任保险条款第二十三条第一项约定，因战争、军事冲突、恐怖活动、暴乱、污染（含放射性污染）、核反应、核辐射导致的人身伤亡、财产损失和费用，保险人不负责赔偿。该免责条款约定的包括污染在内的诸项免责情形，适用条件显然系免责事项所描述的诸情形作为外因，导致机动车发生交通事故的，才能适用该免责条款予以免责。而本案系机动车在行驶过程中发生单车碰撞导致机动车车体自载油类泄漏引起的环境污染，其性质属于交通事故导致的污染，该污染造成的损失源于交通事故本身，而非外部环境污染导致发生交通事故进而造成人身、财产的损失。故，一审法院认定保险公司为本案适格赔偿义务人，且案涉保险合同的免责条款不适用本案事实，不能免除保险公司保险责任的认定于法有据。

重庆市第一中级人民法院依照《中华人民共和国民事诉讼法》第一百七十条第一款第一项规定，判决：

驳回上诉，维持原判。

【法官后语】

保险制度有效地弥补了人们在遭受意外损害时的利益损失，有利于社会的利益平衡，极大地增强了人们抗风险的能力。但是，保险制度并非能涵盖所有的损失，具有一定的免责事由，这是由保险制度自身的性质决定的，也是保险免责的事实基础。保险的免责制度符合公平原则，因而在实践中也得到法律的认可。从民事法律的角度而言，交通事故的责任险具有强烈的民事法律关系色彩，体现的是平等民事主体之间的法律关系，双方可以就免责事由进行协商确定并由此产生对双方的约束力。

本案中，机动车投保人与承保机动车强制保险的保险人签订的保险合同已生效并开始履行。该保险合同中约定了相应的免责条款，即其条款第二十三条第一项的约定：因战争、军事冲突、恐怖活动、暴乱、污染（含放射性污染）、核反应、核辐射导致的人身伤亡、财产损失和费用，保险人不负责赔偿。其文意是，如果发生交通事故的原因是上面几种情形，那么保险公司是不负责赔偿的。比如，两国之间发生战争冲突导致车辆损失，这种情况下，被保险人不能要求保险公司进行赔偿；又如，加油站发生严重的燃油泄漏事故导致地面湿滑，机动车行经此路时段抓地不稳导致车辆失控受损，这种情况下，保险公司也是不负责赔偿的，赔偿的主体是燃油泄漏事故的责任人。

从法律逻辑上讲，免责条款中的情形是因，保险公司的免责是果。如作为免责情形，不可抗力导致交通事故造成污染的，不应由保险人负责赔偿，这是符合公平原则的免责条款。但是这个逻辑是不能反过来讲的，也就是说，不能因为交通事故导致出现了免责条款中的情形，如造成污染，而推导出保险公司应当免责的结果。本案系机动车在行驶过程中发生单车碰撞导致机动车车体自载油类泄漏引起的环境污染，其性质属于交通事故导致的污染，该污染造成的损失源于交通事故本身，就像普通的交通事故造成了第三人的损失一样，而非外部环境污染导致发生交通事故进而造成人身、财产的损失。

综上，本案交通事故造成污染导致的财产损失不属于保险条款约定的责任免除情形，保险公司应当对此承担赔偿责任。

编写人：重庆市第一中级人民法院　周宏

44

镇级人民政府作为普通环境污染责任纠纷案原告的合理性

——镇政府诉甲保险公司等环境污染责任案

【案件基本信息】

1. 裁判书字号

广东省梅州市中级人民法院（2022）粤14民终44号民事判决书

2. 案由：环境污染责任纠纷

3. 当事人

原告（被上诉人）：镇政府

被告（上诉人）：甲保险公司、林某、某货运店

被告：物流公司、杨某、运输公司、乙保险公司、丙保险公司

【基本案情】

2021年2月3日，林某驾驶重型半挂牵引车牵引重型专项作业挂车在高速公路上行驶，与杨某驾驶的因车辆故障停靠在应急车道的重型半挂牵引车牵引重型罐式半挂车发生追尾碰撞，导致双方车辆损坏，重型罐式半挂车运载的33.22吨液态磷脂油全部泄漏至某村。经《道路交通事故认定书》，认定林某负主要责任，杨某负次要责任。上述事故造成装有33.22吨液态磷脂油罐体车持续泄漏，引发环境污染事故。事故发生后，镇政府会同环境保护职能部门共同开展应急处置工作。先后委托新能源公司进行应急处置、科技公司制订《清理工程方案》、服务公司进行现场清理、修复工作；与此同时，还对当地村民进行宣传，对受损群众进行安抚、统计、赔款等。镇政府为此垫付了相关费用，具体如下：（1）新能源公司应急清理费118446.1元；（2）科技公司制订《清

理工程方案》费用20000元；（3）服务公司清理费、护坡覆盖及水沟粉刷费158109.64元；（4）某村村民损失111904元；（5）某律师事务所律师费30000元。以上合计438459.74元。

林某驾驶的重型半挂牵引车的所有人是某货运店，林某是该货运店的司机。该车在甲保险公司处投保交强险、第三者责任保险100万元；重型专项作业挂车的登记所有人是物流公司，实际所有人是某货运店。杨某驾驶的重型半挂牵引车的所有人是运输公司，在乙保险公司处投保危险货物道路运输承运人责任保险100万元（约定每次事故限额10万元）、在丙保险公司处投保交强险及第三者责任险100万元，驾驶人杨某是运输公司的员工。重型罐式半挂车的所有人也是运输公司，在丙保险公司投保第三者责任险5万元。

【案件焦点】

1. 镇政府是否具有诉讼主体资格；2. 如何认定镇政府垫付费用金额；3. 本案的责任承担。

【法院裁判要旨】

广东省梅州市梅县区人民法院经审理认为：关于主体资格。参照《最高人民法院关于审理生态环境损害赔偿案件的若干规定（试行）》第十九条规定，本案中被污染道路及相关设施位于镇政府管理的辖区内，镇政府担负本次事故应急处置的主体责任，并垫付了相关费用，有权请求造成环境污染的相关责任人赔偿实际支出的相关费用，因此镇政府具有本案主体资格。

关于垫付费用。镇政府请求的处置费用为经市生态环境局评定后所实际支付的费用，以上费用有相应的合同、发票及付款凭证佐证，对损失费用予以确认；关于律师费的请求，符合《最高人民法院关于审理生态环境损害赔偿案件的若干规定（试行）》第十四条的规定，亦应支持。综上，镇政府因此次环境污染事故垫付的费用合计438459.74元。

关于责任承担。本案意外事故是因运输公司的林某追尾碰撞由某货运店的杨某控制的车辆，导致33.22吨液态磷脂油全部泄漏而引发的环境污染事故。

由林某负事故的主要责任，杨某负事故的次要责任。上述两人所负的责任分别由运输公司、某货运店承担。因甲保险公司未对“污染（含放射性污染）”的免责条款作提示说明，故甲保险公司应对所承保车辆所造成的损失在第三者责任险限额范围内承担赔付责任。而丙保险公司所作的提示说明，有投保人的手写确认，因此丙保险公司在第三者责任险污染免赔抗辩，予以采纳。乙保险公司危险货物道路运输承运人责任保险内承担赔偿责任，余下赔偿金额由运输公司承担。

广东省梅州市梅县区人民法院依照《中华人民共和国民法典》第四百九十六条、第一千一百六十五条、第一千一百七十二条、第一千一百九十一条、第一千二百一十三条、第一千二百二十九条、第一千二百三十三条，《中华人民共和国保险法》第十七条，《最高人民法院关于审理环境侵权责任纠纷案件适用法律若干问题的解释》第一条、第五条、第六条、第十五条，《中华人民共和国民事诉讼法》第六十四条、第一百四十四条规定，判决：

一、甲保险公司赔偿 306921.82 元给镇政府；

二、乙保险公司赔偿 100000 元给镇政府；

三、运输公司赔偿 31537.92 元给镇政府；

四、驳回镇政府的其他诉讼请求。

甲保险公司、林某、某货运店不服一审判决，提起上诉。

广东省梅州市中级人民经审理同意一审法院裁判意见，依照《中华人民共和国民事诉讼法》第一百七十七条第一款第一项规定，判决：

驳回上诉，维持原判。

【法官后语】

在民事诉讼中，有关环境污染的诉讼共三类，分别为普通的环境侵权诉讼、环境民事公益诉讼、生态环境损害赔偿诉讼，分别保护不同的法益。本案是因第三人的过错引发的污染环境的事故，属于普通环境侵权诉讼，根据《中华人民共和国民法典》第一千二百三十三条的规定，普通环境侵权诉讼的原告为被侵权人，即在本次事故中财产受到损害的个人及村集体。按照《最高人民法关于审理生态环境损害赔偿案件的若干规定（试行）》第一条的规定，人民政府可以作为原告提起的诉讼类型是生态环境损害赔偿诉讼，且级别为省级、市地级人民政府，其中“市地级人民政府”包括设区的市，自治州、盟、地区，不设区的地级市，直辖市的区、县人民政府。从上述规定可推定，本案既不属于生态环境损害纠纷，镇政府也不属于可以提起生态环境损害赔偿诉讼的原告范围，亦不属于在污染事故中受到财产损害的被侵权人。那么，镇政府在本案中作为原告是否适格？笔者认为，镇政府作为普通的环境侵权诉讼的原告，要求相关责任主体承担垫付费用支出，具有合理性，应当肯定其主体资格。

一、镇一级人民政府履行污染处置职责的法律依据

一是按照《中华人民共和国地方各级人民代表大会和地方各级人民政府组织法》第七十六条规定：“乡、民族乡、镇的人民政府行使的职权……（二）执行本行政区域内的经济和社会发展计划、预算，管理本行政区域内的经济、教育、科学、文化、卫生、体育等事业和生态环境保护、财政、民政、社会保障、公安、司法行政、人口与计划生育等行政工作……”镇政府作为区人民政府设立的法定机构，依法对区域的生态环境保护具有相应的职权。二是《中华人民共和国环境保护法》第六条第一款、第二款规定：“一切单位和个人都有保护环境的义务。地方各级人民政府应当对本行政区域的环境质量负责。”环境保护，人人有责，已深入人心，各级政府均应担负起环境保护职责。三是中共中央办公厅、国务院办公厅印发的《关于全面推行河长制的意见》，明确建立省、市、县、乡四级河长体系，各河湖所在市、县、乡均分级分段设立河长，负责组织领导相应河湖的管理和保护工作，包括水资源保护、水域岸线管理、水污染防治、水环境治理等。涉案液态磷脂油泄漏主要流向村中的沟渠、河道，按照河长制的规定，镇一级人民政府亦是防治责任主体。四是《国家突发环境事件应急预案》规定了应对突发事件的五个工作原则：分级负责、属地为主、协调联动、快速反应、科学处置，要求地方人民政府和有关部门立即自动按照职责分工和相关预案开展应急处置工作。被污染的道路、村庄及相关设施位于镇政府管理的辖区内，镇一级人民政府负有组织该区域突发事件应急救援的职责。镇

政府履行污染处置的职责有充分的法律依据，涉案垫付费用支出与其履行职责相关联。

二、镇一级人民政府先行处置具有的优势

第一，环境污染事故涉及应急处置、监测、原因调查等工作，并需要根据实际情况协调有关方面提供队伍、物资、技术、资金等支持，作为侵权人或被侵权人，不论是个人还是村集体，均无法在短期内组织足够的力量进行应急处置。而人民政府在救灾、抢险方面，能够迅速调动各方面的积极性，集中力量办大事。污染事故发生后，镇政府在区人民政府的指导下，担负应急处置的主体责任，联合生态环境、路政部门组织力量立即采取措施，及时构筑应急围坝，废油扩散得到遏制，有效制止了损失的进一步扩大。随后，委托第三方对应急处置方案进行评估，并组织人员进行了将近两个月的清理、净化，彻底消除污染给当地带来的影响。由当地政府组织排污抢险，无论是效率还是效果，都是个体力量难以比拟的。第二，当前民众对政府普遍有着较高的信任，认同政府在灾害面前是为民众的最大利益行动，认可争取采取处置措施的正当性及垫付费用的合理性，在对因污染造成损失的事实认定方面，更容易达成一致意见。本案中，对由镇政府为该次事故垫付的应急清理费、清理工程方案费、修复费、村民损失等费用，各方均无异议。鉴于政府的公信力，减少了普通侵权案件常见的需通过第三方评估确定损失的问题，节省了纠纷解决的时间、费用成本。第三，在持续的善后工作中，由镇政府对财产受损的个人或者集体先行赔付，做好受影响人员与涉事责任主体的矛盾纠纷化解工作，减少双方的直接冲突，维护受影响地区社会稳定。

三、由被侵权人提起诉讼存在的困境

环境污染事件涉及补助、补偿、抚慰、抚恤、安置、环境恢复，保险理赔等事项，在现行法律体制下，未明确乡、镇政府可以作为普通环境侵权诉讼的原告，在诉讼案件中，至少存在如下两个困境：一是被侵权人可能存在举证不力的情形。环境污染事件可能涉及个体利益和集体利益，存在赔偿权利人众多、主体不一的问题。若提起损害赔偿诉讼的主体仅限财产受到损害的个人及集体，则个人及集体应当在诉讼中举证证实存在的财产损失。在严重的污染事故中，鉴于当地政府在突发事件中的处置职责，由组织处置的单位掌握有关清理、修复以及损失认定的事实证据，被侵权人举证不力的弊端显而易见，将请求赔偿的权利交还给被侵权主体，并不一定能实现公平正义。二是关于追回垫付费用的案由不明确且需经过漫长诉讼程序。在否认镇一级政府可以作为普通环境侵权诉讼的原告的情况下，作为先行实际支出应急处置费用的镇政府通过诉讼主张权利，可能涉及的案由有两种：追偿权纠纷、不当得利纠纷。然而，从民事案件案由的规定来看，追偿权纠纷位列合同纠纷大类中，且限于担保责任追偿权纠纷、合伙债务追偿权纠纷两种情况，而环境污染责任纠纷位列侵权责任纠纷大类中，认定追偿权纠纷明显与案由规定不符。类似情形的参考：（1）保险公司依据《机动车交通事故责任强制保险条例》第二十二条第一款的规定，向未取得驾驶证或者醉酒的致害人行使追偿权的情形；（2）医疗保障机构按照《中华人民共和国社会保险法》第三十条第二款的规定，以不当得利为由，向医保报销申请人请求退回已垫付的实际应由侵权人负担的款项的情形。从上述两类情形来看，均存在明确的依据可适用，而本案中无明确的追偿依据，且被追偿对象应当是侵权人还是被侵权人也有待商榷。同时，不论适用何种案由，先行处置的单位追回垫付款的诉讼，均需等待被侵权人提起的诉讼案件的结束，属于《中华人民共和国民事诉讼法》第一百五十三条规定的“本案必须以另一案的审理结果为依据，而另一案尚未审结的”应当中止诉讼的情形。冗长的诉讼程序加上审判结果的不确定性，将加重先行处置的单位在应急救援时的顾虑，无法发挥其在困难当头时，勇于担当的正面效应。

综上，为优化环境司法制度体系，提升生态环境司法保护能力，应当完善司法裁判规则，鉴于镇一级人民政府在环境保护方面发挥的现实作用，应明确其作为普通的环境侵权诉讼的原告主体资格，可以直接提起诉讼。具体可参照《最高人民法院关于审理生态环境损害赔偿案件的若干规定（试行）》的相关要求，在《最高人民法院关于审理生态环境侵权责任纠纷案件适用法律若干问题的解释》中予以完善：一是扩大有权提起诉讼的主体范围，增设“实际支出应急处置费用的机关”有权提起诉讼的规定；二是根据“实际支出应急处置费用的机关”的级别及侵权程度，并根据当前施行的资源环境“三审合一”的审判制度，确定管辖法院；三是统一裁判标准，明确应急处置费用的类型及范围。

编写人：广东省梅州市中级人民法院　曾柳青

45

环境侵权责任纠纷案中被侵权人损害关联性的举证程度认定

——陈甲、陈乙诉某管委会水污染责任案

【案件基本信息】

1. 裁判书字号

广东省珠海市中级人民法院（2021）粤04民终160号民事判决书

2. 案由：水污染责任纠纷

3. 当事人

原告（被上诉人）：陈甲、陈乙

被告（上诉人）：某管委会

第三人：环境集团

【基本案情】

某管委会负责管理的排污管网在2018年6月25日至29日发生窨井盖溢流现象，溢流出的污水直接流入陈甲、陈乙合作承包经营的约120亩苗木农田，造成苗木损失。受污染的苗木出现大面积叶面枯黄、掉叶、树木停止生长、枯死等现象。陈甲、陈乙以某管委会的行为与苗木生长受损之间存在因果关系为由，主张某管委会承担相应的赔偿责任。

2014年8月，区人民政府通过协议委托环境集团对全市污水管网建设工程

实施融资建设，未包含涉案道路污水管网改造。

陈甲陈述，其于2018年6月26日发现农田水渠的水位和水的颜色有异，于是用水泵进行强排未能阻止污水污染农田。6月29日，陈甲发现在水渠附近有一个排污站管口，便找该管口的管理人某管委会，当晚，某管委会派人补上排污水的漏点。同日，陈甲还打了市民投诉热线投诉。

【案件焦点】

水污染责任纠纷中因果关系的认定和举证责任的分配。

【法院裁判要旨】

广东省珠海市斗门区人民法院经审理认为：

一、关于双方当事人主体资格是否适格

陈甲、陈乙合作经营涉案农田，双方按比例分配收益。现其以涉案农田内种植的苗木受损为由要求侵权人赔偿损失，原告的主体资格适格。

某管委会作为涉案泵站和排污网管的管理者，理应保持排污网管的排污畅通。其自认事发原因是因为管道堵塞导致废水发生溢出，流入陈甲、陈乙的苗木农田，系其未尽到管理义务导致污水溢流，陈甲、陈乙因此主张某管委会侵权，被告的主体资格适格。虽然某管委会辩称，管道堵塞的原因是环境集团施工产生的建筑材料和碎石所致，但根据区发展和改革局的复函，环境集团的污水管网建设项目中不含涉案道路污水管网改造。某管委会并未提交证据证明事发时环境集团正在涉案道路施工，且造成涉案排污网管的堵塞，故对于某管委会的辩称，不予采信。

二、关于某管委会应否对涉案农田内的树木死亡、减产的损失承担赔偿责任

根据《最高人民法院关于审理环境侵权责任纠纷案件适用法律若干问题的解释》第六条的规定，环境污染侵权责任案件举证责任分配具有特殊性，受害者需要举证证明污染者排放污染物、被侵权人受到实际损害以及就污染行为与损害结果之间存在关联性提供初步证明材料。本案中，陈甲、陈乙提交的投诉

回复短信、某管委会的回复短信、某村委会出具的证明书等证据，可以证明某管委会管理的污水管网堵塞，导致污水溢流入陈甲、陈乙的农田。而评估公司出具的评估报告，可以证明陈甲、陈乙因农田受污染导致的苗木损失价值。关联性方面，有关联性的意思应理解为“有关系”，其证明标准应该是某损害后果有可能是某污染物导致。某管委会自认，因其管理的污水管网堵塞，导致工业废水直接流入陈甲、陈乙的农田。事发后区环境保护监测站出具的三份监测报告中，有两份监测报告并未对所取水样作出是否排放达标的评价结论，且根据《最高人民法院关于审理环境侵权责任纠纷案件适用法律若干问题的解释》第一条的规定，排污达标并不构成不承担环境侵权责任的有效抗辩。换言之，工业废水即使符合排放标准，也不代表其可以替代农田灌溉用水且不存在污染苗木、对苗木有害的可能性。而陈甲因污水污染其农田的问题，曾多次向相关部门反映，市环境保护局也曾联合区环境保护监测站以某管委会作为被检查（勘察）人进行现场检查（勘察），检查（勘察）笔录中载明了污水由进水井口溢出顺流至涉案农田水渠的事实。评估公司出具的评估报告亦载明“现场勘查受损苗木均有受污染情形”。除前述污水溢流事件外，无证据证明陈甲、陈乙的农田周边有其他的污染源或发生过其他污染事件。故，陈甲、陈乙提交的现有证据，足以形成证据链，证明其农田苗木受损与某管委会管理不善导致的污水溢流之间存在关联性。陈甲、陈乙已经完成在这一方面的基本举证义务。

而某管委会并未举证证明其存在法律规定的不承担责任或者减轻责任的情形及举证证明其行为与损害之间不存在因果关系。故，其管理不善导致的污水溢流，与陈甲、陈乙的农田苗木受损之间存在因果关系，应当对涉案农田内的树木死亡、减产的损失承担赔偿责任。

由于陈甲、陈乙并未举证证明其在事发后积极采取有效措施以避免损失扩大，故应当在其过错范围内适当减轻某管委会的赔偿责任。某管委会有积极采取有效措施以避免损失扩大，故应当在过错范围内适当减轻其赔偿责任。虽然陈甲、陈乙主张，发现污水溢流后使用水泵进行强排，但其并未就此举证证明，退一步讲，即使其确有使用水泵进行强排，但其在明知仅有一台水泵强排，根本无力阻止污水流入农田的情况下，并未采取、更换或叠加使用其他更为有效的措施，无法视为其积极采取有效措施避免损失扩大，故对于陈甲、陈乙的主张，不予采信。且市环境保护局所作的涉案现场检查（勘察）笔录亦载明，污水溢流是“由于近期连日大雨使得该泵站进水量过大”，即天气原因也是导致污水溢流的原因之一，故酌定，对于本次事故造成的损失，应由某管委会承担60%的赔偿责任，由陈甲、陈乙自行承担40%的责任。

根据评估公司出具的评估报告，涉案农田受污染导致的苗木损失价值为1296850元，故某管委会应赔偿陈甲、陈乙778110元。陈甲、陈乙因进行苗木受损评估垫付鉴定费12968.50元，某管委会应根据赔偿责任比例，赔偿陈甲、陈乙7781.10元。以上两项合计785891.10元。

广东省珠海市斗门区人民法院依照《中华人民共和国侵权责任法》第三条、第六条、第十五条、第二十六条、第六十五条、第六十六条，《最高人民法院关于审理环境侵权责任纠纷案件适用法律若干问题的解释》第一条、第六条，《中华人民共和国民事诉讼法》第六十四条，《最高人民法院关于适用〈中华人民共和国民事诉讼法〉的解释》第九十条规定，判决：

某管委会于本判决生效之日起五日内赔偿陈甲、陈乙785891.10元；

某管委会不服一审判决，提起上诉。

广东省珠海市中级人民法院经审理认为：

一、关于苗木受损是否与污水溢流存在关联性

根据《最高人民法院关于审理环境侵权责任纠纷案件适用法律若干问题的解释》第六条的规定，被侵权人应当就污染行为与损害之间存在关联性提交初步证明材料。这种关联性无须达到高度可能性证明标准，应当理解为污染行为与损害之间具有一般可能性即可。本案中，陈甲、陈乙提交的证据相互印证，能够证明污水溢流入涉案农田的水渠中，苗木出现枯死、烂根、生长缓慢现象的可能性较大，法院对该事实予以确认。且根据三份监测报告，污水水样的总铅、总镉监测结果均超过了标准限值，而农业科学研究文献证实，重金属铅、镉会对植物生长造成影响属于自然科学规律。综合考虑以上因素，陈甲、陈乙

提供的证据能够证明污水溢流与苗木受损之间存在关联性。在陈甲、陈乙已经完成苗木受损与污水外溢存在关联性这一初步证明责任后，某管委会应当就法律规定的不承担责任或者减轻责任的情形及其行为与损害之间不存在因果关系承担举证责任。根据《最高人民法院关于审理环境侵权责任纠纷案件适用法律若干问题的解释》第七条的规定，某管委会未提供充分证据证明污水溢流与苗木受损之间不存在因果关系，应当承担举证不能的不利后果。一审法院认定某管委会未尽到管理职责，应当对苗木损失承担赔偿责任，并无不当。

二、关于涉案苗木损失赔偿金额的确定

首先，关于涉案鉴定报告能否作为确定损失的依据。涉案鉴定机构由一审法院依法委托，具有相关鉴定资质；在鉴定过程中，某管委会派员到现场见证；一审庭审中，鉴定人出庭作证，接受当事人询问，对鉴定的过程、损失计算方法等进行说明。一审法院根据鉴定报告确定损失金额，并无不当；其次，关于赔偿责任比例。某管委会主张涉案苗木损失与生长年份、气候、气象、病虫害等因素相关，现场苗木缺乏管理，但并未提供相关证据证明，应当不予采纳。一审法院以陈甲、陈乙未采取有效措施防止损失扩大为由，酌情确定陈甲、陈乙自行承担40%的损失，陈甲、陈乙未提起上诉，视为服判。

广东省珠海市中级人民法院依照《中华人民共和国民事诉讼法》第一百七十条第一款第一项规定，判决：

驳回上诉，维持原判。

某管委会不服二审判决，向广东省高级人民法院申请再审。

广东省高级人民法院再审认为：关于对涉案监测报告的认定问题。根据某管委会提交的《关于区环境保护监测站监测报告的说明》，虽能说明总铅、总镉指标未检出，但由于区环境保护监测站认证检测方法中针对铅和镉所采用的方法为原子吸收分光光度法的直接法，该方法的检出限比相应的地表水环境质量标准、污水排放标准限值高，无法判定监测样品的实际超标或达标情况。另外，根据《最高人民法院关于审理环境侵权责任纠纷案件适用法律若干问题的解释》第一条规定，达标排污并非环境侵权责任的免责事由。因此，污水的排放即使符合排放标准，亦不能否认存在污染苗木、对苗木有害的可能性。

关于损害关联性的认定问题。确认关联性的存在，仅需证明污染行为有导致损害后果的可能性，此种证明无须达到高度盖然性的证明标准。陈甲、陈乙提交的证据可以证明某管委会管理的污水管网堵塞，致使污水溢流入陈甲、陈乙农田的水渠中，而污水中含有重金属铅、镉，有导致农田苗木枯死、烂根、生长缓慢的可能性。因此，陈甲、陈乙已完成基本的举证义务。某管委会未提供充分证据证明污水溢流与苗木受损之间不存在因果关系，应承担举证不能的不利后果。某管委会未尽到管理职责，应当对农田苗木的损失承担赔偿责任。而由于陈甲、陈乙并未举证证明其在事发后已积极采取有效措施以避免损失扩大，故应当在过错范围内适当减轻某管委会的赔偿责任。与此同时，案发时恶劣的天气也导致了污水溢流。一、二审法院以陈甲、陈乙未采取有效措施防止损失扩大为由，酌情确定陈甲、陈乙自行承担 40%的损失，处理并无不当。

综上，某管委会的再审申请不符合《中华人民共和国民事诉讼法》第二百条规定的再审情形。

广东省高级人民法院依照《中华人民共和国民事诉讼法》第二百零四条第一款，《最高人民法院关于适用〈中华人民共和国民事诉讼法〉的解释》第三百九十五条第二款规定，裁定：

驳回某管委会的再审申请。

【法官后语】

举证责任的分配公平与否，直接影响到裁判结果的实体公正。如何在环境侵权案件依法实行举证责任倒置规则的前提下，准确把握被侵权人初步举证程度的达成标准及认定责任成立的因果关系，是本案中值得研究探讨的重点问题。

一、环境侵权损害赔偿案件的特点

1. 侵害行为的间接性、持续性、复合性。环境侵权类案件，侵害行为的间接性表现为，加害人的加害行为大多是通过“环境”这一媒介物对被侵权人造成损害；持续性表现为环境侵权的损害后果会随着污染物的排放持续出现；复合性表现为污染源在进入环境中后，会通过与各种自然现象的融合，使损害过程日趋复杂。

2. 损害结果的潜伏性、滞后性、放大性。损害结果的潜伏性和滞后性，表现为环境污染造成的损害后果，往往不能及时表现及被发现，往往具有一定的潜伏期；损害结果的放大性表现为随着被污染时长的增加，被侵权人的损失程度也会逐渐增大。

3. 诉辩双方能力、信息资源的不对等性。在环境侵权案件中，侵权人往往是资金雄厚、具备环境污染类专业知识及举证能力的强势群体，而被侵权人往往是对环境污染相关专业知识了解程度相对薄弱的弱势群体，对信息资源掌控能力的反差决定了二者举证能力上存在明显差距。

二、环境侵权案件中被侵权人的举证程度界定

环境污染案件实行举证责任倒置规则，对侵权人课以无过错责任，但为了确保形成平衡对抗的合理诉讼格局，被侵权人仍需针对就污染者排放污染物、被侵权人受到实际损害承担初步举证责任。

1. 证明污染者排放污染物。受环境污染成因复杂性和间接性的影响，此类案件中的被侵权人往往无法准确知晓污染行为的前因后果，也就无法举证证明导致污染的真正原因。但污染者实施的侵权行为是客观存在的，被侵权人一般有能力、有条件提供污染者实际实施过污染破坏行为的表象证据。即被侵权人提供的证据能够证明其损害与污染者之间存在关联关系即可，也可以通过举证被污染物周围无其他的污染源或未发生过其他污染事件予以反向佐证。

2. 证明被侵权人受到实际损害。被侵权人主张损害赔偿的前提条件是损害事实的实际发生。囿于环境污染侵权损害结果的潜伏性、滞后性，被侵权人往往无法准确地举证证明损失，但对于已经确定的实际发生的损失可以通过必要的手段予以固定并通过价格评估等方式举证证明。

三、被侵权人举证责任前置

在举证责任顺序方面，应由被侵权人先行完成污染者排放污染物、被侵权人受到实际损害的举证责任，再由侵权人围绕其具备法律上的免责事由，或与损害后果之间不存在因果关系等进行举证。若无法完成，则应当承担举证不能

的不利法律后果。认定侵权行为成立后，再由被侵权人就有无履行防止损失扩大义务进行相应的举证。

在环境侵权案件审理中，厘清因果关系的内涵，了解环境侵权损害赔偿案件的特点，明确被侵权人损害关联性的举证程度认定路径和前置举证义务，契合我国现行法的规范目的，有助于提升因果关系举证责任的解明度，形成平衡对抗的合理诉讼格局，促进裁判过程以及裁判结果正当性的最终实现，对类案裁判具有一定的借鉴指导意义。

编写人：广东省珠海市斗门区人民法院　周莉

46

侵权人实施排污行为造成他人非法养殖的水产死亡的侵权责任及赔偿范围认定

——华某诉牧业公司、某牧场水污染责任案

【案件基本信息】

1. 裁判书字号

江苏省江阴市人民法院（2022）苏 0281 民初 20 号民事判决书

2. 案由：水污染责任纠纷

3. 当事人

原告：华某

被告：牧业公司、某牧场

【基本案情】

2005 年、2006 年，华某与甲村两个村民小组签订承包合同三份，约定华某承包位于中心河的涉案大坝和水塘用于养鱼，承包土地总面积合计 52.8 亩。华

某于2017年5月、2019年3月、2020年4月分别购买鱼苗4368元、2985元、3860元；2018年3月、7月购买饲料19000元，2019年3月、7月、9月购买饲料18900元，2020年4月、6月购买饲料20100元，2021年3月、6月购买饲料24320元。

2021年7月，华某发现其养殖的鱼大量死亡，遂向乙村委会等反映情况。7月23日，区生态环境局执法人员在现场调查时发现某牧场把牛粪堆在其北面空地进行施肥，后期准备翻耕种植，该地块当时堆满了牛粪且已经推平，在该地块北侧沟渠下游发现死鱼集中点位。后村委会组织各方协调但未果，华某起诉至法院，要求清理鱼塘淤泥，将鱼塘的水质恢复至符合《渔业水质标准》（GB11607—1989）；赔偿渔业养殖损失及律师费120880元。

本案审理中，法院组织各方进行现场勘查，确认如下情况：牧业公司、某牧场实际办公场所均在乙村某组，位于某省道南面，在牧业公司、示范牧场北面（某省道北面）有一块空地，是乳业公司向村民小组承包后交由分公司某牧场使用，该地块已荒废，与中心河相邻，位于中心河源头；涉案大坝和水塘相连，位于中心河下游，被中心河贯穿；中心河流经整个乙村，与长江支口相连；华某在涉案大坝闸口用围网拦截，一般情况下鱼不会流到下面的大坝，因暴雨、发大水致水位超过闸口时，鱼才会流下去。

中心河为乡级河道。某牧场在2019年、2020年曾因环境违法行为被罚款，后已整改，2021年未发现有违法行为。

【案件焦点】

1. 本案是否符合环境侵权的构成要件；2. 在案涉中心河养鱼是否合法；3. 华某的诉请有无依据，损失如何认定。

【法院裁判要旨】

江苏省江阴市人民法院经审理认为：虽然某牧场在2019年、2020年均存在环境违法行为被行政处罚，但结合华某养的鱼大量死亡的时间、某牧场被处罚后的整改情况、某牧场堆放牛粪的位置等因素，可以推定华某养的鱼大量死亡与某牧场 2019 年、2020 年的环境违法行为不具有关联性，与某牧场堆放牛粪的行为之间具有关联性。某牧场未能举证证明其堆放牛粪与华某死鱼损害之间不存在因果关系，故本案符合环境侵权的构成要件，某牧场作为侵权人应对被侵权人华某的损失承担侵权责任。牧业公司、某牧场系依法注册成立的不同民事主体，华某主张牧业公司与某牧场系同一公司，应共同承担侵权责任，无事实和法律依据。

华某实际是在中心河下游用围网在大坝闸口拦截的方式养鱼，《中华人民共和国河道管理条例》第二十四条第一款规定："在河道管理范围内，禁止修建围堤、阻水渠道、阻水道路；种植高秆农作物、芦苇、杞柳、荻柴和树木（堤防防护林除外）；设置拦河渔具；弃置矿渣、石渣、煤灰、泥土、垃圾等。"故华某的养鱼行为违反了上述法律规定，属于非法养殖。

华某诉请要求清理鱼塘淤泥，将鱼塘的水质恢复至符合《渔业水质标准》，经查，华某的鱼塘实质是中心河中的大坝，其养鱼的水就是中心河的河水，河水的水质并不适用《渔业水质标准》，华某该项诉求于法无据，不予支持。华某诉请要求赔偿养殖损失及律师费，华某在中心河养鱼属于非法养殖，其实施非法养殖行为的预期收益损失不属于合法民事权益，不予支持；但华某对其购买的鱼苗、饲料具有合法权益，该合法权益不因养殖行为的非法性而丧失，综合考虑华某购买鱼苗、饲料的实际情况、交易习惯及养殖惯例，酌定某牧场应赔偿华某鱼苗、饲料损失共计 28000 元。华某主张的律师费无法律依据，不予支持。

江苏省江阴市人民法院依照《中华人民共和国民法典》第一千二百二十九条、第一千二百三十条，《最高人民法院关于审理环境侵权责任纠纷案件适用法律若干问题的解释》第一条第一款、第六条、第十五条，《中华人民共和国民事诉讼法》第六十七条第一款规定，判决：

一、某牧场于判决发生法律效力之日起十日内赔偿华某损失 28000 元；

二、驳回华某的其他诉讼请求。

宣判后，各方当事人均未提起上诉，判决已经生效。

【法官后语】

一、水污染侵权责任的构成要件及举证责任分配

水污染侵权纠纷是环境污染侵权案件中最为常见的类型。《中华人民共和国水污染防治法》对水污染及水污染物进行了明确定义①，水污染侵权是指行为人因排放水污染物而导致他人人身、财产受损的侵权行为。

水污染侵权责任是特殊侵权责任，在归责原则、构成要件及举证责任分配上与一般侵权责任不同。根据《中华人民共和国民法典》第七编第七章以及《最高人民法院关于生态环境侵权民事诉讼证据的若干规定》第二条、第四条至第六条等规定，因污染环境造成他人损害的，侵权人不论有无过错，都应当承担侵权责任。故水污染侵权责任适用无过错责任原则，其构成要件包括：(1) 侵权人实施了排放水污染物的侵权行为；(2) 被侵权人人身、财产受到损害；(3) 侵权行为与损害后果之间具有关联性。就以上要件，被侵权人应当提供证据证明侵权人实施了污染环境的行为，其人身、财产受到损害或者有遭受损害的危险，侵权人的行为与其受到损害之间具有关联性。侵权人应当就其行为与损害之间不存在因果关系或者存在法律规定的不承担责任或者减轻责任的情形承担举证责任。

本案中，被侵权人华某提供证据证明其向村民小组承包涉案三个大坝用于养鱼，2021 年 7 月养殖的鱼大量死亡的损害事实；侵权人某牧场 2019 年、2020 年存在环境违法行为及 2021 年某牧场或牧业公司占有使用的与大坝上游中心河源头相邻地块堆满牛粪，牛粪掉落在中心河的事实。根据查明的相关事实，结合污染物性质、行为方式、损害特征、时间顺序、空间距离等综合判断，可以认定华某养殖的鱼大量死亡与某牧场 2019 年、2020 年的环境违法行为不具有关联性，与某牧场堆放牛粪的行为之间具有关联性。

水污染侵权纠纷因具有隐蔽性、复杂性、长期性等特征，因果关系认定困

① 水污染是指水体因某种物质的介入，而导致其化学、物理、生物或者放射性等方面特性的改变，从而影响水的有效利用，危害人体健康或者破坏生态环境，造成水质恶化的现象。水污染物是指直接或者间接向水体排放的能导致水体污染的物质。

难，被侵权人往往难以举证，让处于弱势地位的被侵权人承担严格的举证责任必然不切实际，故立法采用了举证责任倒置的因果关系推定方法，被侵权人仅需举证证明损害事实与侵权行为之间具有关联性且只要证明侵权行为可能导致损害发生即可，不需要达到高度盖然性的证明标准。被侵权人已经举证证明存在关联性的情况下，举证责任发生倒置，由侵权人举证证明不存在因果关系。本案中，侵权人无法举证证明其堆放牛粪与鱼死亡之间不存在因果关系，应承担举证不能的不利后果。此外，在环境侵权案件中，不能仅依靠当事人举证来查明事实，法院应当充分发挥主观能动性，对当事人难以举证但需要查明的事实主动进行调查。如本案中，法院通过与生态环境部门主动沟通联系，向相关执法人员进行调查并制作笔录，进一步查明侵权人之前的环境违法行为与本案鱼死亡之间的关系并依法作出认定。

二、非法养殖情形下水污染侵权的赔偿范围认定

根据“谁主张，谁举证”的一般规则，水污染侵权纠纷中，被侵权人应当就其主张的损害赔偿范围及数额承担举证责任。实践中存在“定性不易、定量更难”的问题，即使根据在案证据能够认定侵权事实成立，但被侵权人往往难以举证证明其损失，且现场已改变亦无法通过鉴定的方式确定损失。此种情况下法院既不能因事实不清拒绝裁判，也不能以被侵权人未完成举证责任为由驳回其主张，而应结合已查明的事实和其他证据，对赔偿范围及数额进行合理酌定。

需要注意的是，在确定侵权人排放污染物，造成被侵权人损害，应当承担侵权责任的情形下，仍应对被侵权人主张的权益是否合法进行审查。合法的民事权益受法律保护是民法的基本精神。渔业生产者从事渔业养殖活动，应当符合《中华人民共和国渔业法》的规定；利用河水养殖的还应遵守《中华人民共和国河道管理条例》的规定；利用海水养殖的还需遵守《中华人民共和国海域使用管理法》的规定。《中华人民共和国河道管理条例》第二十四条第一款规定①，

① 《中华人民共和国河道管理条例》第二十四条第一款规定：在河道管理范围内，禁止修建围堤、阻水渠道、阻水道路；种植高秆农作物、芦苇、杞柳、荻柴和树木（堤防防护林除外）；设置拦河渔具；弃置矿渣、石渣、煤灰、泥土、垃圾等。

渔业生产者不得在河道设置拦河渔具。本案中，华某用围网拦截的方式在中心河的大坝中养鱼，属于非法养殖。

上述所谓的“非法”主要是指违反行政性的法律法规，行政管理上的不合法不能全然否定当事人的民事法律权益。渔业生产本身并非法律禁止的危害社会公共利益的行为，非法养殖并不意味着渔业生产者的合法财产不受法律保护，合法的民事权益受法律保护，侵权人就其污染行为仍应承担一定的民事法律责任。渔业生产者在侵害发生前所投入的鱼苗、饲料等生产类成本本身具有合法性，法律应予以保护，但其实施非法养殖行为的人工费、预期收益损失属于非法行为产生的损失，不属于合法民事权益，不属于法律保护范围。故本案中，法院综合考虑渔业生产者的生产成本投入、实际养殖情况及养殖惯例，酌定侵权人承担渔业生产者一年的鱼苗、饲料生产类成本损失。

编写人：江苏省江阴市人民法院　李宇璐

47

噪声污染侵权因果关系及侵权责任范围的认定

——某酒店诉实业公司噪声污染责任案

【案件基本信息】

1. 裁判书字号

江西省南昌市中级人民法院（2022）赣01民终2509号民事判决书

2. 案由：噪声污染责任纠纷

3. 当事人

原告（上诉人）：某酒店

被告（上诉人）：实业公司

【基本案情】

2019年7月11日，林某某（乙方，承租商户）与实业公司（甲方，出租人）签订《租赁合同》一份，约定甲方将其所有的某场馆五楼8007号至8023号及8051号至8071号商场内建筑面积3830.27平方米出租给乙方经营宾馆业务，租赁期限为2019年9月1日至2030年8月31日，每月租金单价为25元/平方米。2019年8月20日，林某某成立某酒店，并担任法定代表人，在上述租赁场地经营。经营期间，某酒店发现实业公司安装使用的大型中央空调外机位于某酒店经营场所的楼顶，在中央空调开机运转时外机产生高分贝噪声，遂以噪声污染影响酒店经营为由提起诉讼。

经司法鉴定意见，在案涉空调两台水泵、三台水泵运行两种工况下，结论为：1. 某酒店520客房的昼间噪声值（等效声级和倍频带声压级）超过《社会生活环境噪声排放标准》（GB22337—2008）中的2类声环境功能区所规定的室内噪声排放限值（等效声级和倍频带声压级）。2. 某酒店513客房的昼间噪声值（等效声级和倍频带声压级）超过《社会生活环境噪声排放标准》中的2类声环境功能区所规定的室内噪声排放限值（等效声级和倍频带声压级）。3. 某酒店543客房的昼间噪声值（等效声级和倍频带声压级）未超过《社会生活环境噪声排放标准》中的2类声环境功能区所规定的室内噪声排放限值（等效声级和倍频带声压级）。

【案件焦点】

1. 实业公司是否构成侵权；2. 如构成侵权，如何认定其侵权责任方式。

【法院裁判要旨】

江西省南昌市西湖区人民法院经审理认为：《中华人民共和国环境噪声污染防治法》第二条规定：本法所称环境噪声，是指在工业生产、建筑施工、交通运输和社会生活中所产生的干扰周围生活环境的声音。本法所称环境噪声污染，是指所产生的环境噪声超过国家规定的环境噪声排放标准，并干扰他人正常生活、工作和学习的现象。实业公司自认案涉中央空调每年开机时间为6月至9月，开机时案涉中央空调外机产生高分贝噪声。经鉴定，在案涉空调外机两台水泵、三台水泵开机两种工况下，某酒店520房间、513房间的昼间噪声值均超过《社会生活环境噪声排放标准》中的2类声环境功能区所规定的室内噪声排放限值，属于噪声污染，污染者依法应承担侵权责任。某酒店诉请判令实业公司消除案涉中央空调外机产生的噪声，符合相关法律规定，予以支持。某酒店提交的证据无法证明因案涉中央空调外机噪声导致酒店顾客退房的房号、时间、人次等，难以确认其具体损失，对某酒店关于判令实业公司赔偿经济损失的诉请，不予支持。实业公司辩称空调设备、安装过程及安装之后的环保检验均符合国家法律规定的标准，不存在噪声污染的意见，与查明的事实不符，不予支持。

江西省南昌市西湖区人民法院依照《中华人民共和国民法典》第一千一百六十七条、第一千二百二十九条、第一千二百三十条，《中华人民共和国环境噪声污染防治法》第二条、第六十一条，《中华人民共和国民事诉讼法》第六十七条第一款，《最高人民法院关于适用〈中华人民共和国民事诉讼法〉的解释》第九十条规定，判决：

一、实业公司于本判决生效之日起三十日内对涉案中央空调外机采取降噪措施，使该中央空调外机的运行噪声在某酒店520室、513室符合《社会生活环境噪声排放标准》的排放标准；

二、驳回某酒店的其他诉讼请求。

某酒店、实业公司不服一审判决，提起上诉。

江西省南昌市中级人民法院经审理认为：根据《中华人民共和国民法典》第一百八十六条的规定：因当事人一方的违约行为，损害对方人身权益、财产权益的，受损害方有权选择请求其承担违约责任或者侵权责任。本案中，某酒店承租了实业公司的场地经营酒店，经营期间因实业公司安装使用的大型中央空调外机位于某酒店经营场所的楼顶，某酒店向一审法院起诉主张，该空调外机产生了高分贝噪声影响其经营，构成环境污染侵权，并要求实业公司承担相应侵权责任，一审法院根据某酒店的选择，适用环境污染侵权的规定审理该案，并将案由确定为噪声污染责任纠纷，符合《中华人民共和国民法典》第一百八十六条的规定，并无不当。

结合一审已查明的事实，某酒店一审期间虽举证了房间费用明细、住宿发票及证人证言等证据，但由于前述证据并不能反映其主张的顾客退房的房号、时间、人次等情况，也没有证据证明该退房行为系案涉噪声问题所引起，仅凭其举证无法确认其具体损失，一审法院据此未支持某酒店主张的经济损失，符合《最高人民法院关于适用〈中华人民共和国民事诉讼法〉的解释》第九十条的规定，予以维持。

结合本案已查明的事实，一审采信的司法鉴定意见书，是一审法院根据某酒店的申请，依法委托司法鉴定中心作出的，鉴定程序规范合法，鉴定意见的结论有事实和法律依据，实业公司虽上诉主张不采纳该鉴定意见的结论，但并未举证证明该鉴定意见书存在《最高人民法院关于民事诉讼证据的若干规定》第四十条规定的应予重新鉴定的情况。对此，一审法院根据该鉴定意见的结论及双方举证质证的情况，确认实业公司对某酒店的 520 室、513 室构成噪声污染的环境侵权，并要求实业公司采取相应降噪措施，并无不当，予以维持。

某酒店上诉主张一审产生的鉴定费 5000 元应由实业公司承担。一审因未提交相关票据未予认定，但根据司法鉴定中心出具的《协助缴费函》显示，案涉鉴定费用为 5000 元，同时根据相关案情，法院认定该费用双方各承担一半。

综上所述，一审判决第一项、第二项并无不当，予以维持。但一审判决未认定鉴定费以及对鉴定费的承担进行处理，法院予以纠正。

江西省南昌市中级人民法院依照《中华人民共和国民事诉讼法》第一百七十条第一款第一项规定，判决：

驳回上诉，维持原判。

【法官后语】

本案的审理涉及以下三个问题：

一、使用房屋外部设备排放噪声侵害他人权益的案由确定

司法实践中，不乏因房屋楼顶或外墙安装空调外机、发电机等设备排放噪

声引发纠纷的案例，此类纠纷属于相邻污染侵害纠纷还是属于噪声污染责任纠纷，往往是案件的争议焦点之一。司法实践中，区分相邻污染侵害和环境侵权主要以污染来源是生活污染还是生产污染为标准，同时结合相邻权人排污的目的是正常使用不动产还是侧重于生产经营，所侵害的是邻人生活环境还是更广泛意义上的生态环境来判断。

本案中，噪声系由于实业公司使用安装在某酒店楼顶的大型空调外机所产生，排放噪声的目的更加侧重于生产经营，受侵害的系某酒店的经营场所，所侵害的是更为广泛意义上的生态环境，故，本案认定为噪声污染责任纠纷更为适宜。司法鉴定意见已认定空调外机水泵运行工况下，某酒店两间客房昼间噪声值超过国家规定的排放限值，实业公司作为楼顶空调外机的使用人，其行为外观具有超过国家规定的噪声排放标准的违法性，应当承担噪声污染侵权责任。

二、噪声污染侵权因果关系的认定

由于环境噪声污染具有区域性、偶然性、复合性、潜伏性及间接性等多重特征，环境噪声污染行为与损害后果之间因果关系的认定往往成为司法实践的重点与难点。根据《中华人民共和国民法典》规定，对于环境污染侵权责任纠纷的因果关系认定，适用举证责任倒置规则。然，举证责任倒置并不意味着请求人仅需提交存在噪声污染及损害结果的证据即完成了举证责任，在对此类案件的司法审查中，仍需要求请求人提供能够证明污染行为与损害结果之间具有关联性的初步证据。

在司法实践中，对于噪声污染与损害结果的因果关系，法院往往依据鉴定机构出具的鉴定、评估、检测报告等作出认定。对于无法对是否存在因果关系给出明确的鉴定意见或鉴定意见难以采信，或当事人未申请鉴定的情况，法院应结合案情，运用经验法则对是否存在因果关系、以及因果关系原因力的大小进行判断。如本案中，案涉空调外机位于某酒店的楼顶，酒店五楼与空调外机距离非常接近，空调运行产生的噪声对酒店住客的正常生活、工作和学习势必会产生影响，可初步认定空调运行产生的噪声可能对酒店经营者构成侵权，同时结合涉案鉴定意见及双方举证质证的情况，能够确认实业公司对某酒店的两间客房构成噪声污染侵权。

三、噪声污染责任承担方式和范围的认定

噪声污染责任纠纷中，当事人主张的责任承担方式常常包括停止侵害、赔偿损失、赔礼道歉等。由于噪声污染往往涉及诸多专门性、技术性问题，司法实践中，法院通常会直接依据鉴定机构出具的鉴定、评估、检测报告等对噪声污染是否存在、是否造成损失及损失数额作出认定。然而，司法实践中，当事人未申请鉴定（包括仅对部分争议的案件事实申请鉴定）或鉴定机构未出具明确鉴定意见的情形并不鲜见，此时，法院需要结合当事人提交的其他证据，运用经验法则，综合考量时间、距离、地域环境、政策、季节及当事人自身特性等因素进行推定，以平衡各利益主体的合法权益。

本案中，某酒店主张实业公司承担停止侵害及赔偿损失的责任。对于实业公司是否应当承担停止侵害责任问题，因涉案空调外机造成某酒店小部分客房噪声污染，侵害了某酒店对受污染客房的使用权，应当承担停止侵害的侵权责任，即通过采取降噪措施使空调外机的运行噪声在某酒店房间符合国家规定的排放标准。对于实业公司是否应当承担某酒店主张的38间客房经营损失的赔偿责任问题，由于酒店的经营情况受所处地段、经营方式、服务质量、内部环境及政策等多重因素的影响，根据司法鉴定意见，仅能认定两间客房受到噪声污染，占酒店客房总量比例极小；某酒店提交了证人证言、酒店房间费用明细及发票欲证明噪声污染造成的损失情况，但证人证言主观性较强，酒店房间费用明细及发票仅能证明酒店一段时间内的经营情况，并不足以证明噪声污染的存在及造成损害的具体数额，现有证据也不能认定受到噪声污染的两间客房为不可替代性房源，在有大量未受噪声污染客房可供选择的情况下，不能以小部分客房存在噪声污染认定噪声污染造成酒店经营收入的减少，故，现有证据不能认定某酒店因实业公司使用空调外机造成了经营损失，不能认定实业公司应当承担损害赔偿的侵权责任。

编写人：江西省南昌市中级人民法院　李思

(二) 生态环境保护民事公益诉讼

48

生态环境损害赔偿诉讼案件中污染物数量的认定

——市政府诉新能源公司等生态环境损害赔偿案

【案件基本信息】

1. 裁判书字号

江苏省高级人民法院(2022)苏民终1606号民事裁定书

2. 案由:生态环境损害赔偿纠纷

3. 当事人

原告(被上诉人):市政府

被告(上诉人):新能源公司

被告:李某、朱某、王甲、袁某、曹某、王乙、麻某、梁某、孙某、任某、庞某、刘某

【基本案情】

2013年9月,县政府、县城管局与新能源公司签订了垃圾焚烧发电项目的特许经营权协议。后新能源公司投产利用循环流化床焚烧炉混烧生活垃圾和秸秆等生物质进行发电,在发电过程中会产生危险废物飞灰。2017年12月,经县环保局、公安局查实,新能源公司和李某等12人违反国家规定,非法倾倒、填埋处置焚烧垃圾产生的飞灰,构成污染环境罪并受到刑事处罚。生效刑事裁判文书认定:自2017年4月、5月起,新能源公司及李某等12人分别多次参与

组织、安排、实施转运、倾倒、填埋等非法处置飞灰共计6750吨，经有关部门认定，新能源公司混烧生活垃圾和秸秆等生物质发电过程中产生的飞灰是危险废物，危险特性为毒性（T）。案发后，县政府及时组织县城管局等部门对涉案6750吨飞灰进行了无害化处置。李某向公安机关退缴违法所得人民币200万元并积极筹集环境修复费1277.8525万元，用于赔偿县政府治理修复环境的必要支出。法院以污染环境罪判处李某等12人各承担刑事责任。

梁某原为新能源公司飞灰固化处理工人，后以某焚烧残渣治理中心（个体工商户）名义直接承包新能源公司飞灰固化处理工作，其在非法处理飞灰中，接受新能源公司相关人员的安排，由其联系车辆和人工，其从每一运输车辆中赚200元。

2019年1月23日、31日，县城管局、县环保局与新能源公司就案涉生态环境损害赔偿进行两轮磋商，未达成一致意见。

2020年11月，经相关机构出具的《司法鉴定意见书》鉴定本次生态环境损害费用为8729.069424万元，其中，受污染土壤和地下水恢复费用2299.58782万元；应急处置费即污染物清挖等其他应急费6302.981604万元；事务性费用即环境损害鉴定评估费126.5万元。

2021年10月11日，法院登报公告开庭，市政府缴纳公告费300元。

因新能源公司无力偿还债务，经案外债权人申请，法院裁定受理对新能源公司的破产清算申请，并指定破产管理人。法院向市政府告知其向新能源公司主张给付之诉应当变更为债权确认之诉。后经核算，市政府最终诉讼请求标的为7646.83942万元。

【案件焦点】

1. 市政府作为原告提起本案的诉讼，是否符合法律规定；2. 本案是否应当中止审理；3. 市政府主张的生态环境损害赔偿项目、费用如何认定，是否有事实和法律法规依据；4. 生态环境损害赔偿责任承担主体如何确定、如何承担。

【法院裁判要旨】

江苏省徐州市中级人民法院经审理认为：

一、关于原告主体资格

新能源公司和李某等 12 人违反国家规定，非法处置危险废物数百吨以上，污染环境后果特别严重，造成生态环境损害数额超过千万元，因造成的污染环境损失赔偿，县政府相关职能部门与新能源公司有关负责人进行两轮磋商，未能就赔偿问题达成一致，生态环境损害行为地、损害结果地均发生在市政府辖区内，磋商主体县政府相关职能部门、县政府、市政府等均可以作为原告提起本案诉讼。市政府作为原告提起本案的生态环境损害赔偿诉讼符合《最高人民法院关于审理生态环境损害赔偿案件的若干规定（试行）》第一条第一款第一项、第三项规定。

二、关于生态环境损害赔偿项目、费用

首先，《中华人民共和国民法总则》第一百八十七条规定：民事主体因同一行为应当承担民事责任、行政责任和刑事责任的，承担行政责任或者刑事责任不影响承担民事责任；民事主体的财产不足以支付的，优先用于承担民事责任。新能源公司利用循环流化床焚烧炉混烧生活垃圾和秸秆等生物质进行发电产生的飞灰，系危险废物，新能源公司和李某等 12 人在明知的情况下，为节约费用支出，无任何防护措施在土地上进行倾倒、填埋等处置，经生态环境损害确认司法鉴定评估，非法倾倒、填埋的飞灰对填埋场周边土壤、地下水等构成污染且污染源与飞灰废物存在因果关系，其造成事实上的严重环境污染事件，刑事判决已予以认定，新能源公司和李某等 12 人在承担刑事责任后仍应当承担生态环境损害民事赔偿责任。市政府主张新能源公司与李某等 12 人应承担赔偿项目为飞灰处置费、生态环境修复费、环境损害鉴定评估费，该主张的赔偿项目符合《最高人民法院关于审理生态环境损害赔偿案件的若干规定（试行）》第十一条、第十四条规定，法院予以确认。

（一）飞灰处置费

1. 已填埋飞灰应急处置清挖清运、固化稳定化处理、填处置、土方回填等产生的费用。生效刑事判决认定李某等12人倾倒、填埋、处置飞灰数量本质相当于是“净飞灰”数量，而倾倒、填埋、处置飞灰后，会出现飞灰在土壤中扩散、吸湿等增量问题，飞灰作为建筑原料掺合因不可分离也存在增量问题，应急处置清挖清运飞灰存在扩散、掺合其他物质，即实质清挖清运的是“飞灰混合物”。应急处置清挖清运飞灰数量（飞灰混合物）大于李某等12人倾倒、填埋、处置飞灰（净飞灰）数量在情理之中。清挖清运飞灰数量经过现场过磅，认定处置飞灰的数量为14.7757万吨。飞灰正常处置与构成环境污染的飞灰处置工序不同、工作量不同、难度亦不同，后者处置产生的费用显然要大于前者。因涉案环境污染事件具有紧迫性，县处置行政职能部门未按严格的招投标程序而是通过市场调查询价的方式选择飞灰应急处置单位并无不妥，418元/吨飞灰应急处置费标准，是诸多单位报价最低的，也处于专家鉴定人认为飞灰应急处置费300～600元/吨区间标准范围内，故认定已填埋飞灰应急处置费用为6176.2426万元。处置飞灰产生的飞灰覆盖费用、审计费、监理费、效果评估报告编制费、样品测试费等也经审查后予以相应支持，飞灰处置费总额为6317.3426万元。

2. 库存飞灰转运、填埋场打堆、封存费用。该笔费用系县政府职能部门县城管局对新能源公司已初步处置的库存飞灰后续工作的处理，库存飞灰并未产生非法倾倒、填埋造成环境污染问题，因此不属于环境污染产生的赔偿费用，且该处置不具有明显的应急处置特性，不应确认为市政府主张的环境损害赔偿费用中，该笔费用权利人可另行主张。

3. 飞灰覆盖费用。对飞灰进行高密度聚乙烯（HDPE）土工膜铺设、雨污分流等对2.8万平方米场地飞灰完成覆盖施工，是飞灰去污染处置的一道技术工序，按10.64元/平方米合同单价计算收取工程价款为29.8万元，予以确认。

4. 审计费。涉案会计所按协议完成了审计并计费13.5万元。该审计包括被告非法填埋飞灰期间的账目往来，能帮助分析新能源公司合法与非法处置飞灰情况下的费用支出，系清算新能源公司生态环境损害赔偿责任的必要、合理支出，予以确认。

5. 监理费。咨询公司与县城管局签订《建设工程监理合同》，监理新能源公司飞灰处理应急项目，产生方案编制费、监理人员驻场费、交通费等监理技术服务费共计46万元，系生态环境损害赔偿费用合理支出，予以确认。

6. 效果评估报告编制费、样品测试费，系对科技公司固化稳定化处理后的飞灰是否达标进行检测评估的费用，共计51.8万元，系生态环境损害赔偿费用合理支出，予以确认。

综上，新能源公司和李某等12人应承担的飞灰处置费总额为6317.3426万元。

(二) 生态环境修复费

县城管局委托某大环规院进行损害评估。某大环规院具有相应的资质，鉴定人员持有合法的司法鉴定人执业证，受县生态环境局委托出具《某大环规院司法鉴定意见书》，鉴定本次修复费2299.58782万元，系符合《最高人民法院关于审理生态环境损害赔偿案件的若干规定（试行）》第十二条规定的合理费用，予以确认。

李某代为新能源公司筹集环境修复赔偿金1277.8525万元，已缴纳收缴国库，可从市政府主张的污染环境损失赔偿诉讼标的中予以扣减。

综上，最终认定本案中市政府主张的生态环境损失赔偿总额为7465.57792万元。

三、关于生态环境损害赔偿责任承担主体

本案中，李某、朱某、王甲、袁某、曹某、王乙、麻某作为新能源公司的主要负责人、分管负责人、项目负责人，行使的是公司管理权，非法处置公司生产的飞灰，目的是为公司节约飞灰处置费用，提高公司利润，其非法行为本质上是公司受益，系职务行为，现有证据不能证明上述责任人实施非法处置飞灰是单独行为或获取了额外利益，故上述直接责任人造成的案涉环境污染损害赔偿责任应由新能源公司承担。新能源公司承担民事责任后，依照法律或者公司章程规定，如上述直接责任人有过错的，新能源公司可以依法予以追偿。

孙某、庞某、刘某承包新能源公司土建工程，任某作为挖掘机驾驶员，均接受新能源公司指令，自身不是按其独立意志进行作业，实质上是执行新能源公司承包之外的临时工作任务，形成事实上的劳务关系，取得的也是正常劳务报酬，且没有证据证明其因此额外收益。据此，其环境污染损害赔偿责任应由用人单位新能源公司承担。

梁某成立某焚烧残渣治理中心，与新能源公司签订合同，约定了飞灰处置的方式、方法。在非法处理飞灰中，未按合同约定的要求处置飞灰，根据相互印证的证据能够证明梁某虽是接受新能源公司的安排，但其存在从安排的车辆中每晚每辆赚取200元等利益的事实，系在案涉生态环境污染损害事件中谋取了个人利益，且在飞灰非法处置过程中，与新能源公司意思紧密联络，积极帮助作为，非法处置行为互为知晓，已构成共同侵权。梁某作为个体工商户没有分离的独立人格，不能免除其民事责任，应当在其实施行为范围内与新能源公司承担生态环境污染损害赔偿连带责任。对于梁某生态环境污染损害赔偿责任承担需结合其参与非法倾倒、填埋“净飞灰”数量与清挖、清运、处置“混合飞灰”增量系数计量，结合处置飞灰总费用与每吨飞灰处置成本计算。经审查认定，梁某参与处置飞灰六次，非法倾倒、填埋“净飞灰”数量为6250吨，梁某非法倾倒、填埋“净飞灰”数量为6250吨，按系数折算“混合飞灰”数量为136812吨。前述认定的处置飞灰环境污染赔偿总额为7465.57792万元，分摊至每吨“混合飞灰”处置费用为0.050526万元。新能源公司承担全部环境污染赔偿责任，为7465.57792万元。梁某承担环境污染连带赔偿责任计算为6912.56万元。

四、其他问题

（一）本案是否应当中止审理的问题

首先，《中华人民共和国企业破产法》第二十条规定中止与接手，原因是在人民法院受理破产申请后，由于债务人被依法剥夺了管理和处分财产的权利，由其继续参与有关的民事诉讼或仲裁程序已经不可能，破产管理人接手相关诉讼或仲裁，目的是更有利于维护债权人和债务人的合法权益。而本案中，生态环境损害赔偿诉讼是新能源公司、梁某承担刑事责任后后续附带民事责任，其生态环境损害的客体是社会公共利益，具有公共行政的属性，生态环境损害赔偿诉讼由行政机关、部门、机构或其指定的机构提起的制度设计，体现了公共行政属性，债务人具有行政属性的诉讼可不受该破产程序法条的拘束；其次，破产管理人已被指定（指定日期至开庭日期已满 25 日），法律虽未规定管理人自被指定后接管债务人财产的期限，但其应当尽到勤勉接管债务人财产的义务，法院认为自指定管理人 25 日后可以进行审理；最后，本案系公告开庭送达。综合本案实际情况，本案不中止审理。

（二）新能源公司进入破产清算程序后，对市政府给付之诉的影响问题

根据《中华人民共和国企业破产法》第十六条规定，人民法院受理破产后，已经受理而尚未终结的以债务人为被告的债权给付之诉，应当变更为债权确认之诉。法院在本案审理过程中，已向市政府告知其向新能源公司主张给付之诉应当变更为债权确认之诉。市政府对新能源公司主张环境污染赔偿给付之诉，法院依法以确认之诉予以判决。市政府对自然人的诉请，不作类型变更，仍按市政府的诉讼请求类型性质予以判决。

（三）诉讼费用等的负担问题

参照《最高人民法院关于审理环境民事公益诉讼案件适用法律若干问题的解释》第二十二条第一款第三项、第三十三条规定，市政府主张新能源公司、梁某应承担案件受理费、公告费等各项诉讼费用，于法有据，且，市政府诉新能源公司等环境污染赔偿，具有公益性质，新能源公司、梁某单方承担诉讼费计算基数限于法院判决其败诉承担的赔偿金额。据此，本案最终确定的诉讼标的即新能源公司、梁某应承担的环境污染赔偿数额为 7465.57792 万元，计算案件受理费为 41.5079 万元，另公告费 300 元，应由新能源公司、梁某负担。考虑到新能源公司和梁某共同负担不利于执行，依法确定由承担环境污染赔偿责任的两个主体按连带赔偿责任比例分配负担，即新能源公司负担 21.63 万元、梁某负担 19.9079 万元。

综上，新能源公司、梁某违反法律法规，非法倾倒、填埋的危险废物飞灰造成环境污染，应当在其实施行为范围内承担生态环境污染损害赔偿责任。被

告李某、朱某、王甲、袁某、曹某、王乙、麻某、孙某、任某、庞某、刘某不承担连带赔偿责任。

江苏省徐州市中级人民法院依照《中华人民共和国环境保护法》第六条第三款、第六十四条，《中华人民共和国民法总则》第五十四条、第五十六条、第六十条、第六十一条、第六十二条、第一百八十七条，《中华人民共和国民法典》第一千一百六十八条，《中华人民共和国侵权责任法》第三十四条、第三十五条、第六十五条，《中华人民共和国人民陪审员法》第十四条、第十六条第一款第三项，《最高人民法院关于审理生态环境环境损害赔偿案件的若干规定（试行）》第一条第一款第一项和第三项、第三条、第四条、第八条、第九条、第十条、第十一条、第十二条、第十三条、第十四条、第二十二条，《最高人民法院关于审理环境民事公益诉讼案件适用法律若干问题的解释》第二十二条第一款第三项、第三十三条，《中华人民共和国民事诉讼法》第十五条、第五十五条、第六十四条、第七十八条、第七十九条、第一百四十二条、第二百六十条，《最高人民法院关于适用〈中华人民共和国民事诉讼法〉的解释》第九十条、第一百二十二条、第一百二十三条规定，裁定：

一、确认市政府在新能源公司享有破产债权（环境污染损害赔偿金）7465.57792 万元；

二、梁某于判决生效之日起三十日内向市政府支付上述环境污染损害赔偿金中的 6912.56 万元，并与新能源公司承担连带赔偿责任；

三、驳回市政府的其他诉讼请求。

新能源公司不服一审判决，提起上诉，但未在法定期限内缴纳上诉案件受理费，经催缴后仍未缴纳。

江苏省高级人民法院依照《中华人民共和国民事诉讼法》第一百五十七条第一款第十一项，《最高人民法院关于适用〈中华人民共和国民事诉讼法〉的解释》第三百一十八条规定，裁定：

按新能源公司自动撤回上诉处理。一审判决自本裁定书送达之日起发生法律效力。

【法官后语】

利用循环流化床焚烧炉混烧生活垃圾和秸秆等生物质进行发电，是减少环境污染、提高能源使用效率的有效方式，是解决电力能源紧张的重要途径，是增加群众收入的新的尝试，具有较好的经济、生态和社会效益，既是一种变废为宝的新能源，又是极具开发利用价值的绿色可再生资源。但是在焚烧垃圾发电过程中，会产生危险废物飞灰，一旦处置不当，则会对空气、水、土壤等产生新的环境污染，并造成生态环境损害的严重后果，损害社会公共利益。生态环境损害往往损害的是生态环境介质或者生态环境系统，危害的是国家利益或者社会公共利益，与传统的侵权具有一定的差异，因此，生态环境损害往往是由法律规定的组织或者国家授权的机关以公益诉讼或者生态环境损害诉讼的方式提起诉讼。本案作为生态环境损害赔偿诉讼，是由政府向生态环境损害主体向致害人索赔的诉讼方式，关于如何认定诉讼主体资格、污染物数量、责任承担主体等问题，也是司法审判值得研究探讨的重点问题。

一、生态环境损害赔偿诉讼的原告主体资格的认定

《最高人民法院关于审理生态环境损害赔偿案件的若干规定（试行）》第一条规定，市地级人民政府在发生较大、重大、特别重大突发环境事件或其他严重影响生态环境后果等情况下，与造成生态环境损害的自然人、法人或者其他组织经磋商未达成一致或者无法进行磋商的，可以作为原告提起生态环境损害赔偿诉讼。新能源公司和李某等12人违反了国家规定，明知焚烧垃圾产生的飞灰是危险废物，还在无任何防护措施的土地内进行非法倾倒、填埋飞灰数量巨大，给地方生态环境造成巨大损害，严重危及人民群众生命健康安全，属于“发生其他严重影响生态环境后果”，在与造成生态环境损害的主体经磋商未达成一致后，市政府是行为发生所在地的市地级政府，自然可以作为原告提起生态环境损害赔偿诉讼。本案是对这一条文的具体解读和实际应用。

二、污染物“飞灰”数量的认定

飞灰是属于《国家危险废物名录》中的HW18类危险废物，具有一定的危害性，应当按照国家规定的标准予以处置。在未按国家规定进行倾倒、填埋等

处置的过程中，飞灰会出现在土壤中扩散、吸湿等增量问题，其作为建筑原料掺合因不可分离也存在增量问题，而一旦发生混合，飞灰与增加物即无法实际分离，因此在应急处置中清挖清运的“飞灰”实质上是“飞灰混合物”，清挖清运飞灰的数量（飞灰混合物）也必然大于倾倒、填埋飞灰（净飞灰）的数量，故应当将“飞灰混合物”认定为应急处理飞灰的数量，这样更符合生态环境修复与污染损害赔偿的实际。需要说明的是，在《中华人民共和国刑法》中，违反国家规定，排放、倾倒或者处置有放射性的废物、含传染病病原体的废物、有毒物质或者其他有害物质，严重污染环境的，构成污染环境罪。飞灰是被列入国家危险废物名录中的危险废物，是构成污染环境罪要件的有毒物质，故以“净飞灰”计算污染物数量并予以量刑。

三、责任承担主体的认定

《中华人民共和国民法典》第一百八十七条规定：“民事主体因同一行为应当承担民事责任、行政责任和刑事责任的，承担行政责任或者刑事责任不影响承担民事责任；民事主体的财产不足以支付的，优先用于承担民事责任。”倾倒、填埋飞灰的违法犯罪行为不仅需要依法承担刑事责任，还要依法承担生态环境损害赔偿民事责任，应当按照谁污染谁治理、谁破坏谁担责的原则，依法追究非法行为人的刑事、民事法律责任。新能源公司和李某等12人已因环境侵权行为犯污染环境罪被处以刑罚，但并不影响其承担民事责任。具体来说，其一，新能源公司在生产过程中产生危险废物飞灰，其将飞灰交由不具备危险废物处置资质的企业或者个人进行处置造成污染，违反了国家规定，该行为与造成生态环境损害的结果之间具有因果关系，是其作为生产经营者要对危险废物污染环境承担生态环境损害责任的前提条件；其二，李某等12人根据新能源公司的职务行为或为其提供劳务的，自身不具有按其独立意志且没有额外受益，其损害赔偿后果应由新能源公司承担；其三，梁某虽是接受新能源公司的安排，但在案涉生态环境污染损害事件中谋取了个人利益，且与新能源公司意思紧密联络，不仅对非法处置行为知晓，还积极提供帮助作为，为产生、扩大污染提供了条件，构成共同侵权，也应承担相应责任。

编写人：江苏省徐州市中级人民法院　刁国民　王昌奇

49

生态环境损害赔偿诉讼中共同侵权的责任承担方式及责任份额的认定

——区生态环境局诉吴某等生态环境损害赔偿案

【案件基本信息】

1. 裁判书字号

重庆市第一中级人民法院（2022）渝 01 民初 3262 号民事判决书

2. 案由：生态环境损害赔偿纠纷

3. 当事人

原告：区生态环境局

被告：吴某、杨某、张某

【基本案情】

2020 年 8 月 28 日至 9 月 1 日晚，某竹制品加工厂负责人吴某将废碱液交由杨某处置，杨某驾车搭载张某，将废碱液运输到位于某村征地区域进行倾倒，共计倾倒 20 车约 140 吨废碱液。案发后重庆市渝北区人民法院（2021）渝 0112 刑初 138 号刑事判决：吴某、杨某、张某共同犯污染环境罪，吴某作为从业人员应当知道废碱液的危险性，主观恶性较大酌情从重处罚；张某系受邀约参与作用相对较轻，分别判处吴某、杨某、张某有期徒刑二年十个月至一年十个月不等，罚金分别为 50000 元。经区生态环境局处置，污染清理、控制、修复和恢复，该次污染得到有效处置。区生态环境局委托评估中心鉴定评估认定，本次环境污染损害量化数额为 216676 元，含应急处置费用 74734 元，包括污染控制费用 67834 元、监测费用 6900 元；生态环境修复费用 81942 元、调查评估费用60000元。

经作为生态环境损害赔偿权利人的区人民政府批准并授权，由区生态环境局作为赔偿权利人，负责案涉环境污染事件的应急处置费、生态环境损害费用评估鉴定和汇总工作。同时，区生态环境局及时推动磋商程序，与吴某、杨某、张某就生态环境损害赔偿事宜进行磋商，达成生态环境损害赔偿协议，吴某、杨某、张某按份赔偿216676元，即吴某赔偿137228.13元，杨某赔偿50557.74元，张某赔偿28890.13元。达成协议后，吴某、杨某、张某按磋商协议比例先后于2021年1月21日、24日共支付首期生态环境损害修复费用21668元。后续司法确认时，法院认为吴某、杨某、张某应承担连带责任，未能进行司法确认。区生态环境局与吴某、杨某、张某重新进行磋商无果后，提起生态环境损害赔偿诉讼。

【案件焦点】

1. 如何认定吴某、杨某、张某的侵权责任承担方式；2. 如何确定吴某、杨某、张某的责任份额。

【法院裁判要旨】

重庆市第一中级人民法院经审理认为：

一、关于吴某、杨某、张某侵权行为认定及责任方式

根据《中华人民共和国侵权责任法》第八条的规定：二人以上共同实施侵权行为，造成他人损害的，应当承担连带责任。吴某、杨某、张某共同实施非法倾倒废碱液的侵权行为，造成某村征地区域附近草木死亡、鱼塘被污染的生态环境损害，依法应承担连带赔偿责任。

二、关于损失金额鉴定及吴某、杨某、张某责任份额的酌定

首先，关于生态损失金额的鉴定。区生态环境局依法履职委托鉴定机构对本案污染环境的损失予以鉴定评估，该鉴定于法有据，其依照职权进行紧急处置，程序合法。委托的鉴定机构具有相应鉴定资质，鉴定程序合法，鉴定结论可以采纳作为认定本案事实的证据。吴某、杨某、张某非法倾倒废碱液导致产

生的损失合计216676元，因吴某、杨某、张某已支付首期生态环境损害修复费用21668元，故吴某、杨某、张某还应支付应急处置费（包括污染控制费、监测费）、生态环境修复费、调查评估费共计195008元。

其次，关于吴某、杨某、张某责任份额的确定。根据《中华人民共和国侵权责任法》第十四条第一款规定：连带责任人根据各自责任大小确定相应赔偿数额；难以确定责任大小的，平均承担赔偿责任。综合分析评判本案吴某、杨某、张某在本次污染环境侵权事故中的侵权行为后果、所造成的环境污染损失、因果关系及过错大小，并结合考虑如下两个因素：其一，重庆市渝北区人民法院（2021）渝0112刑初138号刑事判决对污染环境共同犯罪中吴某、杨某、张某的作用相对大小、量刑及罚金数额的认定；其二，区生态环境局与吴某、杨某、张某就生态环境损害赔偿事宜磋商达成的生态环境损害赔偿协议约定的吴某、杨某、张某赔偿份额，依法酌定由吴某、杨某、张某按照其与区生态环境局之间达成的生态环境损害赔偿协议确定的份额比例，扣减已支付金额后按份赔偿尚未支付的部分共计195008元，并由吴某、杨某、张某承担连带赔偿责任。

重庆市第一中级人民法院依照《中华人民共和国环境保护法》第六十四条，《中华人民共和国侵权责任法》第二条第一款、第四条、第八条、第十四条、第十五条、第六十五条，《中华人民共和国民事诉讼法》第五十五条、第一百四十二条规定，判决：

一、吴某、张某、杨某连带赔偿应急处置费（包括污染控制费、监测费）、生态环境修复费、调查评估费共计195008元；

二、驳回区生态环境局的其他诉讼请求。

宣判后，各方当事人均未提起上诉，判决已经生效。

【法官后语】

本案系生态环境损害赔偿诉讼案件，围绕生态环境共同侵权责任的认定这一焦点，涉及以下审理难点：如何处理生态环境损害赔偿磋商和诉讼衔接问题，共同侵权情形下如何认定赔偿义务人的责任承担方式以及责任份额。

一、生态环境损害赔偿磋商与诉讼的衔接问题

生态环境损害赔偿磋商是生态环境损害赔偿特有的制度，是提起诉讼的前置程序，其本质是双方在平等自由、意思自治的基本前提下进行的协商，是平等主体之间的磋商，磋商达成的协议是民事性质，不具有法律强制执行力，可能会存在赔偿义务人不完全履行赔偿协议、完全不履行赔偿协议的情形。因此，中共中央办公厅、国务院办公厅印发的《生态环境损害赔偿制度改革方案》《最高人民法院关于审理生态环境损害赔偿案件的若干规定（试行）》以及生态环境部、最高人民法院等十四部委发布的《生态环境损害赔偿管理规定》均规定，生态环境损害事件发生后，赔偿权利人和赔偿义务人经磋商程序，达成生态环境损害赔偿协议后，可以向人民法院申请司法确认，从而获得强制执行力，以保障磋商协议的有效履行和生态环境修复工作的切实开展。但是，磋商协议的内容不能违反法律法规强制性规定且不能损害国家利益、社会公共利益，否则无法得到司法确认。对磋商未达成一致的以及未经司法确认的赔偿协议、赔偿义务人不履行或者不完全履行的，赔偿权利人及其指定的部门或机构，应当及时向人民法院提起诉讼。本案中，双方磋商达成的协议未得到司法确认，原因系吴某、杨某、张某共同实施非法倾倒废碱液的侵权行为，造成涉案区域附近草木死亡、鱼塘被污染的生态环境损害，构成共同侵权行为，依法应承担连带赔偿责任，但双方磋商协议按照按份责任处理，违反法律规定，故法院对该协议不予司法确认。在重新磋商未达成一致协议的情况下，因赔偿权利人及时向人民法院提起诉讼，磋商程序依法转入诉讼程序。

二、生态环境损害赔偿案件涉共同侵权的赔偿义务人的责任承担方式认定问题

生态环境损害责任认定是审理生态环境损害赔偿案件的基础，只有准确认定责任份额才能开展追偿工作。《最高人民法院关于审理环境侵权责任纠纷案件适用法律若干问题的解释》规定，多个义务人如共同实施污染环境行为造成损害的，承担连带责任。本案中，赔偿权利人与共同赔偿义务人虽在磋商阶段达成按份赔偿协议，但该磋商协议并非即时履行，事实上存在不能完全履行义

务的风险，会导致权利保护不充分；法律上该磋商协议违反了法律强制性规定，存在履行不能从而损害社会公共利益的可能。本案认为，生态环境损害赔偿案件涉共同侵权的，人民法院在确认外部责任时严格按照共同侵权责任承担方式确定为连带赔偿责任，既符合共同侵权责任的法律规定，对磋商协议中按份责任的履行也不作否定评价，在不损害相关利益的情况下，各被告可以按照磋商份额实际履行。综上，本案关于生态环境共同侵权责任的审理认定与实际履行问题，以连带责任裁判方式落实全面赔偿的基本原则，保证赔偿权利人能够获得及时有效的赔偿，避免赔偿落空；同时，对磋商协议与按份履行持开放态度，不作简单负面评价，给各赔偿义务人就各自行为作用和后果留有足够的心理预期，增强其对各自履行内容的可接受性，提升裁判的执行实效。

三、生态环境损害赔偿案件涉共同侵权的赔偿义务人责任份额的认定问题

本案的典型意义在于，明确了共同侵权人对外承担连带责任前提下并不必然排斥、否定内部按份责任审理评价与按份执行的实效兼顾，同时解决了司法确认程序中因连带责任缺失导致认定不能的问题。本案中，生态环境损害事件发生后，赔偿权利人与三个赔偿义务人就生态环境损害赔偿经磋商达成按份赔偿协议，且该按份比例的商定有刑事判决对吴某、杨某、张某共同犯罪中各自作用大小、量刑轻重等情节予以佐证。人民法院根据赔偿义务人共同侵权行为后果、所造成的生态环境损失、过错大小，并考虑事后双方达成的生态环境损害赔偿协议，最终认定由三名赔偿义务人承担连带赔偿责任前提下，其内部按照已达成的赔偿协议承担按份赔偿责任。质言之，以连带责任为兜底的按份赔偿责任裁判方式，既保证法律规定的普适性不逾矩，又兼顾双方当事人的意思自治被重视，既严格落实依法审理、依法裁判原则，又以能动履职为执行创造有利条件；有利于将“损害担责”的环境保护法基本原则落到实处，对类案裁判规则的建立具有借鉴意义。

编写人：重庆市第一中级人民法院　伏虹瑾　杨雪朵

50

未进行司法确认的生态环境磋商协议，当事人若不履行仍可对其提起生态环境损害赔偿诉讼

——县生态环境局诉矿业公司生态环境损害赔偿案

【案件基本信息】

1. 裁判书字号

重庆市第二中级人民法院（2022）渝02民初29号民事判决书

2. 案由：生态环境损害赔偿纠纷

3. 当事人

原告：县生态环境局

被告：矿业公司

【基本案情】

矿业公司在某县建有JT水泥窑熟料生产线一条，产能为熟料31万吨/年，水泥37万吨/年。该水泥厂毗邻长江，其北侧1.8km为长江干流。2016年至2019年，因不正常运行污染治理设施、超标排放大气污染物、厂区扬尘控制不到位、无组织排放严重等，矿业公司在大部分监测时段其废气中颗粒物、NOx、SO_2均超标准排放。2020年12月，经县生态环境局委托，评估中心出具《矿业公司某水泥厂违法排污生态环境损害鉴定评估报告》。据此，2020年12月30日县生态环境局与矿业公司达成磋商协议，但该公司未履行协议约定的义务。2022年12月9日，评估中心作出鉴定评估补充说明：本案中SO_2、NOx、粉尘污染的生态环境损害量化数额为26.7531万元，其中生态环境损害恢复费用21.7531万元，鉴定评估费用5万元。

【案件焦点】

1. 县生态环境局在本案中是否具备诉讼主体资格；2. 未履行磋商协议能否要求按照磋商协议内容主张违约责任。

【法院裁判要旨】

重庆市第二中级人民法院经审理认为：本案系因矿业公司超标排放SO_2、NOx、颗粒物，损害社会公共利益，主管部门县生态环境局作为原告提起的大气污染生态损害赔偿诉讼。《最高人民法院关于审理生态环境损害赔偿案件的若干规定（试行）》第一条规定，省级、市地级人民政府及其指定的相关部门、机构或者受国务院委托行使全民所有自然资源资产所有权的部门，因与造成生态环境损害的自然人、法人或者其他组织经磋商未达成一致或者无法进行磋商的，可以作为原告提起生态环境损害赔偿诉讼。县人民政府系某县行政区域内生态环境损害赔偿权利人，县人民政府指定县生态环境局为本案违法排污生态损害赔偿权利人提起生态损害赔偿诉讼，县生态环境局经与矿业公司磋商后诉至法院，符合法律规定，具备诉讼主体资格。

矿业公司向大气违法超标排放污染物数量较大，且持续排放必然导致周边大气环境的严重污染，对于在周边生活的居民生命健康存在重大威胁，损害社会公共利益，矿业公司依法应当承担相应的损害赔偿责任 。

关于矿业公司如何承担生态环境损害赔偿责任的问题。矿业公司现已停产，但其超标排污行为已经造成环境损害，应当赔偿环境污染损失。根据《关于生态环境损害鉴定评估虚拟治理成本法运用有关问题的复函》，本案可以适用虚拟治理成本法。根据该复函要求，矿业公司废气排放后最终进入大气环境，区域环境空气为Ⅱ类，环境功能区敏感系数为3。因此，评估中心采用虚拟治理成本法，参照大气污染物的征税税额作为治理成本依据，考虑受污染影响区域的环境功能敏感程度乘以虚拟倍数3，以此得出环境损失数额，该计算方法依据充分，符合客观实际。矿业公司对此亦表示认可。虽然县生态环境局主张曾与矿业公司磋商达成协议，但对于协议主要条款生态环境损害恢复费用系根据评估机构评估意见作出，现评估机构针对原评估意见出具了新的补充说明，就此部分予以调整，且双方对补充意见均予以认可。故，经审查，县生态环境局依据该评估补充意见，要求矿业公司承担本案生态环境损害恢复费用21.7531万元符合法律规定。对于鉴定费用，根据《中华人民共和国民法典》第一千二百三十五条的规定，是县生态环境局为进行磋商、提起生态损害赔偿诉讼而委托具备相应资质的鉴定机构出具司法鉴定意见的合理开支，故对此诉讼请求，法院予以支持。

重庆市第二中级人民法院依照《中华人民共和国民法典》第一千二百三十五条，《中华人民共和国大气污染防治法》第十八条，《最高人民法院关于审理生态环境损害赔偿案件的若干规定（试行）》第一条、第十一条、第十二条，《中华人民共和国民事诉讼法》第五十五条规定，判决：

一、矿业公司在本判决生效后三十日内支付生态环境损害恢复费用217531元（支付至县财政账户）；

二、矿业公司在本判决生效后三十日内支付县生态环境局鉴定费5万元。

【法官后语】

在矿业公司非法向大气排污造成环境损害事实发生后，县生态环境局作为当地环境行政主管部门，与矿业公司就生态环境损害进行磋商并达成协议，但矿业公司并未履行磋商协议规定的内容。根据《最高人民法院关于审理生态环境损害赔偿案件的若干规定（试行）》只规定了经磋商未达成一致或者无法进行磋商可以提起生态环境损害赔偿诉讼的情形，并未明确规定经磋商后，当事人不履行磋商协议能否提起生态环境损害赔偿诉讼。在当前磋商协议性质并未明确的情况下，对未经司法确认的磋商协议纠纷如何审查尚无规定。

第一，磋商协议的性质。学界对于磋商协议法律性质的分析，主要有民事协议说、行政协议说和双阶构造说三种观点。民事协议说认为，磋商机制中的行政机关为一般民事主体，其作为赔偿权利人与赔偿义务人在磋商过程中形成的法律关系系平等主体之间的民事法律关系，体现出强烈的私法特征，由此达成的磋商协议应属于民事协议。行政协议说认为，契约并非天生具备私法印记，可以作为国家从事公共服务、满足公共利益的工具。损害赔偿磋商正是行政机关行使具有一定自由裁量弹性的行政权，通过沟通和对话形成某种共识，是一种带有强烈公权力色彩的协商行政行为，由此达成的磋商协议应当属于行政协议。双阶构造说借鉴德国法上的双阶理论，将生态环境损害赔偿磋商过程以属性为界划分为公私依次递进的两个阶段，形成兼顾行政法律关系和民事法律关系的双阶构造。目前对磋商协议法律性质认识并未统一，仍需要相关法律规范进一步明确。本案中，法院认为案涉磋商协议系带有环境公共的利益性质的协议，在协议未履行的情况下环境主管部门提起诉讼应予支持。

第二，未进行司法确认磋商协议的审查。中共中央办公厅、国务院办公厅印发的《生态环境损害赔偿制度改革方案》规定，磋商协议可以向法院申请司法确认，经司法确认的磋商协议可申请强制执行。但是，司法确认并非强制性要求，达成磋商协议却未申请司法确认的亦不少见，未进行司法确认的磋商协议发生纠纷转而诉至法院该如何审查并无规定。从本案看，应当结合磋商协议的性质特征，从案由、内容、证据三个方面进行审查。首先，磋商协议履行纠纷的案由应当确定为“生态环境损害赔偿”而非“合同纠纷”；其次，磋商协议的内容，主要包括生态环境损害事实及证据，赔偿权利人和义务人双方的意见，赔偿责任及履行方式等，按照当事人处分权的范围和程度，可以分为可以磋商的、限制磋商的和不能磋商的三类，不论赔偿义务人是否认可磋商协议，在诉讼中均应该对磋商协议的内容分类审查；最后，对证据的审查尤其是对鉴定结论进行审查，综合考虑其科学性、真实性、合理性等内容。本案中，法院对磋商协议进行了全面审查。对环境损害的事实案涉公司并未提出异议，对鉴定结论及补充鉴定意见亦表示认可，法院据此判决案涉公司承担损害赔偿责任。

编写人：重庆市第二中级人民法院　黄洋

51

生态环境行政机关提起生态环境损害赔偿诉讼的举证责任分配

——环境局诉某公司生态环境损害赔偿案

【案件基本信息】

1. 裁判书字号

山东省高级人民法院（2021）鲁民终985号民事裁定书

2. 案由：生态环境损害赔偿纠纷

3. 当事人

原告（被上诉人）：环境局

被告（上诉人）：某公司

【基本案情】

2018年生态环境管理部门对某公司进行现场检查时发现其厂区地块违规堆填大量工业混合废物。废物堆体表面无覆盖防护措施，仅进行简单平整，堆体底部大部分无防渗措施，堆填废物中有毒有害物质迁移扩散风险较大，某公司对固体废物填埋事实无异议。经双方委托，环科所对涉案堆填区污染废物情况进行了综合整治与场地环境质量调查评估工作，将堆填的混合废物认定为固体废物并提出相应整改建议。2018年12月至2019年4月，环科所对某公司的堆场进行现场踏勘、资料收集、地球物理勘探、水文地质调查、样品采集与检测。对堆积废物提出：（1）地下水存在较大污染风险；（2）附近水污染与固体废物直接接触有关；（3）多项有机物超标等鉴定结论。环科所还进行现场查勘，通过堆填混合废物污染特性分析、堆填场地环境初步调查评估、固废综合利用与处置可行性研究工作，认定堆场固废堆存的总体积约897万立方米。2020年5

月，环科所出具《某公司厂区内堆填混合填埋物处理处置可行性研究技术方案》(第三阶段)，明确载明固体废物处置可行性方案采用“先期总体管控+分区分阶段分类实施”的治理路线。混合填埋物处置方案实施可行性分析中推荐首选采用方案的工程预算初步估算约3.65亿至3.66亿元。

环境局一审起诉前已按照相关工作办法履行了磋商程序，但磋商未达成一致意见。环境局因此起诉。某公司则表示准备按照《某公司厂区内堆填混合填埋物处理处置可行性研究技术方案》（第三阶段）形成的治理工作计划进行修复。

【案件焦点】

在由生态环境行政机关提起的生态环境损害赔偿诉讼中，其举证责任分配应如何正确认定。

【法院裁判要旨】

山东省淄博市中级人民法院经审理认为：关于环境局的诉讼主体资格问题。因某公司违规堆填大量工业混合废物产生严重影响生态环境的后果，环境局受市政府委托，与某公司经磋商未达成一致意见，市政府指定环境局提起生态环境损害赔偿诉讼，环境局符合《最高人民法院关于审理生态环境损害赔偿案件的若干规定（试行）》第一条规定的提起生态环境损害赔偿诉讼的要求，具备提起生态环境损害赔偿诉讼的主体资格。

关于某公司是否实施了生态环境损害行为，环境局的诉求应否予以支持问题。依据《最高人民法院关于审理生态环境损害赔偿案件的若干规定（试行）》第六条、第七条规定，环境局提供的对某公司“回头看”督察通报，某环科所出具的涉案堆填混合废物污染特性分析报告、场地环境质量调查报告、综合处置可行性研究方案等，均证实某公司实施了污染环境、破坏生态的行为，且其行为与生态环境损害之间具有关联性，某公司依法应当承担停止侵害、消除危险、恢复原状、赔偿损失、赔礼道歉等民事责任。某公司虽已停止污染行为，但其污染行为后果严重，对当地环境造成较恶劣影响，故对环境局要求其通过当地媒体向公众赔礼道歉的诉讼请求，予以支持。环境污染“谁污染、谁治理、谁担责”，环境局请求判令某公司对造成环境污染的工业固体废物进行无害化处理、排除污染环境危险，并承担相关费用，理由正当，应予支持。某公司委托的具有相应资质的机构已完成对厂区内堆填混合物污染特性分析、堆填场地环境进行调查评估、处理处置可行性研究工作，并已委托有关公司开始实施污染处置工作。某公司应严格按照经专家论证的处置方案和项目进度计划实施，费用自行负担。环境局对某公司所提固废处置工作每一步都需经专家评审的主张予以认可。环境局主张为监督某公司处置工作顺利进行，要求某公司缴纳生态损害赔偿保证金 1 亿元。根据本案具体情况，酌定某公司缴纳履行保证金 1 千万元至市生态环境损害赔偿金账户。某公司按照经专家论证的处置方案实施并经验收通过后，该资金退还。某公司逾期未按要求处置完毕的，依法由省级、市地级政府及其指定的相关部门、机构组织实施，该保证金用于支付涉案污染处置费用。

环境局请求判令某公司恢复生态环境，对污染的土壤等环境要素进行修复，并承担相应的生态环境修复费用或者委托具有资质的第三方进行修复，修复开展后评估相关费用以及判令某公司承担生态环境受到损害至恢复原状期间服务功能损失费用的诉讼请求，因某公司主张修复工作方案尚未编制完成并经专家论证，且环境局不再申请对相关事项进行评估，故对环境局该项请求暂不予审理。环境局可根据某公司工作进展情况，另行主张。环境局为诉讼支出合理律师费用，3 万元。

山东省淄博市中级人民法院依照《最高人民法院关于审理生态环境损害赔偿案件的若干规定（试行）》第一条、第六条、第七条、第十一条，《中华人民共和国民事诉讼法》第三十九条第一款、第一百三十三条规定，裁定：

一、某公司于本判决生效后十日内在市级媒体公开赔礼道歉、消除影响（公告刊登媒体及内容需经法院审核）；

二、某公司应按照经专家论证的固体废物处置方案和时间安排限期完成处置和修复工作，费用由其自行负担。为保证按期履行处置和修复工作，某公司于本判决生效后三十日内将 1 千万元保证金支付至市生态环境损害赔偿资金账户；

三、某公司限期完成处置和修复工作，由环境局进行监督；

四、某公司于本判决生效后十日内向环境局支付律师费 3 万元；

五、驳回环境局的其他诉讼请求。

某公司不服一审判决，提起上诉，后在二审审理过程中申请撤回上诉。

山东省高级人民法院经审理认为：某公司在本案审理期间撤回上诉的请求不违反法律规定，应予准许。

山东省高级人民法院依照《中华人民共和国民事诉讼法》第一百七十三条之规定，裁定：

准许某公司撤回上诉。一审判决自裁定书送达之日起发生法律效力。

【法官后语】

本案主要涉及生态环境行政机关提起生态环境损害赔偿诉讼情形下的举证责任合理分配问题。

本案系由地市一级生态环境行政机关依职权提起的生态环境损害赔偿诉讼案件。《最高人民法院关于审理生态环境损害赔偿案件的若干规定（试行）》第一条规定，省级和市地级政府及其指定的部门机构可作为原告提起生态环境损害赔偿诉讼。本案中，在某公司被检查发现违规堆填大量工业混合废物造成严重影响生态环境后果的情况下，市地级政府启动了本案的生态环境损害赔偿工作并决定追究某公司的生态环境损害赔偿，为此市政府指定环境局按照相关规定组织磋商，同时指定其在磋商未达成一致时代为提起生态环境损害赔偿诉讼。故本案中环境局提起生态环境损害赔偿诉讼主体适格。而在像本案这样的由生态环境行政机关提起生态环境损害赔偿诉讼的案件中，其举证责任如何分配则是此类案件中需要明确的一个重要问题。

关于举证责任，传统的环境私益诉讼中采取的是举证责任倒置的原则。对此《中华人民共和国民法典》第七编“侵权责任”的第七章“环境污染和生态破坏责任”中的第一千二百三十条明确规定：“因污染环境、破坏生态发生纠纷，行为人应当就法律规定的不承担责任或者减轻责任的情形及其行为与损害之间不存在因果关系承担举证责任。”环境侵权私益诉讼中对于举证责任予以如此规定是与环境侵权私益诉讼中原告的举证能力处于弱势地位息息相关的。但与环境侵权私益诉讼中原告的举证弱势不同，在生态环境损害赔偿诉讼这一特殊的环境民事公益诉讼中，生态环境行政机关明显处于强势地位，其举证能力甚至强于检察机关。即对于由生态环境行政机关提起的生态环境损害赔偿诉讼而言，其与环境私益诉讼相比，具有显著的“诉讼情势变更”，主要表现在以下两个方面：

第一，当事人诉讼地位回归均衡。生态环境行政机关本身是专司环境保护行政职责的强势国家机关。生态环境行政机关作为环境保护行政执法机关，其职责就在于维护国家与社会的环境权，并在工作实践中积累了丰富的生态环境污染事故处理经验。这使得其与企业、个人相比在司法程序、诉讼技巧、裁判执行上均具备明显优势。与之形成鲜明对比的是，生态环境损害赔偿诉讼中的被告一般为被管理、被监督的环境损害行为人，其享有的环境权利为私权利，相较生态环境行政机关的优势地位，被告有着与之完全不对等的诉讼能力，甚至有权利“反向”失衡之忧。[①] 而诉讼中双方力量悬殊是环境私益诉讼中举证责任倒置的决定性因素，但因生态环境行政机关的特殊地位，反而恰好缓解了生态环境损害赔偿诉讼中主体平等结构受到的冲击，实现了诉讼对抗的另类平衡。

第二，“原告举证困难”不复存在。生态环境行政机关在收集证据方面具有天然的优势和突出的能力。多部行政法律法规赋予生态环境行政机关充分的环境执法职权，使得其在环境污染行为与损害后果之间因果关系的取证方面具有职权方面的天然便利，同时其在环境信息收集、证据固定等方面又可顺畅地寻求其他职权部门或机构帮助。故生态环境行政机关在生态环境损害赔偿诉讼中显然没有传统环境私益诉讼中原告举证困难之不足，反而是因其职责所在而

---

① 李爽：《浅谈我国民事举证责任倒置适用范围的完善及扩大》，载《法制博览》2018年第16期。

更善于收集展示证据和具备诉讼主导能力。基于此，生态环境行政机关可运用专业的证据收集方法与技术手段来进行证据收集、鉴定环境损害程度、定量损害后果、判定因果关系等工作，其作为原告在生态环境损害赔偿诉讼中显然不具有举证难之困扰。

综上，基于生态环境行政机关的诉讼优势地位，生态环境损害赔偿诉讼中可以说已经不具有举证责任倒置的适用基础，一概适用举证责任倒置并不具有合理性。故对于生态环境损害赔偿纠纷中的举证责任，应从公正的价值目标出发，将《中华人民共和国民法典》第一千二百三十条与《最高人民法院关于审理生态环境损害赔偿案件的若干规定（试行）》第六条①结合适用，在遵循"谁主张，谁举证"这一基本举证规则基础上，引入举证责任分配的司法裁量权，由人民法院依据个案案情与当事人诉讼能力，在生态环境行政机关与自然人、企业等生态环境侵权主体之间进行举证责任的合理裁量分配较为适宜。具体而言，就是结合生态环境行政机关在行政执法阶段"证据偏在"优势地位而赋予生态环境行政机关较强的举证责任：一是生态环境行政机关应就被告实施污染环境、破坏生态或其他生态环境损害行为承担举证责任；二是生态环境行政机关就生态环境损害现状、修复费用、损害赔偿数额承担举证责任；三是生态环境行政机关就被告生态环境损害行为与生态损害结果之间的关联性承担举证责任。当然，被告对原告举证内容有异议时，可从生态环境损害行为不存在、非其所为、行为与结果不存在关联性、赔偿数额不当等方面加以反驳性举证。②

本案中，环境局作为生态环境损害赔偿诉讼的原告，其依法应当对被告某公司实施了污染破坏生态环境的行为和生态环境受到损害的事实以及上述二者

---

① 《最高人民法院关于审理生态环境损害赔偿案件的若干规定（试行）》第六条规定："原告主张被告承担生态环境损害赔偿责任的，应当就以下事实承担举证责任：（一）被告实施了污染环境、破坏生态的行为或者具有其他应当依法承担责任的情形；（二）生态环境受到损害，以及所需修复费用、损害赔偿等具体数额；（三）被告污染环境、破坏生态的行为与生态环境损害之间具有关联性。"

② 《最高人民法院关于审理生态环境损害赔偿案件的若干规定（试行）》第七条规定："被告反驳原告主张的，应当提供证据加以证明。被告主张具有法律规定的不承担责任或者减轻责任情形的，应当承担举证责任。"

之间具有关联性承担举证证明责任。为此环境局提供了政府部门作出的督察通报、环科所出具的污染特性分析报告、场地环境质量调查报告、综合处置可行性研究方案等证据，上述证据相互印证，能够证实某公司实施了污染环境、破坏生态的行为，且某公司污染环境、破坏生态的行为与生态环境损害之间具有关联性，某公司依法应当承担相应侵权责任。

编写人：山东省淄博市中级人民法院　荣明潇　杨富元

52

环境公益诉讼中生态产品损害价值的认定和核算

——市检察院诉黄某生态环境保护民事公益诉讼案

【案件基本信息】

1. 裁判书字号

浙江省丽水市中级人民法院（2022）浙11民初254号民事判决书

2. 案由：生态环境保护民事公益诉讼

3. 当事人

公益诉讼起诉人：市检察院

被告：黄某

【基本案情】

2021年2月15日2时42分，黄某醉酒驾驶小型轿车碰撞某桥，造成某桥西端桥亭石坎受损。经司法鉴定，黄某血液中乙醇成分含量为173mg/100ml。交通警察大队认定黄某对此次事故负全责。2021年3月5日，法院作出（2021）浙1126刑初26号刑事判决，以危险驾驶罪判处黄某拘役一个月，并处罚金2000元。经对某桥西端桥亭石坎被撞击受损的情况进行安全影响评估和恢复原状方案设计，某桥受损修复工程费用（包括勘察、评估、设计、修复费用）为38731.7元。2022年8月，某学院出具《某县古建筑损害一案生态产品损害价值评价意见》，载明某桥生态产品损害价值为30385元，其中旅游休憩价值为5578元，景观价值为4355元，文化艺术价值（包括历史文化和红色文化教育价值）为20452元。

某桥始建于元大德十年（1306年），2012年包括某桥在内的22座闽浙木拱廊桥被列入《中国世界文化遗产预备名单》。某桥是《浙江省革命遗址通览》登记在册的革命遗址，是浙江省第六批文物保护单位、全国第七批重点文物保护单位。

市检察院在履职中发现黄某损害公共利益行为，在网上履行了公告程序，公告期满后没有法律规定的机关和组织提起诉讼，故提起本案公益诉讼。

【案件焦点】

1. 本案是否属于环境公益诉讼范围；2. 黄某应当承担何种侵权责任；3. 本案责任范围是否包括生态产品损害价值，如何认定其损害价值。

【法院裁判要旨】

浙江省丽水市中级人民法院经审理认为：首先，人文遗迹是环境的重要组成部分，某桥被列入《中国世界文化遗产预备名单》，是第七批全国重点文物保护单位和浙江省革命遗址，具有极高的科学、文化、历史、艺术价值，体现了人与自然和谐共生的景观魅力，是不可再生的重要环境资源和文化资源。某桥采用传统榫卯技艺连接，不用一钉一铆，是木拱廊桥中的代表性建筑，是中华民族桥梁史上的伟大实践、智慧结晶和优秀历史文化遗产。黄某的行为不但损害了社会公众共同的财产权益，还损害了社会公众对人文遗迹享有的生态旅游休憩、人文景观欣赏权益。市检察院在履职中发现黄某损害公共利益行为，履行了诉前公告程序，公告期满后没有法律规定的机关和组织提起诉讼，可以提起本案公益诉讼。

其次，木拱廊桥在世界桥梁史上唯中国有之，其独特之处在于廊桥一体的桥梁样式和榫卯相接的非遗技艺，中国木拱桥传统营造技艺于2009年被列入联合国教科文组织《急需保护的非物质文化遗产名录》。根据《保护世界文化和自然遗产公约》规定，对于人文遗迹应当采取有效措施进行保护，我国作为缔约国也已经在《中华人民共和国文物保护法》《中华人民共和国环境保护法》中明确规定，一切单位和个人对文物和人文遗迹都有法律保护义务，对于损害文物、破坏生态环境行为应当承担法律责任。黄某作为完全民事行为能力人，醉酒驾驶机动车造成某桥受损，对某桥的损害存在过错，应承担恢复原状、赔偿损失、赔礼道歉的责任。但由于某桥系廊桥一体结构，内部构造复杂，其修复工作专业性强、技术要求高、修复难度大，为安全、有效、全面恢复某桥原貌，避免修复过程中对某桥造成二次损害，修复工作宜由专业人员采用特殊技艺进行，不宜由黄某自行恢复原状。修复费用由黄某承担。市检察院诉请黄某支付案涉某桥损害勘察、评估、设计、修复费用38731.7元，并在省级以上媒体公开赔礼道歉，予以支持。

最后，某桥不仅是传承中华民族优秀传统文化的实物载体和开展爱国主义、革命传统教育、弘扬社会主义核心价值观的革命遗址，还是生态系统的重要组成部分，对维系生态平衡具有不可或缺的作用。某桥不仅具有物权法一般意义上“物”的价值，还具有旅游休憩、景观、文化艺术等生态产品价值。市检察院为证明案涉某桥的生态产品损害价值，提供了《某县古建筑损害一案生态产品损害价值评价意见》，并申请通知有专门知识的专家出庭对某桥生态产品损害价值的评估方法、评估标准等进行了说明，且经质证，黄某对于上述委托评估和评估结果均表示认可，据此，该意见可以作为本案确定黄某承担某桥生态产品损害价值赔偿责任的依据。市检察院诉请黄某赔偿某桥旅游休憩价值、景观价值和文化艺术价值等生态产品价值损失费用30385元，予以支持。

浙江省丽水市中级人民法院依照《中华人民共和国民法典》第二百三十八条，第一千一百六十五条第一款，第一千二百二十九条，第一千二百三十五条第一项、第三项、第四项；《中华人民共和国环境保护法》第六十四条；《中华人民共和国文物保护法》第六十五条第一款；《中华人民共和国民事诉讼法》第五十八条第二款；《最高人民法院、最高人民检察院关于检察公益诉讼案件适用法律若干问题的解释》第十三条；《最高人民法院关于审理环境民事公益诉讼案件适用法律若干问题的解释》第十八条，第二十条规定，判决：

一、黄某赔偿某桥因受损造成的勘察设计费用、工程修复费用38731.7元，于本判决生效后十日内付清；

二、黄某赔偿某桥因受损造成的生态产品价值损失费用30385元，于本判决生效后十日内付清；

三、黄某于本判决生效后三十日内在省级媒体上（含省级）刊登公告，向社会公众赔礼道歉，公告内容由法院审定。

宣判后，各方当事人均未提起上诉、抗诉，判决已经生效。

【法官后语】

一、关于本案是一般侵权还是环境侵权问题

环境一词在不同学科中具有不同的范畴定义，识别本案是一般侵权还是环境侵权，需要明确案涉某桥是否属于法律意义上的环境范畴。根据《中华人民共和国环境保护法》第二条的规定，环境是影响人类生存和发展的各种天然的和经过人工改造的自然因素的总体，人文遗迹是环境重要因素之一。根据我国加入的《保护世界文化和自然遗产公约》的规定，人文遗迹包括从历史、艺术或科学角度看具有突出意义和普遍价值的古迹、建筑群和遗址。本案中，某桥2012年被列入《中国世界文化遗产预备名单》，是第七批全国重点文物保护单位和浙江省革命遗址，是具有极高科学、文化、历史、艺术价值的建筑物、不可再生的重要环境资源。黄某破坏某桥的行为构成环境侵权。

二、关于环境侵权责任的具体承担方式

环境侵权是特殊侵权，其侵权责任应首先适用《中华人民共和国用民法典》第七章环境污染和生态破坏责任的规定，同时还要结合该法第一百七十九条关于承担民事责任的方式予以确定，最终侵权责任的承担应以生态环境修复为核心目的。本案中，作为木拱廊桥代表性建筑的某桥，其独特之处在于运用榫卯相接非遗技艺，以木石为材，一体化构造廊与桥。虽然某桥受损是桥亭石坎，但修复工程需要对受损部位周边的构造进行拆解，专业性强、技术要求高。为安全有效恢复某桥原貌，避免因修复造成二次损害，修复宜由专业人员进行，而不宜由黄某自行恢复原状，黄某应当以支付修复相关费用的方式承担侵权责任。

三、关于某桥生态产品价值的认定与核算

《中华人民共和国民法典》第一千二百三十五条规定了公益诉讼的赔偿范围，包括生态环境受到损害至修复完成期间服务功能丧失导致的损失，即生态产品损害价值。生态产品价值是指凝结在生态产品中的各要素价值的总和，既包括环境要素的生态服务、物质产品的市场经济价值等有形价值，也包括认识上的美学、文化等无形价值。不同于世人共知的自然法则、生活规则、伦理道德规范等，生态产品损害价值的核算是一项专门性技术问题，目前仅有某学院等科研院校机构在开展研究，并没有专门化的司法鉴定机构。根据《最高人民法院关于审理环境民事公益诉讼案件适用法律若干问题的解释》第十五条的规定，当事人可以申请通知有专门知识的人出庭就专业性问题提出意见，专家意见经质证可以作为认定事实的证据。

本案中，某桥生态产品损害价值的核算系由某学院具有生态保护、生态经济等方面专业知识，且长期从事生态产品价值核算科研的专家出具，其身份符合“有专门知识的人”的规定。涉案《生态产品损害价值评价意见》依据的系生态环境部、省市场监督管理局等权威机构发布的生态产品价值相关核算标准，经质证，黄某对该评价意见表示认可。因此，涉案《生态产品损害价值评价意见》可以作为认定某桥生态产品损害价值的依据。

编写人：浙江省丽水市中级人民法院　李锋　卢雅

53

商业三者险对生态环境受到损害至修复完成期间服务功能损失赔偿责任的认定

——环保协会诉罗某、保险公司生态环境保护民事公益诉讼案

【案件基本信息】

1. 裁判书字号

浙江省丽水市中级人民法院（2022）浙11民初138号民事判决书

2. 案由：生态环境保护民事公益诉讼

3. 当事人

公益诉讼起诉人：环保协会

被告：罗某、保险公司

【基本案情】

2021年6月4日，罗某违反交通禁令标志指示，驾驶重型半挂牵引车驶入禁止通行区域，将有200多年树龄的枫杨古树撞断，经鉴定，该事故造成生态环境价值损失307186元，鉴定评估费用为14000元。经交警部门认定，罗某对事故负全部责任。事故发生时，案涉车辆在保险公司投保了机动车交强险和商业三者险。事故发生后，罗某已公开赔礼道歉。

【案件焦点】

1. 生态环境受到损害至修复完成期间服务功能损失（以下简称生态环境期间损失）是否属于环境侵权的赔偿范围；2. 商业三者险对生态环境期间损失无特别约定或约定不明时，保险人是否应当承担赔偿责任。

【法院裁判要旨】

浙江省丽水市中级人民法院经审理认为：古树名木作为自然和人类历史文化的宝贵遗产，是一个地方或地区历史文化和亲情记忆的重要标志，不仅保存有弥足珍贵的物种资源，孕育有独一无二的自然生态景观，还承载着人民群众的乡愁情思，传承着人类历史文化的发展变化。本案所涉枫杨古树是当地社会发展的重要见证者，已经成为记录当地人文地理信息的重要标识，具有重要的科学、文化、生态和经济价值。林业公司出具的鉴定评估报告程序合法，结论符合客观实际，法院对鉴定评估报告予以采信。罗某违反禁令标志指示，剐撞路侧古树，造成古树严重损害，损害了社会公共利益，应对本次交通事故负全部责任。事故车辆向保险公司投保了交强险和商业三者险，事故发生在保险期内，保险公司应在保险责任限额内承担赔偿责任，其余部分应由罗某负担。法院对环保协会要求罗某、保险公司赔偿枫杨古树损失并承担鉴定评估费用的诉讼主张予以支持。

浙江省丽水市中级人民法院依照《中华人民共和国环境保护法》第六十四条，《中华人民共和国民法典》第一千二百一十三条、第一千二百二十九条，《最高人民法院关于审理环境民事公益诉讼案件适用法律若干问题的解释》第十八条、第二十条规定，判决：

一、保险公司在交强险和商业第三者责任险限额内赔偿枫杨古树损失307186元，款项于判决生效之日起十五日内交自治县财政局非税收入待清算户，该款专项用于受损古树的修复救护等生态环境建设；

二、罗某承担枫杨古树生态环境损害鉴定评估费14000元，款项于判决生效之日起十五日内交自治县会计核算中心；

三、驳回环保协会的其他诉讼请求。

宣判后，各方当事人均未提起上诉，判决已经生效。

【法官后语】

“绿水青山就是金山银山”，随着经济社会的发展，生态环境的生态调节和文化服务价值已进入公众视野并成为共识。生态环境一旦受损，从损害发生至恢复期间，生态调节和文化服务价值必然丧失或减损，即生态环境期间损失。本案涉及生态环境期间损失是否属于环境侵权和商业三者险赔偿范围问题。如何在审判中准确认定生态环境期间损失赔偿责任，保护好生态环境、实现好生态价值，是司法实践值得探讨的问题。

一、环境侵权赔偿范围的现行规定分析

根据《中华人民共和国民法典》侵权编第七章环境污染和生态破坏责任的规定，环境侵权可分为环境公益侵权和环境私益侵权，由于两者的权利主体和被侵害的客体存在差异，所以赔偿范围并不相同。《中华人民共和国民法典》第一千二百三十五条规定了环境公益诉讼的赔偿范围，该条第一项关于“生态环境受到损害至修复完成期间服务功能丧失导致的损失”和第二项关于“生态环境功能永久性损害造成的损失”的规定，明确了生态环境调节、文化服务价值损失是环境公益侵权的赔偿范围。

《中华人民共和国民法典》侵权编第七章并未对环境私益侵权的赔偿范围作出特别规定，故其赔偿范围应根据侵权编第二章损害赔偿的一般规定予以确定，即环境私益侵权赔偿范围包括人身损害、财产损失和精神损害。生态环境的调节和文化服务的承载客体是生态环境或其组成要素，即物。《中华人民共和国民法典》第一千一百八十二条对环境私益侵权财产损失赔偿范围进行了概括性规定，但未明确生态环境期间损失属于赔偿范围。

生态环境或其组成要素在国家和个人层面可以设置权利人，如水、土地、森林等，但其提供的生态调节和文化服务不像一般财产性产品具有可分性、独立性，反而具有公共产品的开放性、共享性。一般情况下，生态环境期间损失并不属于环境私益侵权的赔偿范围，但在满足特定条件下，法院应当予以支持，如公益林生态效益补偿金损失。破坏森林资源行为，不仅侵害了权利人对林木资源的财产权利，也损害了权利人可获得的公益林生态效益补偿（补贴）权益，故权利人可以公益林生态效益补偿金损失为由主张生态环境期间损失。但公益林生态效益补偿仅是对生态调节和文化服务支付的部分对价（补偿），并非完全对价（补偿）。当破坏生态行为既构成环境公益侵权，又构成私益侵权时，人民法院认定环境公益侵权中的生态环境期间损失，应注意审查和扣除私益侵权中已赔偿的生态环境期间损失。

二、生态环境期间损失是否属于保险责任范围辨析

随着社会公众生态环境保护意识的提升和国家生态环境保护力度的加大，尤其是《中华人民共和国民法典》颁布施行后，生态环境期间损失赔偿已从认知上升到法律规定，涉及生态环境期间损失赔偿和保险责任的纠纷也将日益增多。保险条款对生态环境期间损失无特别约定或约定不明时，保险人是否应当承担赔偿责任在司法实践中存在争议。笔者认为，保险人应当承担赔偿责任，主要理由如下：

其一，根据《中华人民共和国保险法》的规定，除法定保险情形外，保险合同自愿订立。即保险合同的订立、权利义务的约定，是保险合同当事人合意的结果，若保险条款对生态环境期间损失赔偿问题未作约定或约定不明的，应当根据不利于保险人的原则进行解释，保险人应当承担赔偿责任。

其二，生态环境期间损失不属于《中华人民共和国保险法》第十六规定的保险人不承担责任情形。生态环境具有调节、文化服务价值已成为社会普遍共识，并未超出一般普通人的认知范畴，且《中华人民共和国民法典》第一千二百三十五条已明确规定环境公益诉讼赔偿范围包括生态环境期间损失。即保险条款对生态环境期间损失赔偿问题未作约定或约定不明，不属于“保险人因疏忽大意未能预见”之情形，也不构成被保险人“故意”或“重大过失”未告知情形。

其三，将生态环境期间损失认定为保险赔偿范围，不属于《中华人民共和国保险法》规定的“在合同有效期内，保险标的的危险程度显著增加”情形。“危险程度显著增加”指的是保险标的受损的风险概率提高，而将生态环境期间损失认定为保险赔偿范围，增加的是保险人赔偿的损失项目，两者存在本质差异。且保险人赔偿生态环境期间损失系在保险责任限额内，并未超过保险人风险赔付的预期。

编写人：浙江省丽水市中级人民法院　李锋　卢雅

54

实施非法采砂行为致环境侵权的责任承担

——某检察院诉程某等生态破坏民事公益诉讼案

【案件基本信息】

1. 裁判书字号

重庆市第二中级人民法院（2021）渝02民初1243号民事判决书

2. 案由：生态破坏民事公益诉讼

3. 当事人

公益诉讼起诉人：某检察院

被告：程某、姚某、邹某、易某、夏某

【基本案情】

某公司就案涉某河流域某镇段取得河道采砂许可证，有效期限为2018年9月26日至2019年2月28日。后程某、姚某承包该采砂点，又将该项目承包给邹某，约定邹某开采销售每方砂石需向程某、姚某支付15元费用。随后，邹某邀约夏某、易某参与出资合伙经营。2019年2月，邹某、夏某、易某开始组织工人用挖掘机在某河流域涉案河道内开采砂石，程某、姚某各自指派人员到现场记录开采数量。案涉采砂许可证到期前后，某公司先后要求停止一切采砂活动，恢复平整河道，拆除设备后撤离现场。2019年3月22日，县水利局将该采砂许可证予以注销。此后至同年11月，邹某、夏某、易某继续在该河道内开采砂石并销售，销售金额合计2527490元（不含运费）。邹某向程某、姚某支付费用合计100万元。

2021年12月，法院作出（2021）渝0101刑初22号刑事判决，认定程某等五人构成非法采矿罪，分别判处有期徒刑四年至有期徒刑三年缓刑四年、罚金20万元并没收违法所得。后某检察院提起生态破坏民事公益诉讼。诉讼中，为保证生态环境修复效果，程某等五人向法院缴纳生态修复保证金45万元。

【案件焦点】

侵权行为人应如何承担生态破坏修复责任。

【法院裁判要旨】

重庆市第二中级人民法院经审理认为：

一、关于程某等五人是否应承担破坏生态环境侵权责任的问题

本案中，程某等五人在案涉流域内实施了机械采砂、堆码运输等行为，致使案涉流域河床开挖破坏严重、沿江堤坝坍塌、采砂现场大面积土地裸露、林地毁损等，根据鉴定意见，程某等五人实施的采砂行为与现河道生态资源损害后果之间具有直接的因果关系。因此，程某等五人应就其共同侵权行为，连带承担民事责任。对于刑事部分，本案刑事责任的承担并没有吸收或覆盖民事责任的承担，受损的生态环境并没有得到恢复，故两者之间并不能相互抵销，程某等五人民事责任依法不能免除。

二、关于程某等五人应如何承担环境侵权民事责任的问题

程某等五人实施的环境侵权行为，已损害不特定的社会公众合法环境权益，应当承担侵权责任，及时修复受损生态环境。

对于环境修复责任的承担方式。程某等五人实施的采砂行为导致河道河床及护岸堤坝遭受严重破坏，应及时修复受损生态环境，按照鉴定机构修复方案平整场地，修复护岸，补植复绿，增殖放流恢复土著鱼类，并予以验收。若未在鉴定机构建议修复期限内修复的，则应依法承担相应的修复费用。

对于公开赔礼道歉的问题。程某等五人的行为已造成生态环境损害，其也必然会损害社会公众所享有的追求美好生态环境的精神利益。从权利救济与过错担责并重的角度出发，环境破坏者不仅应认真吸取教训，采取环境保护措施，履行生态环境保护义务，更应对其造成社会公众生态环境精神利益的损害，通过

向社会公开表达悔过与歉意的方式，承担民事责任，且在市级媒体上予以发布，可以起到警示他人、预防污染环境、损害生态事件发生、便于公众参与监督等作用。故对某检察院关于程某等五人承担赔礼道歉民事责任的请求，予以支持。

关于鉴定费用的承担问题。某检察院请求程某等五人承担的鉴定费用，系为提起民事公益诉讼而委托具备相应资质的鉴定机构经现场勘查、技术评估后而出具司法鉴定意见书所支付的费用，故程某等五人应予以承担。

重庆市第二中级人民法院依照《中华人民共和国民法典》第一千二百二十九条、第一千二百三十四条、第一千二百三十五条，《中华人民共和国环境保护法》第六十四条，《最高人民法院关于审理环境民事公益诉讼案件适用法律若干问题的解释》第十五条、第十八条、第二十条、第二十二条，《最高人民法院、最高人民检察院关于检察公益诉讼案件适用法律若干问题的解释》第十三条，《中华人民共和国民事诉讼法》第五十八条规定，判决：

一、程某等五人在本判决生效后 15 日内在市级媒体上向社会公众赔礼道歉（已履行）；

二、程某等五人参照司法鉴定所《鉴定意见书》及《鉴定意见补正书》所载修复方案在 2023 年 4 月 30 日前对其破坏的涉案河道完成生态环境修复并经验收；如程某等五人在上述期限内未履行该义务，则应连带承担生态环境修复费用 313982 元；

三、程某等五人在本判决生效后 15 日内支付鉴定费 65000 元。

宣判后，各方当事人均未提起上诉、抗诉，判决已经生效。

【法官后语】

环境侵权行为造成的损害不同于传统侵权行为。在环境侵权中，行为人的侵权行为所直接作用的对象是环境，产生的直接损害是环境的污染和生态的破坏。自然环境作为一种公共产品，其利益具有公益性。因此，当其受到污染或者破坏时带来的损害也与公益性相关。可以说环境侵权与传统侵权行为相比，最重要的在于对环境公共利益这种公益性的损害。对于环境侵权责任的承担，就其价值选择而言，首先应当是对受损环境的有效修复。因此，人民法院审理环境资源案件应坚持生态优先、系统治理、全面修复原则。本案系实施非法采砂行为致环境侵权，法院主要围绕行为人在承担刑事责任后是否应继续承担破坏生态环境的侵权责任、如何承担环境侵权民事责任、如何科学合理地明确修复方案等焦点问题进行审理与裁判，具体分析如下：

一、行为人因环境违法行为受到刑事处罚的，不影响应承担的环境侵权民事责任

《中华人民共和国民法典》第一百八十七条规定：民事主体因同一行为应当承担民事责任、行政责任和刑事责任的，承担行政责任或者刑事责任不影响承担民事责任；民事主体的财产不足以支付的，优先用于承担民事责任。《中华人民共和国环境保护法》第六十四条规定，因污染环境和破坏生态造成损害的，应当承担侵权责任。本案中，程某等五人在采砂许可证已被注销的情况下，无视国家河道规划管理，使用挖机暴力开采，严重破坏河道河床，引起河势失稳，造成河流湿地生物的破坏，严重损害了社会公共利益。程某等五人的行为造成生态资源损害的后果，系共同侵权行为，应连带承担民事责任。虽然程某等五人已经受到刑事处罚，但本案刑事责任的承担并没有吸收或覆盖民事责任，受损的生态环境并没有得到恢复，两者之间并不能相互抵销，故程某等五人还应承担环境侵权民事责任。

二、以修复生态为目标选择责任承担方式

《中华人民共和国民法典》第一千二百三十四条规定："违反国家规定造成生态环境损害，生态环境能够修复的，国家规定的机关或者法律规定的组织有权请求侵权人在合理期限内承担修复责任。侵权人在期限内未修复的，国家规定的机关或者法律规定的组织可以自行或者委托他人进行修复，所需费用由侵权人负担。"在环境侵权案件中，侵权人在合理期限内承担的修复责任即恢复性责任（民事责任中的恢复原状），体现为采取修复措施使生态环境恢复到损害没有发生时的状态或者功能。适用恢复性责任应当注意的是，生态环境损害的救济以恢复原状为原则，确实无法恢复原状的，可以采用替代性恢复方式。本案中，程某等五人非法采砂的地点位于长江支流某河流域河道，系长江上游

三峡库区生态脆弱区，法院优先采用恢复性修复方式，从严把握异地修复或替代修复适用范围，确定本案具备原地修复生态环境的条件，判决程某等五人承担原地修复生态环境的责任。

三、运用鉴定科学合理地制订修复方案

生态环境侵权案件往往涉及生态环境科学、生物学、医学等多个领域，具有很强的专业性和技术性，法官缺乏相关专门知识，无法准确判断侵权行为与损害的因果关系、损害的程度等案件的关键性问题。对查明环境侵权事实、量化损害后果及制订修复方案等此类专门性问题，可以由具备相关资格的司法鉴定机构出具鉴定意见。当然，鉴定意见只是证据材料，法院还须对鉴定意见进行审查。本案中，程某等五人的非法采砂行为造成河床开挖破坏严重、河岸堤坝坍塌、周边林地植被剥离、生物多样性受损等，法院在确定侵权人修复义务时，积极参考鉴定机构出具的鉴定意见和修复方案，确保修复手段的科学性。本案判令程某等五人按照鉴定机构出具的修复方案履行修复义务，同时判令若程某等五人限期不履行修复义务，则应承担相应的生态环境修复费用，从而督促程某等五人尽快履行修复义务，实现恢复受损生态环境的目的，体现出环境司法应有的价值和理念。

编写人：重庆市第二中级人民法院　朱晓丽　黄柏成

55

环境民事公益诉讼中行政管理责任与民事赔偿责任的衔接认定

——服务中心诉钒业公司环境污染民事公益诉讼案

【案件基本信息】

1. 裁判书字号

湖北省宜昌市中级人民法院（2020）鄂05民初45号民事判决书

2. 案由：环境污染民事公益诉讼

3. 当事人

公益诉讼起诉人：服务中心

被告：钒业公司

【基本案情】

2018年5月，市环保局现场执法检查时，发现钒业公司利用其厂外西侧院墙外和厂内原污水处理站旁共两个未采取任何防渗措施的坑塘贮存含有重金属的废水，贮存时间长达两个月之久。市环保局遂作出行政处罚，责令钒业公司停止违法行为，限期采取治理措施，消除污染，并处罚款20万元。钒业公司随即将坑塘中废水抽回循环池，并将部分土壤挖出，用外运土壤填埋。因市环保局将违法线索移送公安局，公安机关现场勘验笔录及照片显示，上述两处土坑贮存的废水水位线均存在不同程度沉降。

诉讼过程中，因湖北省启动沿江一公里范围内化工企业的关改搬转工作，市生态环境局统一委托科学研究院对关改搬转的化工企业进行土地收储前的环境影响调查。初步调查结果显示，钒业公司占地土壤中钒、砷、六价铬的含量均超标，属于污染地块，但时至本案庭审时，当地政府及环保部门仍然未启动土壤污染的详细调查。

【案件焦点】

污染行为客观存在，但是在行政机关已经启动土地收储流程的情况下是否有必要确定环境损害赔偿数额，如何确定行为人的责任方式。

【法院裁判要旨】

湖北省宜昌市中级人民法院经审理认为：市环境保护局针对钒业公司环境违法行为，先后作出A、B、C三份行政处罚决定书。其中，对A号行政处罚决定书确定的违法行为，服务中心未能举证证明，法院亦未能依职权获取相关数据，不能确定钒业公司排放烟气的行为是否对大气污染造成了损害及损害的程度，故对服务中心要求钒业公司承担 A 号行政处罚决定书确定的环境违法行为的侵权民事赔偿责任的诉请不予支持。对 B 号行政处罚决定书确定的违法行为，钒业公司因未办理环境影响评价文件而擅自开工建设行为违法，但生产线建设本身并未造成环境污染损害，因而不应由钒业公司承担侵权民事赔偿责任。故对服务中心要求钒业公司承担 B 号行政处罚决定书确定的环境违法行为的侵权民事赔偿责任的诉请不予支持。对 C 号行政处罚决定书所确定的违法行为，钒业公司因排放含有重金属的废水，严重污染环境，钒业公司未能提供证据用以否定因果关系，而在案证据已形成较为完整的证据链，从高度盖然性上足以证明钒业公司利用两个未采取任何防渗措施的坑塘贮存重金属废水造成了环境污染损害，进而损害了不特定的社会公众利益，理应承担环境污染的侵权责任。故对服务中心要求钒业公司承担 C 号行政处罚决定书确定的环境违法行为的侵权民事赔偿责任的诉请予以支持。

服务中心请求钒业公司承担的环境损失以及其恢复原状期间的服务功能损失费用，同意以科学研究院随后确定的生态损失赔偿费用为准。法院认为，环境资源审判旨在以法律手段制裁污染环境、破坏生态等违法行为，同时，也要发挥引导和监督环境保护机制，落实源头保护的理念，最终达到生态修复的目的。新时代环境民事公益诉讼审判应积极探索环境资源纠纷司法救济渠道。《最高人民法院关于审理环境公益诉讼案件的工作规范》确立了以坚持修复为主的审判原则，人民法院确定生态修复方案，可以咨询负有环境保护监督管理职责的部门、技术专家的意见。本案未启动司法鉴定程序，确定明确的损害赔偿数额，但经调查查明，为落实市人民政府沿江一公里内化工企业关改搬转方案，市自然资源和规划局拟收回钒业公司现有建设用地，市生态环境局已经委托科学研究院对钒业公司现有用地土壤及地下水开展了污染情况初步调查，结果显示属污染地块。该地块已纳入市污染地块名录，市生态环境局将实施重点监管，并于 2022 年 5 月启动对钒业公司地块的土壤环境详细调查，划定土壤污染控制区，逐步编制治理修复方案。在土地未完成治理修复并经验收合格前，市自然资源和规划局将不予支付地上建筑物的征收价款。本案虽侵权行为和损害后果均客观存在，但考虑到钒业公司已关闭待搬迁，为贯彻落实党中央、国务院关于优化营商环境的决策部署精神，避免企业陷入发展僵局，法院在征询负有环境保护监督管理职责相关部门的意见后，在不确定生态修复赔偿数额的情况下，根据市人民政府关于沿江化工企业关改搬转的工作方案流程，判决钒业公司尽快开展环境影响详细调查进而完成生态治理修复工作，更能体现环境资源审判的多元性和创新性，也更符合本案客观实际。根据《中华人民共和国土壤污染防治法》第五条、第七条之规定，本案庭审结束后判决前，法院依法分别向市人民政府、市生态环境局、市自然资源和规划局发送司法建议，建议重点推进并挂牌督办钒业公司开展土壤及地下水环境详细调查及后续风险评估和治理修复工作。

服务中心作为公益性社会组织，在《中华人民共和国民事诉讼法》赋予公益诉讼诉权的前提下，积极发挥生态文明建设职能，对钒业公司提起生态环境保护民事公益诉讼，应当予以鼓励和保护。法院综合考虑与本案直接关联的服务中心委托诉讼代理人所办理的必要事项，以及案件的性质、办理难度、交通距离、交通方式等，酌情确定由钒业公司承担服务中心的律师费、差旅费及其他合理费用共计 50000 元。

湖北省宜昌市中级人民法院依照《中华人民共和国民法总则》第九条，《中华人民共和国侵权责任法》第十五条、第六十五条、第六十六条，《中华人民共和国环境保护法》第六条、第五十八条，《中华人民共和国水污染防治法》第十条，《中华人民共和国土壤污染防治法》第四条、第五条、第七条，《中华人民共和国民事诉讼法》第五十八条、第六十七条，《最高人民法院关于审理环境侵权责任纠纷案件适用法律若干问题的解释》第六条，《最高人民法院关于审理环境民事公益诉讼案件适用法律若干问题的解释》第二条、第四条、第十八条、第二十条、第二十二条规定，判决：

一、钒业公司应于本判决发生法律效力之日起 30 日内在省级媒体上向社会公开赔礼道歉（内容需经法院审核），逾期不履行，法院将在省级媒体上公布判决书的主要内容，费用由钒业公司承担；

二、钒业公司应配合市生态环境局尽快开展企业地块污染状况详细调查，并按照相应规划用地土壤环境质量要求完成治理与修复，具体治理和修复结果以市生态环境局的验收达标为准；

三、钒业公司应于本判决发生法律效力之日起十日内向服务中心支付律师代理费、差旅费及其他合理费用共计50000元；

四、驳回服务中心的其他诉讼请求。

宣判后，各方当事人均未提起上诉，判决已经生效。

【法官后语】

本案涉及环境民事公益诉讼中行政管理责任与民事赔偿责任的衔接问题。“化工围江”问题由来已久，长江经济带因其优越的地理位置、丰富的淡水资源及天然的运输航道，吸引大量化工企业沿线集聚。为落实长江大保护战略，2018年到2020年，某市集中用三年时间完成全市134家化工企业的关改搬转。钒业公司即属于沿江一公里范围内的关改搬转企业之一，服务中心告起诉时，该公司已经停产关闭，且正处于土地收储、招商入新工业园的阶段。在案证据已能证明钒业公司存在环境违法行为，且造成环境损害后果，为落实生态修复，并兼顾企业发展，应充分考虑行政管理职能作用，在审判思路、裁判方式上做到行政管理责任与民事赔偿责任的有机衔接：

1. 人民法院审理环境民事公益诉讼案件过程中，能够确定污染行为和污染后果客观存在，但基于行政职能部门已先行实施行政管理的特殊情况，法院应当依职权调查取证，了解行政管理职能部门的职权范围、分工责任、管理进度等，协同处理行政管理责任与民事赔偿责任的有效衔接，通过行政管理实现民事赔偿。

2. 环境民事公益诉讼案件涉及土壤污染损害评估的，在行政机关已经启动土地收储流程的情况下，因该流程涉及土壤环境初步调查、详细调查、风险评估、治理与修复等工作，人民法院不宜直接判决企业承担生态环境损害赔偿费用及功能受损费用，否则将导致法院委托鉴定与行政执法委托评估的冲突。此种情况下，人民法院可依法向行政管理职能部门发送司法建议，通过明确重点监管职责、管理措施，结合案件争议焦点，提示行政机关履行管理责任。

人民法院审理环境民事公益诉讼案件，应重点发挥社会综合治理的作用，运用好司法建议手段督促行政管理职能部门积极履职，从而破解审判难题。本案在判决并发出司法建议一周后，当地环保部门即启动土壤污染详细调查，并落实第一笔300万元的生态修复资金，土管部门也在收到司法建议后，暂缓收储案涉土地，在土地修复前将不予支付征收补偿款，行政管理职能部门的积极履职，直接迫使污染者主动修复生态环境。

编写人：湖北省宜昌市中级人民法院　李丹

（三）行政公益诉讼

56

环境行政公益诉讼中行政机关“已履职”可以裁定终结诉讼

——区检察院诉某生态局不履行环境污染防治监督管理职责公益诉讼案

【案件基本信息】

1. 裁判书字号

重庆市第三中级人民法院（2022）渝03行初26号行政裁定书

2. 案由：不履行环境污染防治监督管理职责公益诉讼

3. 当事人

公益诉讼起诉人：区检察院

被告：某生态局

【基本案情】

区检察院在履行职责中发现，某生态局怠于履行对本辖区内环境保护、固体废物污染环境防治工作实施统一监督管理的职责，致使甲村和乙村堆放了大量煤矸石、煤渣等固体废物，对周边环境造成污染，导致国家和社会公共利益受到侵害。2021 年 6 月 4 日，区检察院向某生态局发送检察建议，某生态局虽然作出两次书面回复，但受损生态环境并未得到有效改善。专家意见称：案涉固体废物堆场会造成区域土地破坏、土壤污染、水体污染和大气污染并有潜在滑坡风险。区检察院向重庆市涪陵区人民法院提起本案行政公益诉讼，鉴于案件社会影响较大，重庆市第三中级人民法院依法提级管辖。

在本案诉讼中，法院依法组织区检察院、某生态局对案涉堆场进行现场勘验。勘验结果是堆放的煤矸石、煤渣堆场已经整改完成。2022 年 10 月 25 日，某生态局向法院提交《终结案件申请书》，说明了在本案诉讼中所采取的措施及下一步的工作内容，并请求法院对本案作出终结案件决定。区检察院对某生态局的终结案件申请无异议。

【案件焦点】

1. 环境行政公益诉讼中行政机关“已履职”的司法认定；2. 环境行政公益诉讼中行政机关履职完毕的实践处理。

【法院裁判要旨】

重庆市第三中级人民法院经审理认为：《最高人民法院、最高人民检察院关于检察公益诉讼案件适用法律若干问题的解释》第二条规定：“人民法院、人民检察院办理公益诉讼案件主要任务是充分发挥司法审判、法律监督职能作用，维护宪法法律权威，维护社会公平正义，维护国家利益和社会公共利益，督促适格主体依法行使公益诉权，促进依法行政、严格执法。”通过本案诉讼，某生态局通过采取有力措施，对甲村、乙村案涉堆放煤矸石、煤渣污染环境进行了有效整改，并通过加强日常监管、建立长效机制等措施来防止整改到位后再次出现反弹，且行政公益诉讼起诉书上的违法事实得到了有效整改，社会公共利益得到了有效的保护，发挥了司法审判、法律监督职能，促进了依法行政，行政公益诉讼的目的已经实现。故被侵害的社会公共利益已得到恢复，其公益诉讼目的已经实现，本案已无继续审理之必要。

重庆市第三中级人民法院依照《最高人民法院关于适用〈中华人民共和国行政诉讼法〉的解释》第一百零一条第一款第四项规定，裁定：

本案终结诉讼。

宣判后，各方当事人均未提起上诉、抗诉，判决已经生效。

【法官后语】

环境行政公益诉讼是针对环境行政机关的作为或不作为提起的诉讼，当污染已经发生或将要发生时，负有维护环境公共利益职责的行政机关因其不作为，对公众环境权益造成侵害的可能性更大。但是，当行政机关及时认识到自己怠于或不履行职责的问题，积极有效整改且履职完毕，环境公共利益得到维护，公益诉讼目的已经实现的，人民法院可以裁定终结诉讼。

1. 环境行政公益诉讼中环境行政机关“已履职”的司法认定

环境行政公益诉讼中行政机关“已履职”的司法认定，应审查行政机关是否已经对违法行为予以有效纠正以及是否已经采取有效措施消除公共利益受到损害的状态。[①] 对于“已履职”的认定，应从结果上评判，即是否有效恢复受损公益。人民法院需审查行政机关是否已经对违法行为进行有效纠正以及是否已经采取有效措施消除公共利益受到损害的状态，对于行政机关形成“是否有职责→有哪些职责→是否履行→履职是否有效→应否继续履职”的闭环评价，促使依法行政产生规模效益。本案中，某生态局及时修复受损生态环境并建立长效机制等措施，消除了公共利益受到损害的状态，可以认定行政机关“已履职”。

---

① 最高人民法院137号指导案例裁判要点：“环境行政公益诉讼中，人民法院应当以相对人的违法行为是否得到有效制止，行政机关是否充分、及时、有效采取法定监管措施，以及国家利益或者社会公共利益是否得到有效保护，作为审查行政机关是否履行法定职责的标准。”该裁判要点在《人民检察机关公益诉讼办案规则》第七十四条、第八十二条中得以体现。

2. 环境行政公益诉讼中行政机关履职完毕的实践处理

行政公益诉讼的裁判方式，包含裁定准许撤回起诉、判决确认违法或无效、撤销或部分撤销、一定期限内履行、变更明显不当的行政处罚、驳回诉讼请求6种，[①] 但在行政机关自行纠正违法行为并履职完毕，检察机关实现其全部诉讼请求但未撤回起诉的情况下，应如何裁判？

公益诉讼的目的不是胜诉，而是纠正错误和整改问题，出现上述情况，采用终结诉讼的方案应是最优选择。行政诉讼终结是在行政诉讼过程中，由于某种特定原因的出现，使诉讼程序不可能继续进行或继续进行已无意义，而结束行政诉讼程序。案件审理过程中，行政机关积极履职完毕，使得违法状态基本消除，社会公共利益得到有效保护，公益诉讼目的得到实现，案件已无继续审理的必要，采取终结诉讼的裁判方式，符合公益诉讼相关法律的立法本意。

实践中，检察机关或行政机关可以向法院提出终结诉讼的申请，法院对此应当严格审查，同时可以建议检察机关在当地开展群众满意度调查、召开听证会、借助社会专业力量组成第三方评估小组评估等，保证国家和社会公共利益得到真正的维护，最终裁定终结诉讼。本案中，法院践行恢复性司法理念，实地调研、听取专家意见并与各方沟通协调，促使某生态局及时有效履职，彰显

---

① 《最高人民法院、最高人民检察院关于检察公益诉讼案件适用法律若干问题的解释》第二十四条规定："在行政公益诉讼案件审理过程中，被告纠正违法行为或者依法履行职责而使人民检察院的诉讼请求全部实现，人民检察院撤回起诉的，人民法院应当裁定准许；人民检察院变更诉讼请求，请求确认原行政行为违法的，人民法院应当判决确认违法。"第二十五条规定："人民法院区分下列情形作出行政公益诉讼判决：（一）被诉行政行为具有行政诉讼法第七十四条、第七十五条规定情形之一的，判决确认违法或者确认无效，并可以同时判决责令行政机关采取补救措施；（二）被诉行政行为具有行政诉讼法第七十条规定情形之一的，判决撤销或者部分撤销，并可以判决被诉行政机关重新作出行政行为；（三）被诉行政机关不履行法定职责的，判决在一定期限内履行；（四）被诉行政机关作出的行政处罚明显不当，或者其他行政行为涉及对款额的确定、认定确有错误的，可以判决予以变更；（五）被诉行政行为证据确凿，适用法律、法规正确，符合法定程序，未超越职权，未滥用职权，无明显不当，或者人民检察院诉请被诉行政机关履行法定职责理由不成立的，判决驳回诉讼请求。人民法院可以将判决结果告知被诉行政机关所属的人民政府或者其他相关的职能部门。"

了人民法院能动履职，主动担当作为，推动司法和执法、司法和行政的良性互动，寻求最优司法解决路径，在全力服务经济发展的同时，做好绿水青山的守护者。

编写人：重庆市第三中级人民法院　王悦倩

57

行政公益诉讼裁定终结诉讼的要件适用

——区检察院诉区城管局不履行法定职责行政公益诉讼案

【案件基本信息】

1. 裁判书字号

湖北省武汉经济技术开发区人民法院（2021）鄂0191行初21号行政裁定书

2. 案由：不履行法定职责行政公益诉讼

3. 当事人

公益诉讼起诉人：区检察院

被告：区城管局

【基本案情】

某区内毗邻某湖的涉案地块利用现状为一般农用地。2020年至2021年，涉案地块中的大片绿地被水泥及建筑垃圾填埋硬化，且未采取任何防扬散、防流失、防渗漏措施，对湖泊生态环境造成影响。区检察院发现后立即向区城管局发出诉前检察建议书，区城管局未及时履行，现区检察院提起行政环境公益诉讼。在诉讼过程中，区城管局积极整改，区检察院以维护公共利益的目的已经完成为由，向法院申请终结审理。

【案件焦点】

行政公益诉讼中，公益诉讼起诉人以维护公共利益的目的已经完成为由，申请终结对案件审理的，是否予以准许。

【法院裁判要旨】

湖北省武汉经济技术开发区人民法院经审理认为：公益诉讼制度的重要功能在于通过诉讼方式督促行政机关依法行政、严格公正文明执法，确保国家利益和社会公共利益得到全面有效维护。审理公益诉讼案件，对于行政机关依法全面履行法定职责，诉讼目的业已实现的，可依法裁定终结诉讼，以激励行政机关自觉履职。为准确适用裁定终结诉讼，可从程序和实体两个方面对其适用条件予以考量，程序要件方面要满足诉前检察建议前置、第三方评估、听证、检察机关申请等条件。实体要件方面要满足行政机关积极履职、行政公益诉讼目的已经实现。就本案而言，从程序性要件来看：第一，诉前检察建议程序前置。区检察院发现区城管局对涉案地块违法建设及建筑垃圾处置未完全充分履行法定职责，在提起诉讼前向区城管局发出检察建议，督促区城管局依法履行职责。经测量评估，涉案地块上的建筑垃圾持续堆存，损害事实仍存在，区检察院遂诉至法院请求判令区城管局依法全面充分履行法定职责；第二，现场勘验及评估。在审理过程中，法院组织诉讼双方现场勘验，涉案地块的地面建筑垃圾已基本清除，土壤层露出，双方均予以确认。并经有资质的第三方测绘公司测量评估，涉案地块已被黄土覆盖；第三，组织诉讼双方听证。法院组织诉讼双方对测量评估结果进行听证，通过听证程序，经综合判断，可以确认区城管局已经按照区检察院的诉讼请求全部履行完毕；第四，公益诉讼起诉人申请终结诉讼。区检察院以本案维护公共利益的目的已经完成为由，向法院提交终结审理申请书，申请终结对本案的审理。从实质性要件来看：第一，行政机关积极履行法定职责。本案中，区城管局积极应诉，并多次协调、督促相关部门对涉案地块上堆存建筑垃圾进行有序整改推进，建筑垃圾已基本清运完毕，已在诉讼过程中积极履行其法定职责。第二，行政公益诉讼的目的已实现。本次诉讼，有效修复了受损公益，维护了社会公共利益，诉讼请求已实现。现区检察院申请终结诉讼，符合上述程序要件和实体要件，亦无继续审理的必要，对其申请应予准许。

湖北省武汉经济技术开发区人民法院依照《最高人民法院关于适用〈中华人民共和国行政诉讼法〉的解释》第一百零一条第一款第四项规定，裁定：

本案终结诉讼。

宣判后，各方当事人均未提起上诉、抗诉，判决已经生效。

【法官后语】

检察机关提起行政公益诉讼，要求行政机关履行法定职责，行政机关积极履职后，检察机关申请终结诉讼，人民法院能否裁定终结诉讼，需要深化研究。

首先，具有政策和实践依据。2017 年 11 月 14 日，最高人民法院召开全国法院推进检察公益诉讼审判工作视频会议，最高人民法院时任党组副书记、副院长江必新发表讲话，其在讲话中指出“被诉行政机关在诉讼过程中依法积极履行职责，检察机关的诉讼请求全部实现的，可以裁定终结诉讼；对行政机关的积极自查和自觉整改行为要给予正面评价，以激励相关的机关自觉履行生效裁判”。[①] 随后，江苏、贵州、湖南等地法院出现检察机关提起行政公益诉讼以裁定终结诉讼方式结案案例。

其次，需要实质化理解适用法律。《中华人民共和国行政诉讼法》第二十五条第四款规定：“人民检察院在履行职责中发现生态环境和资源保护、食品药品安全、国有财产保护、国有土地使用权出让等领域负有监督管理职责的行政机关违法行使职权或者不作为，致使国家利益或者社会公共利益受到侵害的，应当向行政机关提出检察建议，督促其依法履行职责。行政机关不依法履行职责的，人民检察院依法向人民法院提起诉讼。”行政诉讼法不仅是人民法院审理行政公益诉讼案件的依据，也是检察机关提起行政公益诉讼的依据。当行政

---

① 《江必新：在全国法院推进检察公益诉讼审判工作视频会议上的讲话》，载中国法学会环境资源法学研究会网站，https：//cserl. chinalaw. org. cn/portal/article/index/id/128/cid/3. html，2024 年 5 月 30 日访问。

诉讼的程序规定不明确时，应当依据《中华人民共和国行政诉讼法》第一百零一条规定执行，即“人民法院审理行政案件，关于期间、送达、财产保全、开庭审理、调解、中止诉讼、终结诉讼、简易程序、执行等，以及人民检察院对行政案件受理、审理、裁判、执行的监督，本法没有规定的，适用《中华人民共和国民事诉讼法》的相关规定。”根据《最高人民法院、最高人民检察院关于检察公益诉讼案件适用法律若干问题的解释》第二十六条规定：“本解释未规定的其他事项，适用民事诉讼法、行政诉讼法以及相关司法解释的规定。”因此，行政公益诉讼裁定终结诉讼应适用《中华人民共和国民事诉讼法》的规定。《中华人民共和国民事诉讼法》第一百五十四条规定：“有下列情形之一的，终结诉讼：（一）原告死亡，没有继承人，或者继承人放弃诉讼权利的；（二）被告死亡，没有遗产，也没有应当承担义务的人的；（三）离婚案件一方当事人死亡的；（四）追索赡养费、扶养费、抚养费以及解除收养关系案件的一方当事人死亡的。”从《中华人民共和国民事诉讼法》第一百五十四条的规定看，民事诉讼中终结诉讼的情形，应当满足两个条件：一是诉讼一方当事人诉讼主体资格消灭，二是没有义务承受人或者继承人放弃诉讼权利。《中华人民共和国民事诉讼法》不可能对行政诉讼甚至行政公益诉讼的终结条件直接作出明确规定，但是依据《中华人民共和国行政诉讼法》第一百零一条和《最高人民法院、最高人民检察院关于检察公益诉讼案件适用法律若干问题的解释》第二十六条的规定，当行政公益诉讼中出现满足上述两个条件的情形时，也应当裁定终结诉讼。在检察机关提起的行政公益诉讼中，一旦检察机关向人民法院申请终结诉讼，即代表其在个案中放弃行政公益起诉人的身份，起诉主体不存在，而且根据《中华人民共和国行政诉讼法》和《最高人民法院、最高人民检察院关于检察公益诉讼案件适用法律若干问题的解释》关于行政公益起诉人的规定，没有其他任何主体有资格继承其诉讼权利。此时，终结诉讼的适用条件实质上已经全部满足，人民法院可以依申请裁定终结诉讼。

最后，需要要件化规范适用范围。检察机关提起的行政公益诉讼，在行政机关积极履职，诉讼目的全部实现的情况下，法院裁定终结诉讼，具有重要的理论和现实价值，有利于推动行政机关主动履职，推动生态环境治理，形成生态文明建设强大合力。虽然通过实质化解释可以适用《中华人民共和国民事诉讼法》终结诉讼相关规定，但有必要在将来的公益诉讼制度完善中统筹考虑。为规范行政公益诉讼裁定终结诉讼适用范围，本案从实体与程序两个方面进行了审查。程序性要件方面：第一，诉前检察建议程序前置，即检察机关诉前是否向行政机关发送检察建议，行政机关未履行检察建议；第二，现场勘验、评估即组织诉讼双方进行现场勘验，明确争议，必要时邀请第三方进行评估；第三，组织听证即邀请代表、委员、执法监督员参加听证，充分听取诉讼双方意见、审查证据；第四，公益诉讼起诉人申请终结诉讼即依据“不诉不理”原理，需由检察机关向法院提交终结诉讼申请。实质性要件方面：第一，行政机关积极履行法定职责，即行政机关在法院审查终结前主动履行工作职责；第二，行政公益诉讼的目的已实现，即诉讼双方对行政机关是否圆满完成工作职责没有争议，若有争议可通过第三方评估鉴定、多方“回头看”方式确定。

编写人：湖北省武汉市经济技术开发区人民法院　杨贝贝　刘庆国

58

乡镇人民政府是否应全面履行本行政区域水污染防治监管职责的认定

——区检察院诉镇政府不履行水污染防治监督管理职责公益诉讼案

【案件基本信息】

1. 裁判书字号

重庆市江津区人民法院（2021）渝0116行初280号行政判决书

2. 案由：不履行水污染防治监督管理职责公益诉讼

3. 当事人

公益诉讼起诉人：区检察院

被告：镇政府

【基本案情】

2021年1月，区检察院在履行职责中发现，通惠河某社区段多处排污管道渗漏严重，并散发浓烈刺鼻性气味，大量生活污水沿河堤直接流入通惠河内，同时部分居民生活污水直排通惠河，河道内有散养家禽，通惠河水质受到污染，其中通惠河某社区段水域环境恶化。区检察院遂向镇政府发出检察建议书，建议：(1) 依法履行辖区水污染防治监督管理职责，对场镇污水管网渗漏、居民生活污水直排、沿河散养家禽等问题采取有效措施加以治理。(2) 加大宣传教育，提高辖区群众的环保意识。2021年3月，镇政府作出书面回复称：已按照检察建议进行专题研究并制订整改方案，现已整改完毕。但是受项目资金限制，未对沿河两岸污水管网彻底整治。沿河两岸污水管网、居民污水直排等问题只能采取应急处置，不能彻底解决。目前场镇污水管网项目已成功纳入区水系连通及农村水系综合整治试点工程，预计2021年4月开始动工，10月底完成竣工验收。

2021年8月至9月，区检察院跟进调查发现，场镇污水管网渗漏、居民生活污水直排以及居民沿河散养家禽的情况仍然存在。后经第三方监测，通惠河某社区段某河入通惠河混合处化学需氧量浓度超标0.4倍；通惠河某桥下化学需氧量浓度超标0.5倍，氨氮浓度超标1.94倍，总磷浓度超标0.78倍；某桥上游150m处化学需氧量浓度超标0.5倍，氨氮浓度超标1.35倍，总磷浓度超标0.61倍。

【案件焦点】

镇政府是否存在怠于履行通惠河某社区段水污染防治监督管理职责的行为。

【法院裁判要旨】

重庆市江津区人民法院经审理认为：根据《中华人民共和国环境保护法》

《中华人民共和国水污染防治法》的相关规定，镇政府作为基层一级人民政府，应当在环境保护工作中全面履行行政监管职责，做好辖区内环境的综合治理工作。

本案中，因排污管道渗漏等原因，大量生活污水沿河堤直接流入通惠河某社区段内，致使水质受到污染，水域环境恶化。镇政府虽然在收到检察建议前后均履行了部分职责，完成了散养家禽处置等工作，但仍然存在监管和履职不及时、不全面、措施不力的情况，场镇污水管网渗漏、居民生活污水直排等问题尚未得到解决，污染仍处于持续状态，社会公共利益受侵害的状态尚未结束，仍有继续履职的必要，应继续履行水污染防治监管职责，继续推进辖区场镇污水管网改造工程，采取有效措施解决居民污水直排等问题。考虑到某场镇污水管网工程已被纳入区水系连通及农村水系综合整治试点工程（新增部分），履职期限需由镇政府综合工程完工时间等综合确认。

确认诉讼具有补充性，只有在课以义务诉讼不能提供救济的时候，确认诉讼才是必要和适当的。即在行政机关存在未依法履行法定职责违法行为的基础和前提下，判决履行没有意义，不需要判决履行的，才判决确认违法，反言之，判决履行有意义，需要判决履行的，鉴于人民法院实际上已经对行政机关存在未依法履行法定职责的违法性予以认定，则应判决行政机关履行职责，没有必要再判决确认行政机关违法。故在镇政府未依法履行法定职责的情况下，“确认违法”的诉讼请求可以被“履行职责”的诉讼请求合并和吸收，判决镇政府及时履行法定职责，区检察院的诉讼目的即可实现。

重庆市江津区人民法院依照《中华人民共和国行政诉讼法》第二十五条第四款、第七十二条、第七十四条第二款第三项规定，判决：

责令镇政府依法全面履行通惠河某社区段水污染防治监管职责，对场镇污水管网渗漏、居民生活污水直排等问题进行有效的综合治理。

宣判后，各方当事人均未提起上诉、抗诉，判决已经生效。

【法官后语】

传统的行政诉讼，行政机关应当受司法监督的受案范围限定在“法定职责”

中，但在行政公益诉讼中，相关规定则采用了与行政诉讼不同的“监督管理职责”一词。对“监督管理职责”的厘清是解决环境行政公益诉讼中被告行政机关履职范围的关键。在确定被告行政机关履职范围的基础上，还需明确判断标准，以进一步判断行政机关履职行为是否有效，是否全面履行了监督管理职责。

第一，如何理解“法定职责”与“监督管理职责”。有观点认为，法定职责可分为监督职责和管理职责，即未明确区分法定职责与监督管理职责，法定职责便可涵盖监督职责与管理职责。也有观点认为，监督管理职责的表述本质上拓宽了对法定职责的解释范围，在行政公益诉讼中，行政机关的监督管理职责不同于普通行政诉讼中的法定职责。行政公益诉讼作为一种客观诉讼，其不以维护个别、具体的公民或法人组织的合法权益为目的，而是以保护国家利益或者社会公共利益为目的。行政公益诉讼的实质在于通过影响政策制定、督促履职等实现对公共利益的保护，因而其对行政机关的监督范围和监督强度要比普通诉讼更为广泛和深入。鉴于多数观点并未区分法定职责与监督管理职责，且多数采用的是行政机关不履行法定职责的表述。笔者认为，行政公益诉讼中对法定职责的理解应涵盖监督管理职责，即对行政公益诉讼中法定职责的内涵作扩张化解释，即便是仅负有管理职责的乡镇人民政府，也能够成为行政公益诉讼中的被告。对法定职责内涵作扩张解释，不仅是解决行政公益诉讼实践被告资格认定问题的现实需要，同时也符合《中华人民共和国行政诉讼法》第二十五条的立法精神。

第二，以“复合标准”判断行政机关履职是否到位。“复合标准”综合了“行为标准”与“结果标准”，指的是人民法院在环境行政公益诉讼案件中判断行政机关履职是否到位时，首先应当考虑“生态环境受侵害的状态是否结束”。司法实践中，通过走访现场、审查证据等方式可以较为容易地鉴别生态环境受侵害的状态是否结束，具有较强的实操性。本案中，区检察院发出检察建议后，经跟进调查发现，某镇场镇污水管网渗漏、居民生活污水直排以及居民沿河散养家禽的情况仍然存在，可以据此判断生态环境受侵害的状态仍未结束。同时，根据具体的案件情况，人民法院可补充考虑“行政机关是否用尽了法律规定的各项履职手段”。该考虑实质上包含了人民法院应对行政机关客观履行不能的情形进行审查的意思，行政机关履行不能属于免责事由，应当纳入人民法院的审查范围。就本案而言，镇政府并未穷尽所有行政手段，不存在客观上履行不能的情形。因此，人民法院经综合认定，判决镇政府应当依法全面履行通惠河某社区段水污染防治监管职责。

编写人：重庆市江津区人民法院　朱永祺　杨妮

59

自然资源主管部门是否全面履行矿山地质环境保护与治理恢复监管职责的认定

——区检察院诉区规自局不依法履行矿山地质环境保护与治理恢复监督管理法定职责行政公益诉讼案

【案件基本信息】

1. 裁判书字号

重庆市江津区人民法院（2021）渝0116行初230号行政判决书

2. 案由：不依法履行矿山地质环境保护与治理恢复监督管理法定职责行政公益诉讼

3. 当事人

公益诉讼起诉人：区检察院

被告：区规自局

【基本案情】

2016年11月，建材公司变更成立后，一直从事矿山开采活动，并开展“边生产边治理”工作，履行矿山地质环境保护与治理恢复义务。2019年3月，区检察院在履职中发现，建材公司未依法按照批准的恢复治理方案开展治理恢复工作，造成当地地质环境和土地资源严重破坏，损害了社会公共利益。同年6月，区检察院向区规自局发出《检察建议书》，督促其依法对建材公司未履行矿山地质环境治理恢复义务的行为进行处理，加强对辖区矿山地质环境治理恢复工作的日常监管，从源头上避免类似情况发生。8月12日，区规自局向区检察院作出书面回复称，已于2019年8月1日组织专人实地查看，认定企业已严格落实了矿产资源开采活动与地质环境保护、治理恢复的同步推进工作；下一步将加大矿山监管巡查力度和法律法规宣传力度，全面履行监管职能职责。经区检察院跟进调查，发现区规自局经检察建议督促后仍怠于履行监管职责，未依法对建材公司未同步开展矿山地质环境保护与治理恢复的问题进行处理。该公司应采取的边坡整治等同步治理恢复措施均未有效实施，造成当地生态环境严重破坏，社会公共利益持续处于受侵害状态。2021年8月，经第三方鉴定，建材公司未按照恢复治理方案开展边生产边治理工作，未进行边坡整治、修建截排水沟和拦渣挡土墙，矿山开采导致地形地貌被严重破坏，破坏区域面积为26272.46平方米，治理恢复面积仅454.19平方米。

【案件焦点】

区规自局是否全面履行涉案矿山地质环境保护与治理恢复监督管理职责。

【法院裁判要旨】

重庆市江津区人民法院经审理认为：县级以上地方自然资源主管部门负责本行政区的矿山地质环境保护工作。采矿权人应当按照矿山地质环境保护与土地复垦方案的要求履行矿山地质环境保护与土地复垦义务；未履行矿山地质环境保护与土地复垦义务，或者未达到矿山地质环境保护与土地复垦方案要求，有关自然资源主管部门应当责令采矿权人限期履行义务；未按照批准的矿山地质环境保护与土地复垦方案治理的，责令限期改正，并列入矿业权人异常名录或严重违法名单；逾期拒不改正的或整改不到位的，处3万元以下的罚款，不受理其申请新的采矿权许可证或者申请采矿权许可证延续、变更、注销。

建材公司未按照批准的方案依法履行矿山地质环境保护与治理恢复义务，区规自局作为辖区内的自然资源主管部门，怠于履行法定监管职责，致使国家利益和社会公共利益持续受到侵害。区检察院向区规自局发出检察建议书，建议其依法履行矿山地质环境保护与治理恢复管理职责，对建材公司未依法履行矿山地质环境保护与治理义务的行为进行处理，切实维护国家利益。区规自局收到检察建议后虽多次组织巡查，并下达《责令限期整改通知书》，但建材公司一直未按照批准方案的要求同步开展矿山地质环境保护与治理工作，区规自局也未进一步采取行政处罚、不受理申请新的采矿权许可证等措施督促履行法定义务。因此，区规自局仍应继续依法履职。因建材公司的采矿许可证未到期且可能延续，在边开采边治理的过程中治理方案可能发生调整，需要由区规自局综合权衡确定，故履职期限难以确定，但区规自局仍应及时全面履行职责，使涉案矿山的地质环境得到有效的保护与治理。

重庆市江津区人民法院依照《中华人民共和国行政诉讼法》第二十五条第四款规定，判决：

区规自局依法及时全面履行行政监管职责，对建材公司未依法履行矿山地质环境保护与治理恢复义务的行为依法进行处理。

宣判后，各方当事人均未提起上诉、抗诉，判决已经生效。

【法官后语】

通常来说，行政机关不依法履行法定职责，可分为迟延履行职责、未全面履行职责或错误履行职责等作为情形，以及完全不履行职责的不作为情形。本案区规自局的行为属于未全面履行职责，在环境行政公益诉讼中认定行政机关未全面履职，可重点从三个方面着手。

一、明确行政机关作为被告的主体是否适格

被诉的未依法履行的职责应当属于被告的履职范围，这应当是判断行政公益诉讼被告适格的重要条件。《矿山地质环境保护规定》规定，采矿权人未履行矿山地质环境保护与土地复垦义务，或者未达到矿山地质环境保护与土地复垦方案要求，有关自然资源主管部门应当责令采矿权人限期履行矿山地质环境保护与土地复垦义务，有权对矿山地质环境与土地复垦方案确立的治理恢复措施落实情况和矿山地质环境监测情况进行现场检查，对违反规定的行为有权制止并依法查处。该法规定赋予自然资源主管部门监管、处罚的权力，明确了未全面履职的主体及其基本职权范围。本案中，区规自局系当地自然资源主管部门，具有辖区内对采矿权人关于矿山地质环境保护与治理恢复义务的监督管理法定职责，是本案的适格被告。值得一提的是，行政公益诉讼应以检察机关制发检察建议为诉前程序。

二、审查行政机关的履职行为是否全面

审理行政机关未全面履职的情形时应当注意，行政机关在作出不同类型的行政处理决定时，具有递进性特点，如在非法排放的环境类违法行为中，生态环境监管部门可责令行政相对人停止违法行为、限期治理，并处以罚款。即使作出前述行政行为，也不能简单认定其已履职，行政机关仍可采取按日计罚、责令关停、代为处理等措施。在本案中，区规自局收到检察建议后，其虽然多次组织工作人员对建材公司开展矿山地质环境保护与治理恢复的工作情况进行巡查，并下达《责令限期整改通知书》，但就已为行为来看，其并未依法制止查处违法行为，未依法行使行政处罚权，未进一步采取后续措施，也未对后续情况及时监督，明显未全面履行监管职责。

三、判断生态环境利益受侵害的状态是否消除

在认定行政机关是否未全面履职时，应综合考虑国家利益和社会公共利益受侵害的状态是否消除、环境是否得到恢复。在采用前述“行为标准”的同时采用这种“结果标准”，一方面，法院可通过走访现场、审查证据等方式进行鉴别判断，具有较强的实操性；另一方面，倒逼行政机关在履职时重点考虑如何将生态环境恢复至受侵害之前的状态，可调动行政机关的履职积极性，甚至创新监管手段以提高履职效率，能提升行政机关履职的确定性，更有利于生态环境的恢复。本案中，区规自局的行为未能及时制止查处违法行为，采矿权人的违法行为始终处于持续状态，且环境公益也始终处于被侵害的状态，区规自局显然未全面履职，且仍有继续依法履职的必要。故法院经综合认定，判决其

依法及时全面履行行政监管职责，更有利于涉案矿山的地质环境得到有效的保护与治理。

编写人：重庆市江津区人民法院　杨妮　朱永祺

60

环境行政公益诉讼撤诉审查方式和途径

——市检察院诉镇政府不履行处理生活垃圾法定职责公益诉讼案

【案件基本信息】

1. 裁判书字号

广东省江门市江海区人民法院（2022）粤0704行初1069号行政裁定书

2. 案由：不履行处理生活垃圾法定职责公益诉讼

3. 当事人

公益诉讼起诉人：市检察院

被告：镇政府

【基本案情】

2022年1月12日，市检察院发现位于某村委会涉案地块上堆放了大量建筑垃圾、生活垃圾，垃圾所占土地类型显示有水田等农用地。该土地上长期堆放的垃圾未经无害化处理，形成的废物严重影响当地土壤、周边河水生态环境及村容村貌。2022年1月29日，市检察院向镇政府发出《检察建议书》，建议其全面履职，加强辖区内的环境监督管理工作，保持良好的生态环境。后镇政府函复称未完成涉案垃圾清理工作，主要原因是由于当地天气持续不稳定，多次出现强降雨天气，而且边坡较陡，重型机械及车辆难以进行清理作业，治理难度较大，也难以明晰履职完成标准。2022年7月，市检察院认为，镇政府未依法全面履行职责，涉案土地堆放的垃圾仍未得到有效清理，社会公共利益受损状态仍未得到有效修复，故提起本案行政诉讼。

2022 年 12 月，在本案诉讼过程中，法院依职权行使释明权，释明、督促、明确履行职责标准，镇政府按照人民法院要求，清理了涉案垃圾，并采取措施对涉及农用地的地块重新覆盖耕作泥土进行复耕复绿，在被治理地块周边安装禁止倾倒垃圾的告示牌，加大对地块监督巡查力度，并提供了涉案地块经第三方专业检测的验收合格报告，该地块已无新倾倒建筑垃圾与生活垃圾，复耕复绿地块上的农作物生长势头良好。最终，市检察院以镇政府已依法履行法定职责，本案诉讼请求得以全部实现为理由，申请撤回本案起诉。

【案件焦点】

1. 如何认定生态环境监督管理法定职责的“完全履职”标准；2. 环境行政公益诉讼撤诉的特殊审查方式和途径。

【法院裁判要旨】

广东省江门市江海区人民法院经审查认为：本案系检察机关为依法督促行政机关履行监管职责提起的环境行政公益诉讼，人民法院、人民检察院办理行政公益诉讼案件主要任务是充分发挥司法审判、法律监督职能作用，维护宪法法律权威，维护社会公平正义，维护国家利益和社会公共利益，督促适格主体依法行使公益诉权，促进依法行政、严格执法。根据《中华人民共和国环境保护法》第六条第二款“地方各级人民政府应当对本行政区域的环境质量负责”、第二十八条第一款“地方各级人民政府应当根据环境保护目标和治理任务，采取有效措施，改善环境质量”、第三十七条“地方各级人民政府应当采取措施，组织对生活废弃物的分类处置、回收利用”及《人民法院审理人民检察院提起公益诉讼案件试点工作实施办法》第十四条“行政公益诉讼的被告是生态环境和资源保护、国有资产保护、国有土地使用权出让等领域行使职权或者负有行政职责的行政机关，以及法律、法规、规章授权的组织”等规定，镇政府对辖区范围内的环境质量负责，对当地环境保护负有法定职权与职责，并负责辖区范围内城乡生活垃圾的管理工作。本案现有证据显示，市检察院根据《中华人民共和国行政诉讼法》第二十五条第四款的规定诉请判令镇政府依法继续履行职责，完成处理、转运位于涉案地块堆放的未予清理的生活垃圾，消除周边环境污染隐患。镇政府现已依法履行职责，对涉案地块的垃圾清理转运完毕，其提供的检测报告显示案涉地块的地表水和土壤指标均已符合相关检验指标规定，其中“平面区”在本案起诉前已完成清理并进行复耕，市检察院对其本案诉讼请求得以全部实现等事实无异议。故市检察院撤回起诉的申请为其真实意思表示，且无证据显示该撤回起诉申请损害国家利益、环境公共利益、当地人民群众生态环境权益以及他人合法权益，符合有关法律的规定，应予准许。

广东省江门市江海区人民法院依照《中华人民共和国行政诉讼法》第六十二条，《最高人民法院、最高人民检察院关于检察公益诉讼案件适用法律若干问题的解释》第二十四条，《最高人民法院关于适用〈中华人民共和国行政诉讼法〉的解释》第一百零一条第一款第十项规定，裁定：

准许市检察院撤回起诉。

宣判后，各方当事人均未提起上诉、抗诉，判决已经生效。

【法官后语】

本案是涉重点流域、自然保护地公园、湿地生态、国家保护动物、原生态水乡等多元生态环境要素复合的环境行政公益诉讼案件，案件所涉及的环境司法理念、裁判标准和审理规则均是公益诉讼需要重点解决的问题。案件所涉地域村位于珠江西江河畔，具有浓厚侨乡历史建筑特色的古村落及国家二级保护动物白鹭等广布其中，形成当地首个省级湿地公园，为粤港澳大湾区保存风貌较为完整的原生态水乡，该镇充分依托前述生态资源，打造乡村生态旅游产业，助力实施乡村振兴战略。然而水乡生态环境对河水的洁净度要求极高，涉案垃圾对该镇及周边村的重大生态环境及公共利益造成较重危害，社会影响较大。但公益诉讼中行政机关履职标准尚属法律空白，现有司法解释对行政公益诉讼申请撤诉的规定亦较为原则，本案在审理中创新探索审理规则，明确撤诉的审查方式和途径。

首先，生态恢复性司法理念贯穿环境公益诉讼案件审理全过程。生态恢复性司法的核心理念，具体是指落实以生态环境修复为中心的损害救济制度，最大限度修复受损生态环境，恢复生态功能。乃公法之诉的环境行政诉讼不同于民事诉讼的意思自治原则，环境污染现场状况一般较为特殊复杂，如“逢撤必准”极有可能使得未得到充分有效治理但不易直接观察到的污染源及其附生污染物产生叠加效应最终造成无法回转环境侵害的公共风险。同时，公益诉讼以保护社会公共利益为原则，社会公共利益在环境公益诉讼中是不特定社会公众的生态环境权益，不特定的多数人享有的利益正是社会公共利益的内涵，人们享有的环境权益包含清新的空气、洁净的水源等人们生存发展所必不可少的环境基本要素。故，针对公益诉讼起诉人在环境行政公益诉讼中主动撤诉的情形，人民法院基于生态恢复性司法理念及公益诉讼利益归于社会的原则，应依职权对撤诉时行政机关是否仍然构成环境保护“不履行职责”、如何履行生态环境监督管理法定职责、履职完成的验收标准、撤回起诉申请是否符合生态恢复性司法理念、是否损害环境公共利益及当地人民群众受损的生态环境权益是否恢复等实质性要素进行审慎审查。

其次，生态环境修复具有紧迫属性，应适用“代履行”填补环境保护“监督管理职能”的法律空白。由于《中华人民共和国环境保护法》等单行法对行政机关大多是仅有“监督管理职能”的概括性规定，并无具体的适用条款，故一般较难给予行政机关在执法实践中相对应的履职依据指引。但该类案件中行政机关不作为的后果往往是“不立即修复将导致生态环境损害扩大继而无法挽回”，此具有典型的“情况紧迫”属性。而以《中华人民共和国行政强制法》第五十条等上位法律为依据，其基于具有“情况紧迫”属性的现实需要设定“代履行”的法律制度则正好可以解决这一“痛点”。“代履行”是指侵权人拒绝履行或者没有能力履行义务时，行政机关决定由行政机关或者第三人代替侵权人履行义务，履行费用由侵权人承担，适用范围也限于已经或者有造成环境污染或者破坏自然资源等情形。故结合前述考量要素，应把“是否完成代履行”引入对行政机关是否构成“违法行使职权或者不作为”的司法审查要件中，这与法律、司法解释规定的侵权者承担生态功能损失赔偿责任的目的和效果是一致的。本案起诉前镇政府对非法倾倒垃圾的地块虽进行了部分清理、整治工作，已部分履行职责，但却未达到受损生态环境得到实质性治理修复、恢复生态功能的“代履行”实施效果，其抗辩理由亦不属于不能克服的客观情况等合法合理事由，该镇政府尚未充分、正确、全面履行“代履行”的法定监督管理职责，已构成“不依法履行职责”。

再次，充分发挥生态环境司法的矫正作用和保护功能，明确“完全履职”标准。在环境行政公益诉讼中，人民法院应当以违法行为是否得到有效制止，行政机关是否充分、及时、有效采取生态环境治理修复措施，以及生态环境治理修复成果是否符合公共利益有效保护要求，作为审查行政机关是否完成履行法定职责的验收标准。本案确定以镇政府作为生态环境治理修复“代履行”主体，但由于在公益诉讼中行政机关履职标准尚属法律空白，镇街政府一般亦因人员及配置的环保专业技术薄弱、履职修复力量不强导致实施效果较差。为此，本案法院充分发挥生态环境司法的矫正作用和保护功能，对于只是采取了部分措施但未充分、正确、全面履行法定职责达到实质、合理效果的镇政府，从严把握其“完全履职”标准，依职权行使释明权，主动释明、督促、明确该镇政府应当承担起的生态环境治理修复职责具体内容及其“完全履职”标准的实质性条件，增强镇政府履行职责的明确性和可执行性。在镇政府按照法院要求完成清理、治理、修复、复耕、告示、巡查等生态环境治理修复措施后，人民法院还需要针对生态环境治理修复成果是否符合环境公共利益保护要求作出认定，由于生态环境治理修复具有技术性强、取证难、周期长、修复情况复杂等客观因素，因此该认定也是环境资源司法实践特别是环境行政公益诉讼的审理难点之一。参照《最高人民法院关于审理生态环境损害赔偿案件的若干规定（试行）》第九条规定，负有相关环境资源保护监督管理职责的部门或者其委托的机构在行政执法过程中形成的事件调查报告、检验报告、检测报告、评估报告、监测数据等，经当事人质证并符合证据标准的，可以作为认定案件事实的根据。

故对关于行政机关履行法定职责是否已经达到有效治理、修复或消除当地环境污染等环境修复工程的验收合格标准及环境修复责任“完全履职”标准，可以经具备法定资质的第三方机构或相关中立专业机构等进行生态环境修复治理效果鉴定评估，以作权威、有效、审慎认定。本案中，人民法院要求镇政府提供了第三方专业检测报告，显示案涉地块的地表水和土壤指标均已符合相关检验指标规定，该第三方专业检测机构具备相应的专业判断能力，经庭审质证，其报告具备合法性、科学性，可以作为认定镇政府实施的生态修复工程质量符合验收合格标准的重要依据，据此，本案认定镇政府已充分、正确、全面履行“代履行”的法定监督管理职责。该审理规则可破解该类案件专业事实查明的技术藩篱。

最后，关于环境公益诉讼是否准予撤诉的问题。本案审查中，法院通过对不能随意处分的公益诉请是否全部实现，采用多维度方式与途径，结合环境污染破坏的范围和程度、生态环境的稀缺性、生态环境恢复的难易程度等因素，参考相关专家意见，同时，案件承办法官进行现场考察、勘验，强化亲历性，确定了受损生态环境功能已经恢复，本案环境行政公益诉讼的诉讼请求和诉讼目的已经全部得到满足与实现，环境治理修复成果足以保护国家生态安全、社会公共利益和当地公众健康及生态环境权益，在消除环境污染源、修复生态环境、保护环境公共利益，完成诉讼功能的基础上，符合环境公益诉讼撤诉的实质性条件，已经实现司法审判维护公益的职能作用，最终慎重裁定准许撤诉。

党的二十大报告强调完善公益诉讼制度，体现了对公益诉讼制度价值和实践效果的充分肯定，明确了公益诉讼在推进人与自然和谐共生的中国式现代化中的重要地位和作用，为新征程上全面加强生态环境公共利益司法保护提出了新的更高要求。本案坚持恢复性司法理念，坚持“生态优先，绿色发展”原则，探索创新绿色裁判规则，有效判断公益诉讼最终、实际目的是否实现，让守护环境权益的法律条文转化为鲜活司法实践，发挥了案例示范引领和规则补充作用，体现了环境行政公益诉讼的价值。

编写人：广东省江门市江海区人民法院　廖杰华

61

环保主管部门是否全面履行法定职责的认定

——区检察院诉某生态环境局不履行饮用水水源地环境保护职责行政公益诉讼案

【案件基本信息】

1. 裁判书字号

南昌铁路运输法院（2023）赣 7101 行初 1389 号行政判决书

2. 案由：不履行饮用水水源地环境保护职责行政公益诉讼

3. 当事人

公益诉讼起诉人：区检察院

被告：某生态环境局

【基本案情】

供水公司建有水厂，其中 A 水厂、B 水厂取水水源为赣江、C 水厂取水水源为锦江。2020 年 9 月 2 日，区政府办公室作出《关于印发某区农村集中式饮用水水源保护区专项整治工作方案的通知》，明确某区农村集中式饮用水水源保护整治责任单位为各乡镇人民政府。

2022 年 6 月 2 日，省检察院第八检察部发布《关于全省检察机关开展饮用水安全检查公益诉讼专项监督活动的通知》，在全省开展饮用水安全专项监督活动。区检察院发现甲镇、乙镇、丙乡饮用水水源地存在围挡破损、堤岸沿线漂浮、沉积垃圾未清理等问题，某水厂一级保护区内灌溉渠有排污口，影响饮用水安全，A 水厂、B 水厂、C 水厂保护区内部分围挡被毁损形成较大缺口，人员畜禽可自由进出，一级保护区内有人员垂钓活动，水源地堤岸沿线漂浮、沉积各类垃圾未清理。A水厂二级保护区内有大量牛群活动，排泄物直接接触水源污染水环境。B水厂附近有一家在养生猪养殖场，散发刺鼻气味，未见配套建设污染治理设施，影响供水安全。

2022年9月27日，区检察院予以立案，向供水公司A水厂厂长等人制作了询问笔录，2022年11月25日，区检察院向某生态环境局发出《检察建议书》，建议某生态环境局：1. 依法履行水源地环境保护职责，指导甲镇、乙镇、丙乡、丁乡人民政府对饮用水水源地保护区存在的问题进行整改；2. 加强农村供水工程日常监督，及时排除水源地环境污染隐患，切实保障饮用水安全。

收到检察建议后，某生态环境局进行现场巡查，发现区检察院反映的问题属实，告知乙镇、丙乡等乡镇人民政府进行处理。某生态环境局对丙乡某养猪场进行了检查，该养猪场已关闭。2022年11月29日、12月6日、12月15日、12月26日，某生态环境局工作人员巡查发现存在防护围栏仍未修复、堤岸沿线有垃圾物堆积等问题。

2022年12月30日，某生态环境局作出回复：针对贵院提出的问题，召开专题会议进行了研究分析，并要求以区生态环境保护委员会办公室名义，根据《某区生态环境保护责任清单》，督促区水利局、甲镇、乙镇、丙乡、丁乡按职能认真落实；11月29日，我局由分管领导带队联合区水利局开展专项帮扶行动，4个乡镇农村饮用水水源地区存在的问题进行认真整改；加强日常巡查频次，12月对全区农村饮用水源地开展巡查2次，出动执法车辆4批次，执法人员12人次；督促指导属地乡镇加强供水工程日常监督，及时排除水源地环境污染隐患，现已完成整改。但截至区检察院提起行政公益诉讼前，饮用水水源地一级保护区防护围栏仍未完全修复到位，出现护栏成片倒塌，A水厂水源保护区有放牧现象，堤岸边有牛群等排泄物，农村饮用水源地保护仍然存在安全隐患，区检察院遂提起行政公益诉讼。

在本案诉讼期间，区检察院所诉请的饮用水水源地环境问题已得到整改。2023年9月28日，某区生态环境保护委员会办公室再次向乙镇政府发出《关于加快乙镇（锦江）水源地存在问题整改的函》，指出乙镇（锦江）水源地一级保护区隔离防护网多处破损、一级保护区存在钓鱼现象，长期未进行整改，要求进行整改。同日，某生态环境局向甲镇政府发出《关于加快甲镇（赣江西支）水源地存在问题整改的函》，指出甲镇（赣江西支）水源地一级保护区防护隔离网多处破损，一级保护区内放牧，牛群等畜禽粪便存在影响水质的现象，长期未进行整改，要求进行整改。同日，某生态环境局向丙乡政府发出《关于加快丙乡（赣江西支）水源地存在问题整改的函》，指出丙乡（赣江西支）水源地一级保护区防护隔离网多处破损，一级保护区内存在钓鱼现象，长期未进行整改，要求进行整改。

2023 年 10 月 10 日，乙镇政府作出书面回复，告知已安排专业人员对破损处进行了重新维修和加固，已完成问题整改。2023 年 10 月 16 日，丙乡政府作出书面回复，告知破损防护网已完成修复，护渔队加强日常巡逻和监管，对在保护区内的垂钓者及时劝离，同时安装“饮水口禁止垂钓”警示牌 6 块。2023 年 10 月 28 日，甲镇政府作书面回复，告知安排人员及时清理畜禽粪便，要求养殖户做好畜禽的监管，不再让畜禽到水源地保护区内，隔离网的破损已要求供水公司修复完成。上述乡镇人民政府作出的回复均附图。某生态环境局进行整改核查，核查情况为已整改到位。

2023 年 11 月 9 日，区生态环境保护委员会办公室制定了《某区饮用水源保护区监管巡查制度》，加强饮用水水源地保护。

【案件焦点】

1. 某生态环境局是否具有对案涉饮用水水源地环境保护的法定职责；2. 某生态环境局是否全面履行其法定职责。

【法院裁判要旨】

南昌铁路运输法院经审理认为：根据《最高人民法院、最高人民检察院关于检察公益诉讼案件适用法律若干问题的解释》第二十一条规定，某生态环境局在区检察院提出检察建议后两个月内未履行法定职责，区检察院据此向法院提起诉讼，符合法定起诉条件。

行政作为义务通常来源于法律、法规的规定，也可源自行政行为本身，如行政机关制定的规范性文件、行政合同的约定、行政承诺、行政复议决定以及对特定行政行为的执行等。根据《中华人民共和国水污染防治法》第九条第一款、《饮用水水源保护区污染防治管理规定》第二十条、《江西省农村供水条例》第五条第二款规定，某生态环境局作为县级人民政府环境保护主管部门，对本行政区域内的饮用水水源地环境具有保护和监管的法定职责。

行政机关应当依法、及时、全面、正确地履行法定职责。因此，应当从履行的手段、程度及时间等因素综合判断行政机关是否履行了法定职责。根据《中华人民共和国水污染防治法》第三十八条、第六十三条第四款、第六十五条第二款，《饮用水水源保护区污染防治管理规定》第十九条，《江西省农村供水条例》第二十三条，《集中式饮用水水源地规范化建设环境保护技术要求》5.3.1 的规定，某生态环境局作为本行政区域内的水污染防治行政主管部门，负有对饮用水水源地保护工作的监督、管理义务，出于保护用水人群生活饮用水安全考虑，某生态环境局在收到检察建议后应积极作为，即便不能解决也应及时呈报政府协调解决。某生态环境局告回复检察建议称指导属地乡镇进行整改，并已完成整改，但巡查记录显示尚存在未整改问题，在此情况下某生态环境局未再持续进一步采取监管措施，截至区检察院起诉前，案涉饮用水水源地环境保护问题仍然存在。

虽在本案诉讼过程中，案涉饮用水水源地保护存在的问题得到整改，但此前某生态环境局未能及时、有效、全面地履行其法定职责，导致饮用水水源地一级保护区防护围栏未完全修复到位，水源保护区有放牧现象，堤岸边有牛群排泄物等，农村饮用水水源地保护存在安全隐患，社会公共利益处于受侵害状态。区检察院诉请判令某生态环境局依法全面履行水源地环境保护职责，因案涉饮用水水源地环境问题已得到整改，再行判决某生态环境局履行已无意义，故法院确认某生态环境局未依法履行饮用水水源地环境保护职责违法。

南昌铁路运输法院依照《中华人民共和国行政诉讼法》第七十四条第二款第二项规定，判决：

一、确认某生态环境局未依法履行饮用水水源地环境保护职责违法；

二、驳回区检察院的其他诉讼请求。

宣判后，各方当事人均未提起上诉、抗诉，判决已经生效。

【法官后语】

生态文明建设，关系中华民族永续发展的千年大计。生态环境是人类生存和发展的根基，良好生态环境是最普惠的民生福祉。其中，水源保护是一项需要长期投入、持续保持的工作，加强饮用水水源保护，提高饮用水水源水质，直接影响公众身体健康和生命安全。本案处理的重点在于环保主管部门是否全面履行其法定职责的认定。

环保主管部门对饮用水水源地具有监管的法定职责。行政机关的义务通常来源于立法、行政职责，或者源于行政机关的自我约束性规定、行政约定以及对特定行政行为的执行等。环保主管部门作为行政机关，法律法规及规章的设定，是判断其对饮用水水源地是否负有监管管理义务的重要依据。根据《中华人民共和国水污染防治法》第九条第一款规定："县级以上人民政府环境保护主管部门对水污染防治实施统一监督管理。"《饮用水水源保护区污染防治管理规定》第二十条规定："各级人民政府的环境保护部门会同有关部门作好饮用水水源保护区的污染防治工作并根据当地人民政府的要求制定和颁布地方饮用水水源保护区污染防治管理规定。"《江西省农村供水条例》第五条第二款规定："县级以上人民政府发展改革、财政、自然资源、生态环境、住房和城乡建设、农业农村、卫生健康、应急管理、市场监督管理等部门和税务机关按照职责分工做好农村供水相关工作。"环保部门对辖区内饮用水水源地保护及农村供水安全具有监管职责，区生态环境局应当对饮用水水源地加强保护和管理，保障村民生活饮用水安全。本案中，区生态环境局答辩称，依据《某区人民政府办公室关于印发某区农村集中式饮用水水源保护区专项整治工作方案的通知》，农村饮用水水源保护区的责任主体是各乡镇人民政府，环保主管部门仅仅是配合单位，但是该文件中的责任单位是指专项整治具体事实的责任单位，并不能因此免除区生态环境局法律规定的监管职能。

环境行政公益诉讼中行政机关履职的判断标准应同时考虑行为+结果两个方面因素。行为标准说以行政机关是否实际履职或履职是否存在瑕疵为标准，认为行政机关穷尽了法定监管手段，即可判断其履职；结果标准说则以行政机关的措施是否实现了环境公益保护的效果，作为其履职的判断标准。但是，单纯以行为标准作为判断依据，将会鼓励行政机关把注意力放在可量化、可固定的监管手段上，而结果标准则可能不当加重行政机关的负担，从而产生不良效果。因此当行政机关穷尽法律限度内的措施仍然无法恢复国家利益或者公共利益时，可以认定行政机关履职，更有利于推动生态环境的保护。

环保主管部门应当依法全面履行对饮用水水源地监督管理职责。对行政机关不依法履行法定职责的判断和认定，应以法律规定的行政机关法定职责为依据，对照行政机关的执法权力清单和责任清单，以是否全面运用或者穷尽行政监管手段制止违法行为，国家利益、社会公共利益是否得到了有效保护为标准。尤其是在环境行政公益诉讼中，应当以相对人的违法行为是否得到有效制止，行政机关是否充分、及时、有效采取法定监管措施，以及国家利益、社会公共利益是否得到有效保护，作为行政机关是否履行法定职责的标准。最高人民检察院、生态环境部等部委也在《关于在检察公益诉讼中加强协作配合依法打好污染防治攻坚战的意见》中规定："依法履行行政监管职责。行政执法机关接到检察建议书后应在规定时间内书面反馈，确属履职不到位或存在不作为的，应当积极采取有效措施进行整改；因客观原因难以在规定期限内整改完毕的，应当制作具体可行的整改方案，及时向检察机关说明情况……"本案中，区生态环境局作为本行政区域内的水污染防治行政主管部门，负有对饮用水水源地保护工作的监督、管理义务，出于保护用水人群生活饮用水安全考虑，区生态环境局在收到检察建议后应积极作为。但是其虽然采取了发函督促乡镇政府整改的方式进行监督，但未能充分全面运用或者穷尽行政监管手段制止违法行为；仅将乡镇人民政府的回函判断水源地修复完成与否的依据，使国家利益、社会公共利益受侵害状态没有得到有效纠正的，应认定环境主管部门未依法全面履职。因此，环保主管部门虽有一定的履职行为，但未依法全面运用行政监督手段，导致饮用水水源地未脱离受侵害状态，仍属于怠于履行水源地保护职责，应当认定为未全面履行对饮用水水源地监督管理职责。虽然区生态环境局在诉讼过程中实施补救措施并整改到位，但是仍应判决确认其未依法履职的行为违法，有助于督促相关行政部门履职尽责，加强农村饮用水水源地环境保护，切实保障群众生活饮用水安全。

编写人：南昌铁路运输法院　吕思齐

62

“表面整改”情形下行政行为违法的认定

——甲县检察院诉镇政府不履行环境管理法定职责行政公益诉讼案

【案件基本信息】

1. 裁判书字号

陕西省洛南县人民法院（2021）陕1021行初5号行政判决书

2. 案由：不履行环境管理法定职责公益诉讼

3. 当事人

公益诉讼起诉人：甲县检察院

被告：镇政府

【基本案情】

自2013年以来，镇政府在未办理用地审批手续及环境影响评价相关手续的情况下，违法行使职权，租赁村民甲家的耕地1.04亩，非法在该耕地上设置垃圾填埋场，擅自堆放村镇生活垃圾，并简单采用就地焚烧及边堆放边覆土的措施处理，造成环境污染和耕地破坏，损害了社会公共利益。2019年5月，乙县检察院向镇政府发出检察建议，建议其积极履职，按照规定对辖区内生活垃圾进行处理。同年6月，镇政府书面回复乙县检察院，称已经基本完成垃圾场土地复耕工作。2020年10月，市检察院在相关专项行动中发现，镇政府未依法对甲的耕地上堆放的大量生活垃圾进行清运，仅对堆放的生活垃圾覆盖约20~30厘米土层，该处弃用后，又租用与甲家耕地一地之隔的乙家1亩耕地堆放生活垃圾，认为被损坏的耕地还未达到恢复原状的标准。同年12月，经市检察院指定，乙县检察院将涉案公益诉讼案件移送本案公益诉讼起诉人甲县检察院审查起诉。

甲县检察院提起本案环境行政公益诉讼，请求确认镇政府设置垃圾填埋场的行为违法；判令镇政府依法履行职责，依法对甲家耕地生活垃圾进行处理。在案件审理过程中，镇政府将其在甲、乙家耕地上倾倒的生活垃圾全部清理运走，对该耕地进行覆土复耕。经当地生态环境局联合法院、检察院对镇政府整改情况进行现场勘查，生态环境局出具验收报告，确认涉案地块现场无生活垃圾及其他废弃物残留，农作物长势良好。甲县检察院以镇政府在诉讼期间依法履行职责，已整改到位为由申请变更诉讼请求，仅要求确认镇政府非法设置垃圾填埋场的行为违法。

【案件焦点】

镇政府“书面回复、表面整改”的行为是否违法。

【法院裁判要旨】

陕西省洛南县人民法院经审理认为：根据《中华人民共和国环境保护法》第六条第二款、第二十八条第一款、第五十一条，《中华人民共和国固体废物污染环境防治法》第七条第一款、第四十六条第一款，《陕西省固体废物污染环境防治条例》第四条第二款、第二十五条第三款等相关法律法规及规范性文件规定，镇政府对该镇涉案垃圾填埋场的生活垃圾负有环保处理法定职责。根据《中华人民共和国行政诉讼法》第二十五条第四款及《最高人民法院、最高人民检察院关于检察公益诉讼案件适用法律若干问题的解释》第二十一条之规定，人民检察院在履行职责中发现生态环境和资源保护领域负有监督管理职责的行政机关违法行使职权或者不作为，致使国家利益或者社会公共利益受到侵害的，应当向行政机关提出检察建议，督促其依法履行职责，行政机关不依法履行职责的，人民检察院依法向人民法院提起诉讼。本案中，镇政府在收到检察建议后，仅对涉案垃圾填埋场进行覆土，垃圾并未清运，整改没有到位，存在的污染环境隐患问题没有实际解决。甲县检察院以镇政府怠于履行环保处理职责，诉请判令确认镇政府在涉案耕地设置垃圾填埋场的行为违法，以及要求其依法履行职责对涉案生活垃圾进行环保处理的诉讼请求，理由正当，应予支持。在审理过程中，镇政府对涉案生活垃圾进行了清理，搬运至专门的垃圾填埋场，对涉案耕地进行了填土复耕，并经当地生态环境局核查，治理整顿已达到环保要求。甲县检察院对此整改结果予以认可，并变更诉请仅为确认行为违法，符合《最高人民法院、最高人民检察院关于检察公益诉讼案件适用法律若干问题的解释》第二十四条之规定，应予准许。

陕西省洛南县人民法院根据《中华人民共和国行政诉讼法》第七十四条第二款第二项规定，判决：

确认镇政府涉案设置垃圾填埋场的行为违法。

宣判后，各方当事人均未提起上诉、抗诉，判决已经生效。

【法官后语】

在当前建设美丽乡村、实施乡村振兴战略的背景下，乡镇政府如何正确行使环境管理职权，依法规范设置乡镇生活垃圾点，确保生态环境安全，是一个时代命题。该案是一起检察机关因镇政府未依法履行环境管理法定职责而作为公益诉讼起诉人提起的环境行政公益诉讼案件。根据《中华人民共和国环境保护法》《中华人民共和国固体废物污染环境防治法》等法律法规规定，乡镇政府作为地方一级人民政府，负有生态环境资源保护、农村人居环境保护和改善的法定职责，应当对本行政区域内的环境质量及防治负责。本案中，乙县检察院向镇政府发出检察建议时，也指明了其是辖区内农村生活垃圾日常管理和处置责任主体，并释明了农村环境保护和污染防治的相关规定，应当确认镇政府对其辖区内的环境质量和环境污染防治具有法定职责。问题是，镇政府在收到检察建议后的“表面整改”等行为是否违法。

法定职责必须为，行政机关履行法定职责，是法律明确规定的义务和责任。行政机关对于其具有的法定职责，不仅应当及时履行，还应当全面履行，并要依法实现履职的目的。行政不作为是指行政主体及其工作人员有积极实施行政行为的职责和义务，应当履行而未履行或拖延履行其法定职责的状态。随着理论和实践的发展，行政不作为的内涵已从行政机关对当事人的申请未作任何意思表示，扩大到积极不作为和消极不作为两种类型，积极不作为一般表现为，行政机关以书面或者口头等方式作出答复，明确表明其拒绝履行法定职责，包括不当履行、未完全履行等情形；而消极不作为则表现为默示拒绝、拖延履行，行政机关对于当事人的申请不理不睬，在法定或合理期限内以拖延履行的方式不履职。对于行政不作为案件的司法审查，首先应确定行政机关是否具有作为的法定职责。其次是否已具备作为的条件，在作为义务来源明确、作为条件成就的情况下，行政机关是如何作为的，则成为实体审查的关键，即作为的内容是否符合法律的要求。

结合该审查方法，本案中，镇政府依法具有环境管理作为义务，作为条件也已成就，那么其如何作为则成为审查焦点。镇政府通过覆盖浅薄土层的方式进行了整改，形式上看有所作为，履行了环境管理法定职责，但覆盖土层这一“表面整改”行为的背后，镇政府对堆放的生活垃圾并未清运，对被破坏的耕地未予复耕，对周边被污染的环境亦未治理改善，甚至在整改没有到位的情况下，又另租附近耕地继续堆放垃圾，对下一步垃圾该如何处理并未采取合法合理的措施，环境污染的隐患仍未消除，可见，镇政府“表面整改”的履职行为没有达到环保处理垃圾的整改目的，没有让其违法行为造成的后果得以修复或纠正，未实质解决环境已被污染的问题和存在的隐患，进而导致社会公共利益继续被损害，村民村居环境迟迟得不到改善，实未达到法律规定的“履行环境管理法定职责”程度。镇政府在收到整改检察建议后仍不及时、全面履职，甚至出现再次污染等问题，实际上没有达到履行环境管理法定职责之目的，使社会公共利益继续处于侵害状态，此种“表面整改”的行为实质上属于没有履行法定职责，系积极不作为的违法行为。同时，行政行为合法要求实体合法与程序合法并重，本案审理过程中，镇政府清理垃圾、填土复耕，治理整顿达到了环保要求，实现了履行法定职责之目的，但其明显违反法定期限的履职行为，即使已经实现了实体合法，仍因其来迟具有违法性。这也是本案判决确认违法的考虑因素之一。

编写人：陕西省洛南县人民法院　周梦琳　吕沼汇

（四）破坏环境资源保护罪

63

以购买海洋碳汇替代修复受损海洋生态环境的适用

——林某危害珍贵、濒危野生动物罪案

【案件基本信息】

1. 裁判书字号

福建省诏安县人民法院（2024）闽0624刑初15号刑事附带民事判决书

2. 案由：危害珍贵、濒危野生动物罪

3. 当事人

公诉机关暨附带民事公益诉讼起诉人：某检察院

被告人暨附带民事公益诉讼被告：林某

【基本案情】

2023年6月3日，林某在明知海马系国家二级保护野生动物的情况下，仍于禁渔期间驾驶钢制船舶（已登记并纳入镇政府管理）从某码头出发，航行至某屿附近海域，带领船员在该海域使用定置双重刺网（不属于禁用工具）进行捕捞作业。经清点、称重，林某所捕捞渔获物净重为1460.285公斤，其中海马113只。经价格认定，除海马外，涉案渔获物价值共计人民币31743元。经鉴定，涉案查获的113只海马均为国家二级保护野生动物，价值共计人民币78150元。林某非法捕捞国家二级保护野生动物海马113只，其危害珍贵、濒危水生野生动物的行为，造成生态环境损害，直接损害价值评估为人民币78150元；因原地修复难度大，成本高，故法院协调有关部门，根据现实情况制订生态修复方案，建议以直接购买海洋碳汇用于替代性修复，修复资金应不少于78150元，此方案也征得林某同意。

法院审理期间，林某自愿委托环境交易中心代为购买海洋碳汇共计人民币78150元，并予以注销，用于替代性生态修复。

【案件焦点】

1. 对于破坏海洋生态环境、又无法原地修复的案件，是否可采取自愿购买海洋碳汇的方式，进行替代性修复海洋生态环境；2. 涉案船舶的价值与涉案金额过于悬殊，且证件权属明确、船证一致的，应该如何处置。

【法院裁判要旨】

福建省诏安县人民法院经审理认为：林某非法猎捕国家重点保护的珍贵、濒危野生动物海马113只，价值共计人民币78150元，其行为构成危害珍贵、濒危野生动物罪，应予刑事处罚，其违法所得海马113只，应予以追缴，涉案扣押供犯罪所用的工具定置双重刺网100张，应予没收。林某危害珍贵、濒危野生动物的犯罪行为，造成生态环境损害，价值为人民币78150元，其行为破坏了生态环境资源，损害了社会公共利益，应当承担修复生态环境的民事责任。

林某虽不具有自首情节，但到案后能如实供述自己的罪行，又自愿认罪认罚，可以从轻处罚。林某自愿以购买海洋碳汇的方式，进行替代性修复生态环境，可酌情从轻处罚。

福建省诏安县人民法院依照《中华人民共和国刑法》第三百四十一条第一款，第六十四条，第六十七条第三款，第七十二条第一款，第七十三条第一款、第三款，第七十六条；《中华人民共和国民法典》第一百七十九条第一款第八项、第二款，第一千二百二十九条，第一千二百三十五条；《最高人民法院、最高人民检察院关于办理破坏野生动物资源刑事案件适用法律若干问题的解释》第六条第一款；《中华人民共和国刑事诉讼法》第十五条规定，判决：

一、林某犯危害珍贵、濒危野生动物罪，判处有期徒刑一年六个月，缓刑二年，并处罚金人民币2万元；

二、涉案扣押林某供犯罪所用的工具定置双重刺网100张予以没收；

三、涉案扣押林某的违法所得海马113只予以追缴；

四、林某应承担本案生态环境修复费用人民币78150元，用于购买海洋碳汇，进行替代性修复生态环境（已履行）。

宣判后，各方当事人均未提起上诉、抗诉，判决已经生效。

【法官后语】

一、破坏海洋生态环境又无法原地修复的可采替代性修复方式

所谓的海洋碳又称“蓝色碳汇”，是指海洋（包含生物）作为一个特定载体吸收大气中的二氧化碳，并将其固化的过程和机制。发展海洋碳汇，是助力我国实现碳达峰和碳中和目标的重要途径。本案中，林某非法捕捞行为已然对破坏海洋生态环境造成了损害，如原地修复，可行性低。而目前涉生态类案件的修复和治理已经作为案件审理的重要任务，以海洋碳汇形式替代修复某种程度上符合碳综合背景下的生态治理理念，是可行性较强、修复成本较低的生态修复模式。法庭在释明修复方案和可行性之后，林某先行预缴替代性修复资金，可见其在认罪、悔罪方面已有明确态度，且主动预缴修复资金比判后执行罚金极大减少了司法成本，实现了生态效益和社会效益的统一。

二、刑事案件中涉案船舶处置方式的认定

本案中，林某主观恶性不强，也非长期以捕捞为业，涉案非法捕捞的水产品价值数万元，与其涉案船只数十万元的价值相比差距悬殊。如贸然没收其船

只将会对其生产生活带来巨大影响，也背离了司法公正的精神。周知“三无船舶”必须没收，但《最高人民法院、最高人民检察院、中国海警局关于依法打击涉海砂违法犯罪座谈会纪要》（以下简称《会议纪要》）中有例外规定，即“涉案船舶的价值与涉案金额过于悬殊，且涉案船舶证件真实有效、权属明确、船证一致的，一般不予没收。实践中，应当综合行为的性质、情节、后果、社会危害程度及行为人认罪悔罪表现等因素，对涉案船舶依法处置”。可见，具备该意见所述条件的船舶本身就是接受监督管理的船只，其本身就排除以违法事项为业的犯罪意图，且一般此类船只价值都会较高，渔民本身法律意识淡薄，对于鱼类等保护动物也很难作清晰的区分，如认罪悔罪态度好，且系初犯等，如轻易判处没收，有违比例原则和罪责刑相适应原则，会导致渔民失去谋生工具，极易引发社会矛盾，从社会治理角度及判后效果来看，轻易判处没收效果不佳。综上，涉案船舶的价值与涉案金额过于悬殊，且证件权属明确、船证一致时，可不予判决没收。

编写人：福建省诏安县人民法院　王廷学　沈修铭

64

行政机关对污染环境事故采取的应急处置措施是否必要、合理的认定

——左某、徐某污染环境罪案

【案件基本信息】

1. 裁判书字号

江苏省盱眙县人民法院（2019）苏 0830 刑初 534 号刑事附带民事判决书

2. 案由：污染环境罪

3. 当事人

公诉机关暨附带民事公益诉讼起诉人：区检察院

被告人暨附带民事公益诉讼被告：左某、徐某

【基本案情】

2018年6月，左某在某镇租赁厂房，未经审批与徐某等人生产铝锭，产生约100吨废铝灰。2019年4月23日，左某、徐某安排人员在某村开挖坑塘倾倒上述废铝灰。在倾倒达20余吨时，因废铝灰发热、冒烟被群众发现制止并报警。2019年4月27日，镇政府组织人员对燃烧的废铝灰用土壤搅拌熄灭，搅拌后的废铝灰与土壤的混合物重453.84吨。经鉴定，该废铝灰为具有浸出毒性特性的危险废物。2020年3月18日，镇政府委托水泥公司对废铝灰与土壤的混合物按照危险废物进行处置，处置单价为2800元/吨。

案件审理期间，法院通知鉴定人并根据辩护人的申请通知有专门知识的人就本案应急处置相关问题发表意见。

鉴定人认为：应急处置方案针对的是已经清挖出来的废铝灰与土壤的混合物，该混合物不能直接判定为危险废物，如果按照危险废物处理需要鉴定，但鉴定费用较高，按照豁免程序处理可提高经济性和实操性。依据《污染场地修复技术目录》（第一批）规定，结合实际市场情况，认定本案受污染的土壤采用水泥窑协同处置的价格为1000元/吨。

有专门知识的人认为：第一，废铝灰需由有相关资质的公司处置，一般采取水泥窑协同方式处置，废铝灰与土壤混合后送水泥窑处置，需要做性质鉴定，如果是危险废物，则需按照危险废物处置。第二，铝灰不会大面积燃烧，只需要用土壤把明火掩盖即可，不需要大面积的掩盖。本案在用土壤掩盖铝灰时没有做到减量化，造成污染的土壤太多。20吨废铝灰经土壤混合搅拌后，清理出的混合物应在60吨至120吨范围内，否则属于过度处置，且消耗国家资源，造成二次污染。

区检察院提起刑事附带环境民事公益诉讼，指控左某、徐某犯污染环境罪。

【案件焦点】

如何认定行政机关采取的应急处置措施是否超出必要、合理的限度。

【法院裁判要旨】

江苏省盱眙县人民法院经审理认为：

关于用400余吨土壤覆盖20余吨废铝灰的应急处置措施是否合理、必要问题。环境污染事故发生后，行政机关为消除危险、清除污染、防止损害后果进一步扩大所采取应急处置的手段和方式应当予以认可，但在条件允许的前提下，仍应当以合理、适度、必要处置为基本原则。本案中，行政机关组织人员采用土壤混合搅拌措施具有可行性，能够达到应急的效果，但使用的泥土量应当在合理、必要范围内，否则既会造成受污染的土壤过多，消耗国家资源，也会增加相应的处置费用。同时，应急处置费用作为公私财产损失的组成部分，对左某、徐某科以刑罚起关键作用，那么行政机关在应急处置时应以达成目的为限，不可过度损害左某、徐某的权利。故此次污染环境事件使用土壤搅拌后清理出混合物453.84吨属于处置过当，根据适度处置、节约资源的原则并结合专家意见，法院酌定此污染事件清理出混合物合理必要的数量为120吨。

关于将废铝灰与土壤的混合物直接按照危险废物以2800元/吨价格委托处置是否合理问题。首先，根据被倾倒废铝灰的毒性及混合物的数量等因素，并不能当然得出混合物的属性属于危险废物的结论。行政机关对涉案的混合物实际处置的时间为2020年3月18日，而2020年1月1日正式实施的《危险废物鉴别标准通则》也明确规定具有毒性的危险废物与其他物质混合，导致危险特性扩散到其他物质中，混合后的固体废物属于危险废物。本案中，废铝灰中的危险特性是否扩散到土壤中并不能直接判定。故如果对涉案混合物以危险废物进行处置，应先进行物质属性的鉴别。其次，即使涉案混合物属于危险废物，环科院制作的应急处置方案也明确载明，其转移和处置可以根据《国家危险废物名录》（2016版）豁免管理清单第十条规定不按危险废物进行管理，并建议采用水泥窑协同处置方式进行处置，参照一般污染土壤水泥窑协同处置费用1000元/吨（含运费）进行估算。法院认为，行政机关在未确定涉案混合物属性的基础上，将清理出的453.84吨废铝灰与土壤的混合物直接按照危险废物处置，价格为2800元/吨，无事实依据。实际上该混合物的处置、利用可以不按危险废物进行管理，直接以受污染的土壤即1000元/吨的价格送交处置，更加合理，故本案处置价格过高，对超出1000元/吨的部分，不予认定。

关于生态环境损害评估报告中未列入但已实际发生的装车列支费用（将混合物装上运输车辆的费用）与运输费用（将混合物运输至处置单位的费用）是否应当计入应急处置费用的问题。应急处置人员在实际处置废铝灰与土壤的混合物时，产生了将混合物装车列支费用与运输费用。而到庭的鉴定人明确表示生态环境损害评估报告中1000元/吨的处置费用包含运输费用但不包含装车列支费用，故实际处置中额外支付的运输费用，不属于合理、必要范围，不予支持，但装车列支费用予以支持。

关于公私财产损失数额认定及附带民事公益诉讼赔偿数额认定的问题。公私财产损失包括污染环境行为直接造成的财产损失、减少的实际价值，为防止污染扩大、消除污染而采取必要合理措施包括污染场地回填等所产生的费用，以及处置突发环境事件的应急监测费用。依据环科院评估，结合实际处置情况，法院认定左某、徐某污染环境行为致使的公私财产损失数额如下：1. 财产损害费用3400元：清理过程中造成农户的小麦、油菜、蚕豆、蔬菜损失共计3400元。2. 应急处置费用：156489元。应急处置费用包括：（1）应急监测费用7200元；（2）清理费用20137元：应急处置人员在清理453.84吨废铝灰与土壤的混合物时产生了运土费用6600元、挖机费用10800元、购买吨袋等材料费58761元，共计76161元，而本案实际合理必要需清理的废铝灰与土壤的混合物应为120吨，故清理费用应当认定为20137元；（3）处置费用129152元：①处置120吨废铝灰与土壤的混合物产生的费用120000元；②装车列支费用9152元：将挖出的废铝灰与土壤的混合物与左某厂房里剩余需要处置的废铝灰共计510吨装上运输车辆的费用共计38897元，故120吨混合物的装车列支费用应当为9152元。3. 生态环境损害费用：18000元。坑塘经过应急清理后已基本消除污染，但需要进行回填恢复，填土费用18000元。以上费用共计177889元。即公私财产损失数额应当认定为 177889 元，未超过 1000000 元，不属于后果特别严重。

区检察院主张赔偿的生态环境损害数额包括上述公私财产损失数额，同时还包括生态环境损害赔偿鉴定及评估费用、应急方案编制费用共计 400000 元。综上，左某、徐某应当承担的生态环境损害赔偿数额共计 577889 元。

综上，废铝灰随意堆弃和填埋，占用大量的土地资源，遇强风天气，粉尘飞扬。废铝灰与水反应产生氨气，污染空气，影响附近居民生活，同时，废铝灰含有一定量的重金属和氟化物，进入土壤和地下水系统会造成污染，故废铝灰需要规范处置。左某、徐某违反国家规定，共同倾倒危险废物，严重污染环境，其行为均已构成污染环境罪。左某、徐某共同实施故意犯罪，系共同犯罪，且在共同犯罪中二人作用相当，依法均应当按照其所参与的全部犯罪处罚。左某、徐某犯罪以后自动投案，如实供述自己的罪行，系自首，依法均可以从轻处罚。左某、徐某自愿认罪认罚，均可以依法从宽处理。

左某、徐某明知随意倾倒废铝灰会污染环境，仍共同实施该行为，造成生态环境损害，损害了社会公共利益，除应受到刑事处罚外，还应依法承担相应的民事责任，包括赔偿损失和赔礼道歉，且左某、徐某依法应对所造成的生态环境损害后果承担连带赔偿责任。为维护国家利益和社会公共利益，区检察院主张左某、徐某承担生态环境损害赔偿责任，应予以支持，但生态环境损害数额的确定应当遵循合理、必要原则，且检察机关在提起公益诉讼时，更应当基于社会公共利益目的、公平正义立场和节约资源、保护生态环境原则，合理提出诉求、准确审查证据。

江苏省盱眙县人民法院依照《中华人民共和国刑法》第三百三十八条，第二十五条第一款，第二十六条第一款、第四款，第六十七条第一款，第五十三条，第六十四条；《中华人民共和国刑事诉讼法》第十五条；《最高人民法院、最高人民检察院关于办理环境污染刑事案件适用法律若干问题的解释》第一条第二项；《中华人民共和国环境保护法》第六十四条；《中华人民共和国侵权责任法》第四条第一款，第八条，第十五条第一款第六项、第七项和第二款，第六十五条；《中华人民共和国人民陪审员法》第十六条；《最高人民法院关于适用〈中华人民共和国民法典〉时间效力的若干规定》第一条第二款；《中华人民共和国民事诉讼法》第五十五条；《最高人民法院关于审理环境民事公益诉讼案件适用法律若干问题的解释》第十八条、第十九条；《最高人民法院、最高人民检察院关于检察公益诉讼案件适用法律若干问题的解释》第十三条、第二十条规定，判决：

一、左某犯污染环境罪，判处有期徒刑二年，并处罚金人民币5万元；

二、徐某犯污染环境罪，判处有期徒刑二年，并处罚金人民币5万元；

三、责令左某退出违法所得人民币13000元，上缴国库；

四、左某、徐某连带赔偿财产损害费用3400元、应急处置费用156489元、生态环境损害费用人民币18000元、鉴定评估等事务性费用400000元，合计577889元，于判决生效后十五日内履行；

五、责令左某、徐某在市级媒体上向社会公众公开赔礼道歉；

六、驳回区检察院的其他诉讼请求。

宣判后，各方当事人均未提起上诉、抗诉，判决已经生效。

【法官后语】

环境污染事故发生后，行政机关为消除危险、清除污染、防止损害后果进一步扩大所采取应急处置的手段和方式一般应当予以认可，但是根据绿色原则和比例原则的要求，在条件允许的前提下，应急处置措施的选择和实施应当以合理、适度、必要为基本原则。但是在实践中，环境污染事故发生后，行政机关在采取应急处置措施时，可能存在处置程序不规范、处置方式不合理的问题，造成处置费用畸高，直接影响对被告人科以刑罚的程度。本案作为污染环境刑事附带民事公益诉讼案件，焦点在于行政机关采取的应急处置措施是否超出必要、合理的限度以及超出必要、合理限度产生的费用能否纳入公司财产损失和生态环境损害赔偿范围。

一、审查应急处置措施是否必要

应急处置主要是指为减轻或者消除公众健康、公私财产和生态环境造成的损害，各级政府与相关单位针对可能或已经发生的突发环境事件而采取的行动和措施，包括污染控制、污染清理、应急监测、人员转移安置等。① 环境污染事件发生后，相关部门首先应主动并尽可能详细地了解污染事故的有关情况，迅速控制现场、划定警戒区、切断污染源、防止污染扩散；立即布点监测，第一时间确定污染物种类，规范出具监测数据等。那么在环境事件发生后，根据现场情况，行政机关是否需要采取应急处置手段，是审查的第一步。本案根据村民及挖机驾驶员证言，事发当晚案涉现场因倾倒废铝灰发散出烟雾，有刺鼻性气味，坑塘内有明火；次日对废铝灰进行采样；之后开展现场处置，现场存在局部燃烧，所以本案具有采取应急处置措施的必要。

二、审查应急处置方式是否科学

环境污染事故发生后，行政部门应针对现场的情况，制订综合的治污方案，如采用监测等手段追踪污染气体扩散途径和范围；采取拦截、导流、疏浚等形式防止水体污染扩大；采取隔离、吸附、打捞、氧化还原、中和、沉淀、消毒、去污洗消、临时收贮、微生物消解、调水稀释、转移异地处置、临时改造污染处置工艺或者临时建设污染处置工程等方法处置污染物。但所采取的处置方式需要考虑是否科学，能够满足消除危险、防止损害后果进一步扩大的需要。本案中，根据专家意见，废铝灰不会大面积燃烧，如果局部燃烧只需用土壤掩盖明火即可。相关行政机关到现场勘查后已经确定倾倒物质系废铝灰，对废铝灰的处置技术即“泥土覆盖”技术相对简单且具有普适性，故该处置方式符合治污除害之目的，应予认可。

三、审查应急处置费用是否合理

即使应急处置采取的措施是必要的，方式是准确的，具体实施还有合理限度的要求。同时要说明的是，上述审查流程是渐进式的，只能根据个案具体情况先判断某紧急处置措施是否具有防止污染扩大或消除污染的必要性，在具有必要性的前提下，再判断处置方式的科学性，最后审查应急费用的合理性问题。个案的判断和审查必须要依据理论和客观实际来评价。例如，突发环境污染事

---

① 蔡立辉、唐攀：《推进应急能力现代化的理论与路径》，载《中国应急管理》2022 年第 7 期。

件的污染物倾倒在江河旁边，就有必要为防止污染物因雨水冲刷等原因流入江河而采取一些防范措施，该措施就具有客观的实际需要，具有必要性；根据污染物的种类，采取前述中和、沉淀、消毒等方法处置污染物，具有科学性；在此基础上判断处置费用是否合理。例如，可以在受污染当地处置的污染物，运输外地处置的运输费用可能就不具备合理性。本案中，根据适度处置、节约资源的原则并结合专家意见，此污染事件清理出混合物的数量应该介于60～120吨之间。但是实际清挖出的混合物数量是最高值的近4倍，差距过大，充分表明处置方式与目的实现之间不合比例、不够相称，属于处置过当。

在污染环境犯罪案件中，判断应急处置措施是否合理、适度、必要，主要目的是准确认定“公私财产损失”的范围，以准确定罪量刑，准确认定民事赔偿范围。为此，有必要明确污染环境罪中“公私财产损失”的具体范围。对此，建议包括以下情形：（1）直接财产损失；（2）防止污染扩大而采取的必要合理措施产生的费用，不包括环境修复费用、人身损害赔偿费用等；（3）消除污染而采取的必要合理措施产生的费用，不包括行为人自己处置的费用、损害评估费用等类似事务性费用；（4）处置突发环境事件的应急监测费用；（5）其他为防止污染扩大、消除污染而采取的必要合理措施产生的应急性费用。本案中，实际处置使用土壤远超专家建议最高值，应认为超出部分对应的处置费用不具有合理性，未计入涉案犯罪行为造成的财产损失和行为人的民事赔偿范围。

该案生效以后，法院及时向涉案管辖地生态环境局发出司法建议，督促其进一步规范环境污染事件行政处置程序，从源头堵住“权力寻租”之门。

编写人：江苏省盱眙县人民法院　蒋莹莹　侯健东

ISBN 978-7-5216-4347-3

9 787521 643473 >

图书在版编目（CIP）数据

中国法院2024年度案例．土地纠纷：含环境资源纠纷／国家法官学院，最高人民法院司法案例研究院编．--北京：中国法制出版社，2024.6
ISBN 978-7-5216-4347-3

Ⅰ.①中… Ⅱ.①国… ②最… Ⅲ.①土地-民事纠纷-案例-汇编-中国 Ⅳ.①D920.5

中国国家版本馆CIP数据核字（2024）第054089号

策划编辑：李小草　韩璐玮（hanluwei666@163.com）
责任编辑：韩璐玮　　封面设计：李宁

中国法院2024年度案例．土地纠纷：含环境资源纠纷
ZHONGGUO FAYUAN 2024 NIANDU ANLI. TUDI JIUFEN：HAN HUANJING ZIYUAN JIUFEN

编者/国家法官学院，最高人民法院司法案例研究院
经销/新华书店
印刷/三河市紫恒印装有限公司
开本/730毫米×1030毫米　16开　　印张/20　字数/236千
版次/2024年6月第1版　　2024年6月第1次印刷

中国法制出版社出版
书号ISBN 978-7-5216-4347-3　　定价：68.00元

北京市西城区西便门西里甲16号西便门办公区
邮政编码：100053　　传真：010-63141600
网址：http：//www.zgfzs.com　　**编辑部电话：010-63141802**
市场营销部电话：010-63141612　　**印务部电话：010-63141606**

（如有印装质量问题，请与本社印务部联系。）

中国法院年度案例集成丛书(全 15 册)

国家法官学院　最高人民法院司法案例研究院　编

汇集十年精华　展现裁判思维　促进适法统一

实务性：一本为新型疑难法律适用问题提供解决方案的司法实务参考用书
工具性：一部可以查阅人民法院类型化裁判规则的小全书

1. 物权纠纷裁判规则理解与适用
2. 合同纠纷裁判规则理解与适用
3. 借款担保纠纷裁判规则理解与适用
4. 人格权纠纷裁判规则理解与适用
5. 婚姻家庭与继承纠纷裁判规则理解与适用
6. 侵权纠纷裁判规则理解与适用
7. 道路交通纠纷裁判规则理解与适用
8. 保险纠纷裁判规则理解与适用
9. 劳动纠纷裁判规则理解与适用
10. 公司纠纷裁判规则理解与适用
11. 金融纠纷裁判规则理解与适用
12. 知识产权纠纷裁判规则理解与适用
13. 行政纠纷裁判规则理解与适用
14. 刑事案例裁判规则理解与适用
15. 执行纠纷裁判规则理解与适用